Mit gerade mal zwanzig, zwischen Abitur und Studium, hat Marie Pohl einen Plan: Eine Reise um die Welt zu Menschen ihres Alters, die genau wie sie beginnen, ihr Leben aufzubauen. »Ich suche: Die interessantesten Personen meiner Generation, einer Generation, die genauso am Anfang steht wie dieses Jahrtausend.« Die Stationen ihrer Suche sollen sein: Berlin, Havanna, Buenos Aires, San Francisco, Hanoi, Tiflis, Jerusalem und Helsinki – in jeder Stadt will sie einen Monat bleiben. Ein Verlag zahlt die Flugtickets, der »stern« druckt Fotos von unterwegs.

Entstanden ist auf diese Weise ein ebenso kluges und unerschrockenes wie hinreißend charmantes Buch voller Geschichten: »Pohl isst Schlangensuppe in Vietnam und guckt nächtelang den Tangotänzern in Buenos Aires zu, sie findet einen Matrosen, der jedem Schiff den Untergang bringt, und stellt fest, dass im leisen Finnland sogar Besoffene lautlos torkeln« (Berliner Zeitung). In Havanna verfällt sie der süßen karibischen Lethargie und verliebt sich in den schwarzen Musiker Pablo, in Hanoi rast sie mit einem Moped-Rennfahrer durch die Straßen. Besucht in San Francisco einen wortkargen Computermillionär, der früh genug an AOL verkauft hat, und eine israelische Siedlerin und eine Soldatin in der Nähe von Ramallah. – Geschichten von Zwanzigjährigen, die uns etwas über die Welt von morgen verraten.

Marie Pohl, geboren 1979, ist in Hamburg, Madrid und New York aufgewachsen. Nach dem Abitur kündigte sie ihre Wohnung in Berlin, hängte ihren Job bei einer Filmproduktionsfirma an den Nagel und ging für neun Monate auf große Fahrt. Marie Pohl lebt heute in Berlin und New York.

Unsere Adresse im Internet: www.fischerverlage.de

Marie Pohl

Maries Reise

Fischer Taschenbuch Verlag

2. Auflage: März 2007

Veröffentlicht im Fischer Taschenbuch Verlag,
einem Unternehmen der S. Fischer Verlag GmbH,
Frankfurt am Main, August 2004

Lizenzausgabe mit freundlicher Genehmigung des Verlags
Rogner & Bernhard, Hamburg

Satz: Pinkuin Satz und Datentechnik, Berlin
Druck und Bindung: Clausen & Bosse, Leck
Printed in Germany
ISBN 978-3-596-16034-1

Für Oma W. & Für Lucie

Dieses Buch ist eine wahre Geschichte,
so wahr, wie ich sie er- und gefunden habe.

Inhalt

Das Exposé

Frage nie jemanden nach deinem Weg,
denn es könnte sonst sein,
dass du dich nicht verirrst.
Rabbi Nachman

Ich und die Idee

Ich suche: die interessantesten Personen meiner Generation

In: Berlin, Havanna, Buenos Aires, San Francisco, Hanoi, Jerusalem, Tbilissi, Helsinki

An einem regnerischen Freitag im Juli wurde ich vor zwanzig Jahren in Hamburg geboren. Bis ich dreizehn war, wohnte ich mit meiner Familie in Hamburg, Berlin, Zürich und Köln. Dann zogen wir nach New York.

An einem sonnigen Septembertag 1997 nahm ich mein Abitur und meinen braunen Hut, verabschiedete mich von meiner Mutter, von meinem Vater und von meiner kleinen Schwester und flog nach Madrid. Dort lebte ich anderthalb Jahre, studierte Spanisch an der Universidad de Complutense und arbeitete als Praktikantin bei einer Kinofilmproduktion. Tagsüber kletterte ich Gerüste hoch und bat Bauarbeiter mit all meinem Charme, nur noch einmal, für die letzte Klappe, den Bohrer ruhen zu lassen. Abends las ich Don Quijote oder diskutierte in einer Bar an der Plaza Santa Ana die Ergebnisse von Real Madrid.

An einem bewölkten Oktobertag 1998 landete ich mit einer Iberia-Maschine in Berlin. In meinem Koffer trug ich eine dritte Sprache, ein weiteres Diplom, ein Bündel Erfahrungen und meinen deutschen Pass. Ich wollte wissen, wie es sein würde, nach sieben

Jahren wieder in Deutschland zu leben. In Berlin arbeitete ich als Assistentin bei einem Regisseur. Mein erster richtig großer Job. Dort traf ich auch meine erste große Liebe.

Ich wohnte im Prenzlauer Berg. Was meine Mutter wohl gedacht haben muss? Mit dreizehn war sie mit ihrer Familie aus Rumänien in die DDR eingewandert, einen Tag bevor die Mauer gebaut wurde, und musste dort bis zu ihrem 26. Lebensjahr bleiben. Dann wurde sie ausgebürgert. Sie hatte mich bis über den Atlantik nach New York gebracht. Aber kaum war ich ein Jahr aus dem Haus, zog ich in den Osten Berlins und übermalte die DDR-Blumentapeten mit weißer Farbe. Schicksal!

Am 6. Juli 1999 regnete es in Zürich in Strömen. Es war mein zwanzigster Geburtstag. Die große Liebe war in der Nacht zuvor in den See gefallen und ertrunken. Platsch! Meine Wohnung in Berlin hatte ich Ende Juni verlassen und den tollen Job gekündigt. Nun stand ich in diesem warmen Zürcher Regen ohne Freund, ohne Wohnung, ohne Job und ohne feste Zukunftspläne.

Zwanzig Jahre jung und alles vor mir. Entscheidungen treffen: Wie will ich leben, wo will ich leben, was will ich erleben? Der Regen und eine Menge Fragen prasselten auf mich nieder. Was ist das für eine Zeit, dachte ich, diese *Anfangs-Aufbau-Zeit*? Berlin wird neu aufgebaut, und wir gucken dabei zu. Ich fange an, mein Leben aufzubauen, und ich frage mich: Was bauen die anderen Zwanzigjährigen so? Runde Häuser? Eckige? Schwarze? Weiße oder bunte?

Ich habe mich jetzt entschieden, bevor ich studiere, bevor mich alle mit Sie ansprechen, bevor sich das Fräulein Marie auf seinen auserwählten Weg macht, möchte ich meine Generation in ihrer *Anfangs-Aufbau-Zeit* finden und porträtieren. Meine Zeit fasziniert mich, und ich will mehr über ihre Menschen erfahren.

Wie Egon Erwin Kisch sagt: »Nichts Sensationelleres gibt es in der Welt als die Zeit, in der man lebt.«

Die Ziele

Ich habe mir natürlich die Städte ausgesucht, die mich am meisten interessieren, von denen ich träume:

Berlin
Da ich in Berlin lebe, habe ich eine ganz andere Phantasie zu der Stadt als zu den kommenden. Doch Berlin ist groß und vielfältig und ich werde mir auch hier eine Reise ins Unbekannte zusammenstellen.

Den ganzen Herbst möchte ich Interviews machen, um dann darüber zu schreiben, eine Art Pilot für die Reise und Übung für mich. An dem Thema arbeite ich noch. Aber ich werde auf jeden Fall einen oder mehrere Einzelkämpfer suchen. Mit Einzelkämpfer meine ich Persönlichkeiten, die in der ganzen Stadt bei den verschiedensten Cliquen bekannt sind, die überall alleine auftauchen und sich alleine durchs Leben schlagen. Berlin ist ja bekannt für seine skurrilen Typen.

Havanna
»Wenn wir an den Materialismus geglaubt hätten, wären wir nicht, was wir sind. Wir sind ein besonderes Volk, wir Kubaner«, sagt Ibrahim Ferrer in Wim Wenders' Film *Buena Vista Social Club*.

Wenn ich von Havanna träume, dann sehe ich bunte Häuser und die bunten Chevis, sehe die Wellen über die Ufermauer spritzen, höre die zauberhafte Musik und weiß doch nicht, was mir begegnen wird. Denn ich kenne keinen, der nicht in Geld- und Internet-Spinnweben seine Mahlzeit fängt, der ohne all die Dinge lebt, die für uns so wichtig im Leben sind. Ich kenne dieses andere Glück nicht und auch nicht die Diktatur.

Außer mit seiner Musik und seinen Zigarren liegt Kuba angeblich sehr weit vorn in der biochemischen Forschung. Außerhalb der verfallenden Prachtbauten von Havanna sollen sich Fabrikpaläste befinden, in denen man als erstes Land in der Welt die Hepatitis-Impfung entwickelt hat. Während ein Kubaner im Monat nicht mal zwanzig Dollar verdient, investiert Fidel Castro viel Geld in die Forschung. Vielleicht träumt er von einem Impfserum gegen Aids? Gibt es junge Leute, die dort arbeiten? Oder vielleicht welche, die gegen Fidel arbeiten? Und was sagt eine Zigarrendreherin dazu?

Ich suche in Havanna: einen zwanzigjährigen Biochemiestudenten, einen zwanzigjährigen politischen Dissidenten, eine zwanzigjährige Zigarrendreherin.

Buenos Aires

Wenn ich von Buenos Aires träume, sehe ich wunderschöne Männer, die unglaublich gut küssen können und mit stolzen Frauen Tango tanzen. Ihre Rücken lehnen sich nach Europa und mit ihren Füßen stehen sie in Südamerika. Sie denken europäisch und lieben südamerikanisch. Darauf sind sie stolz und dafür werden sie verachtet. Außenseiter im eigenen Kontinent.

Buenos Aires hat das älteste U-Bahn-System von ganz Südamerika. Ich will einen zwanzigjährigen U-Bahn-Arbeiter finden, der diese Unterwelt in- und auswendig kennt und mir das Paris von Südamerika einmal von unten zeigt.

San Francisco

Auf meiner Reise möchte ich unbedingt auch nach Nordamerika, in die USA. So oft hörte ich Deutsche oder Spanier über die Amis lästern, ein Klischee nach dem anderen wird da immer wieder durchgekaut. Ich selbst habe viel gemeckert, als ich dort lebte. Doch das tut man überall, nicht wahr?

Ich mag an den USA, dass sie mich immer wieder mit etwas völlig Unerwartetem überraschen, ich mag die Einwanderer, die Größe, die extremen Gegensätze.

In San Francisco will ich einen zwanzigjährigen HipHopper suchen und an der Stanford University oder der Berkeley University einen Collegestudenten, der davon besessen ist, amerikanischer Präsident zu werden.

Hanoi

Vietnam und der Vietnam-Krieg waren ein brisantes Thema in meiner Schule in New York. In der zehnten Klasse war ich auf einer amerikanischen High School in Brooklyn, und in diesem Schuljahr lernt ganz Amerika im Geschichtsunterricht: American History!

Ich hatte einen langen, dünnen Lehrer mit einem sehr kleinen Kopf und einer Tätowierung auf dem Arm, einer Schlange, die so aussah wie er. Und dieser Herr erzählte uns von einem amerikanischen Präsidenten nach dem anderen. Wir waren ihm ziemlich egal. Bei den Tests hatte jeder das Lehrbuch unterm Tisch, er saß vorne und schnitt sich die Fingernägel.

Aber als wir zum Thema Vietnam-Krieg kamen, wurde alles anders. Er schritt beim Erzählen durch die Reihen, hielt plötzlich vor deinem Tisch an und schoss mit seinem kleinen Kopf blitzschnell ganz nah an dein Gesicht, schaute dir tief in die Augen und fragte: »Na, und deine Eltern?« Er war ein Widerstandskämpfer gewesen, aber ein heftiger, er verabscheute alle Soldaten.

Das sagte er nie so direkt, sondern immer nur durch Anspielungen.

Beim Test lief er ununterbrochen durch das Klassenzimmer, keiner sollte schummeln, alle sollten lernen, dass dieser Krieg eine Schande für das Land gewesen war. Mit seinen eigenartigen Methoden erreichte er immerhin, dass jeder Schüler nach dem Unterricht auf dem Weg zu seinem Spind über den Krieg nachdachte. Und ob es nun an seinen bildhaften Beschreibungen des Dschungels lag, den er nie gesehen hatte, oder an seinen Hymnen auf die tapferen Vietnamesen, weiß ich nicht, aber ich schwor mir, eines Tages nach Vietnam zu fahren.

Es gibt in Hanoi ein Wasserpuppen-Theater, in dem die Geschichte Vietnams erzählt wird. Ich will dieses Theater besuchen und mit einem zwanzigjährigen Puppenspieler sprechen.

Außerdem liebe ich das vietnamesische Essen und suche deshalb einen jungen Meisterkoch.

Tbilissi

O Georgien!

Meine besten Freundinnen in New York sind Ketuta und Tatia. Ketuta und Tatia sind die schönsten Mädchen, die ich kenne. Und Georgisch ist die schönste Schrift, die ich je las. Elegant, eigen, fremd und weich. Vielleicht eine Mischung aus Griechisch und Arabisch.

Die Mädchen haben pechschwarzes, glattes Haar, tiefe braune Augen, schneeweiße Haut, schön geformte Nasen, volle Lippen und ausdrucksstarke Gesichter wie Zigeunerinnen. Sie sind von einer gelassen-ruhigen und doch sehr bestimmenden Natur. Vergnügt und kämpferisch. Ihr Land ist Süden. Sie feiern gern, lieben das Essen, das Trinken, das Lachen, die Gesellschaft und den Tanz.

Ketuta und Tatia laden mich seit Jahren ein, ihre Heimat zu besuchen. Ich möchte dort ihre Freunde kennen lernen und den schönsten georgischen Jungen finden.

Jerusalem
Jeden Tag steht in der Zeitung etwas über Israel. Ich möchte hinfahren und es sehen, um diese Artikel besser zu verstehen. Und ich möchte die Zwanzigjährigen fragen, wie sie mit diesem Dauerkrieg umgehen und leben. Wen genau ich dort suchen möchte, weiß ich noch nicht.

Helsinki
Helsinki schwappte eher im Nachhinein dazu, wie das PS eines Briefes oder der rote Schal, den man sich kurz vorm Weggehen noch schnell umhängt. Mir fiel plötzlich der Zirkus ein, den ich letzten Sommer auf Sylt gesehen hatte, als ich dort einige Freunde besuchte, die ein internationales Kinderzirkus-Festival veranstalteten. An einem grauen kalten Sylter Sommertag kam der finnische Zirkus. Das ganze Programm war ein Schachspiel und jeder Akt der Kampf zweier Schachfiguren.

Meine Lieblingsszene war die Schlacht der beiden Königinnen, eine Akrobatennummer: Jedes Mädchen hatte einen Strick, der von der Decke des Zeltes in die Manege herabhing. An diesen Seilen tanzten sie, drehten sich, ließen sich an einem Arm oder Bein hängen und kämpften darum, wer sich länger halten konnte und wer sich mehr traute. Die weiße Königin verlor und ließ sich an ihrem Seil langsam hinuntergleiten, während die schwarze Königin noch hoch oben in der Krone des Zeltes hing. Sie hatte das Seil als Schlinge um ihren Kopf gelegt und mit eigenem Anschub drehte sie ihren Körper im Kreis. Den Kopf in der Schlinge, Arme und Beine frei in der Luft, flog sie hoch über uns.

Dieses Mädchen will ich in Helsinki wieder finden. Und ihren Freund, den Zauberer.

Ich möchte in den genannten Orten jeweils einen Monat bleiben, das gibt mir genug Zeit, die Stadt und ihre Menschen kennen zu lernen. Aber wie will ich all diese Leute überhaupt finden?

Ich habe in fast jeder Stadt ein paar Kontakte:

In Havanna werde ich bei einer Frau wohnen, Mirta. Ein Bekannter hat mir von ihr erzählt. Er nennt sie »the golden girl«, weil sie goldblond gefärbte Haare hat. Sie vermietet im Zentrum von Havanna ein kleines Zimmer, für sieben Dollar am Tag.

In Buenos Aires kennt unser Familienfreund und Hausarzt einen Professor, der an der Universität von Buenos Aires Germanistik unterrichtet. Bei ihm werde ich voraussichtlich wohnen können.

In San Francisco habe ich durch New York den Kontakt zu einem verrückten Maler.

In Hanoi kenne ich leider niemanden.

Durch Tbilissi führen mich Ketuta und Tatia.

In Jerusalem lebt die Schwester meiner Großmutter.

Und in Helsinki habe ich einen Namen.

Ich hoffe, dass mir diese Leute helfen können. Und dann hoffe ich natürlich auch auf ein bisschen Glück und Zufall …

Bisher habe ich auf jeder Reise Erfahrungen gemacht, die ich niemals hätte vorhersehen können, und diese Erlebnisse waren meistens viel schöner und tiefer als alles Geplante.

Wenn ich reise, dann habe ich immer ein Ziel, und auf der Suche nach dem Ziel passieren mir Dinge, die mit dem Ziel gar nichts mehr zu tun haben, die aber zum eigentlichen Höhepunkt der Reise werden.

Ich will kurz von einer solchen Erfahrung erzählen:

Einen Sommer bevor ich nach Madrid zog, reiste ich durch Südspanien. Eines Tages entschied ich mich, nach Madrid zu fahren. Ich wollte die Stadt kennen lernen und mir ein Paar rote Schuhe kaufen. Es war August. Glühend heiß. Ich lief die Gran Via hinunter und fand eine Unterkunft in einem billigen Hostal, dessen Name mir aufgefallen war: Hostal Josephina! Die Nacht zu 2500 Peseten. Ich blieb fünf Nächte.

Die Suche nach den roten Schuhen führte mich an kleine, versteckte Plätze, in malerische Cafés, zu einem Kino, das alte Filme von Buñuel spielte, in die ich mich leidenschaftlich verliebte, und schließlich zu einem Laden, wo ich mir bei 40 Grad Hitze einen braunen Wintermantel kaufte. Irgendwann fand ich auch die roten Schuhe, doch ich trage sie viel seltener als den Mantel!

So fuhr ich in roten Schuhen, mit Buñuel im Herzen und dem Wintermantel überm Arm mit einem Nachtbummelzug von Madrid zurück nach Ronda in Südspanien.

Ich bestieg den Zug um Mitternacht. Er war voll. Voll von Männern. Keine einzige Frau weit und breit. Ich wollte mich im Speisewagen verstecken, doch der Schaffner war bissiger als die Passagiere: »Der Speisewagen ist geschlossen, adiós!«

Ängstlich setzte ich mich ins Abteil, in die Männerhöhle, hielt meine Tasche wie ein Baby auf dem Schoß und starrte in die Luft.

Da hüpfte etwas neben dem Fenster hoch, ein kleiner, dicker alter Mann, dem die rechte Hand und der Unterarm fehlten. Er rief in einem breiten, südspanischen, mir kaum verständlichen Dialekt: »Stell doch die Tasche hoch, das ist viel bequemer, glaub mir.«

Mit diesem Satz war das Eis gebrochen, und es wurde die schönste Zugfahrt meines Lebens.

Der hin und her und auf und ab hüpfende Kleine war 77 Jahre alt und Kommunist gewesen. Franco wollte ihn einsperren lassen, doch er war ihm entwischt. In einem kleinen Dorf, wo er heute noch lebt, hatte er sich bis 1975 verstecken können. Spanien verlassen konnte er nicht, er liebte es zu sehr: »In jedem Land gibt es Idioten, und wenn sie nicht abgewählt werden und man sie nicht stürzen kann, dann muss man halt warten, bis sie sterben.«

Auf dem anderen Fensterplatz schlief ein Marokkaner, tief und fest. Die ganzen acht Stunden lang. Neben mir saß ein achtzehnjähriger Junge. Er lehnte seinen Kopf scheu an meine Schulter und schaute mir manchmal tief in die Augen. Sein zukünftiger Schwiegervater saß mir gegenüber. Der hatte mir am Anfang die meiste Angst gemacht. Er war wohl so um die 50, die oberen Knöpfe seines Hemdes hatte er geöffnet und präsentierte das graue schweißnasse Brusthaar, an dem eine goldene Kette klebte. Er las einen Porno, stand ab und zu auf und ging zum Klo.

Diese Gelegenheiten nutzte der Junge, um mit mir zu sprechen. Er erzählte, dass er nach Madrid gefahren war, um von seiner Tante Geld für die Hochzeit zu holen, und dass ihn der schwitzende Señor begleitete, um auf ihn aufzupassen.

Sein Dorf hat 3000 Einwohner, er wird Tischler werden. Und die Liebe? Ja, die Liebe war ein nettes Mädchen.

Dann saß da noch der Kutscher aus Córdoba, der niemals Anzüge trug, auch nicht bei der Beerdigung seines Vaters. Und Drogen verabscheute er auch, denn sein Bruder war an einer Überdosis Heroin gestorben. Er kam gerade aus Barcelona, dort hatte er seine Schwägerin besucht und den kleinen Neffen.

Sie erzählten ihre Geschichten. Wir unterhielten uns über Gott und den Krieg und tranken einen Alkoholmix, der nach Apfelsaft schmeckte. Der Kutscher hatte ihn selbst angerührt und schleppte ihn in einem großen Plastikkübel mit sich.

Als ich kurz vor Ronda aufstand, um meine Tasche herunterzuholen, bemerkten die Männer meine roten Schuhe. Sie gefielen ihnen. Der kleine Alte sprang auf, rüttelte den Schwiegervater an der Schulter und rief: »Sag mal was! Hast du schon mal solche Schuhe gesehen?«

Die ganze Fahrt über hatte er keinen Ton von sich gegeben, nur böse geguckt und in seinen Pornos geblättert. Jetzt streckte er den Kopf ein klein wenig nach vorn, nickte verlegen und lächelte.

Der dicke kleine Alte kam noch ans Fenster, als ich in Ronda ausgestiegen war, und winkte mir nach. Dann verschwand der Zug im klaren Morgenblau.

Zurück zur Reise:

Ich möchte eine Zeit porträtieren, eine Generation, die genauso am Anfang steht wie das nächste Jahrtausend, und ich möchte meine Erlebnisse mit Ihnen teilen.

Das Geld

Ich habe versucht, eine erste Kalkulation zu erstellen, wobei ich hoffe, die Kosten so niedrig wie möglich gehalten zu haben. Es würde mich freuen, wenn Sie sich diese ansehen würden:

Städte:	Pro Tag	Pro Monat
Havanna	50 DM	1500 DM
Buenos Aires	30 DM	900 DM
San Francisco	40 DM	1200 DM
Hanoi	30 DM	900 DM
Jerusalem	40 DM	1200 DM
Tbilissi	20 DM	600 DM
Helsinki	40 DM	1200 DM
Flüge		5000–6000 DM
Extras		2000 DM
INSGESAMT BETRAG		**14 500 DM**

Ich bedanke mich für Ihre Aufmerksamkeit hoffe, bald von Ihnen zu hören.

Herzliche Grüße, Marie Pohl

Der Berlin-Pilot

Berlin ist eine Durchgangsstation, in der
man aus zwingenden Gründen länger verweilt.
Joseph Roth

Gestern ist mir etwas wirklich Sonderbares passiert, was dazu führte, dass ich mir endlich neue Turnschuhe gekauft habe.

Meine Freundin Oyun und ich laufen den Ku'damm entlang zum Miss-Sixty-Laden, um nach Jeans zu gucken. Da steht plötzlich ein kleiner Mann vor mir.

»Darf ich dir deine Turnschuhe abkaufen?«, fragt er mich. Wie bitte? Oyun und ich kichern. Er bleibt ernst und versichert uns, dass es keine Anmache ist. Er hat eine Wette verloren und muss zur Strafe irgendjemandem die Turnschuhe von den Füßen abkaufen. Er bietet hundert Mark. Hundert Mark! Ich habe die Schuhe in New York gekauft, für 150 Dollar!

Oyun will wissen, warum er ihre nicht schöner findet. Sie sehen ihm zu neu aus. Ich denke, meine Schuhe sind zwei Jahre alt und quietschen, ich brauche sowieso neue und willige ein. Er kann meine Nikes haben, aber nur, wenn er mir jetzt gleich neue Turnschuhe kauft. Damit hat er kein Problem, aber es muss schnell gehen, er hat nicht viel Zeit. Nicht viel Zeit? Ich lächle.

Wir gehen zu Niketown. Der Mann ist Bauingenieur, wie Oyun sagt, »in lockerer Kleidung«, etwa Mitte 30, hat fades, dünnes Haar und ein unauffälliges Gesicht. Unsere erste Station ist die Herrenabteilung der running shoes. Ich finde sofort ein Paar blaue Schuhe, vorne nicht zu klobig, schlicht und durch einen dünnen roten Streifen doch besonders. Es gibt sie nicht in meiner Größe. Wir gehen in die Damen-running-shoes-Abteilung, die Damen- und die Herren-Basketball-Abteilung und in die Kinderabteilung.

Ich habe noch immer kein einziges Paar anprobiert. Die wenigen Schuhe, die mir gefallen, sind gerade ausverkauft oder es gibt sie nicht in meiner Größe. Der Bauingenieur wird unruhig. Er bietet an, mir ein Taxi nach Hause und 120 Mark für die Schuhe zu zahlen. Nein, so funktioniert das bei mir nicht.

Oyun führt uns zu einem labyrinthartigen Basar mit vielen kleinen HipHop-Boutiquen. Eine weitere Stunde vergeht. Der Mann sagt, ich bin verwöhnt. Oyun und ich fauchen zurück, ich hätte einfach nur Geschmack.

Endlich finde ich ein Paar gelbe Adidas mit roten und schwarzen Streifen. Sie passen und kosten 99 Mark. Ich bin nicht wirklich überzeugt und drehe mich vor dem Spiegel hin und her, bis ich dem Bauingenieur zunicke. Oyun jubelt. Der Bauingenieur reicht dem Verkäufer einen Hunderter.

»Die kosten hundertfuffzich«, sagt dieser.

Der Bauingenieur versucht sich krampfhaft zu beherrschen: »Wieso? Hier steht doch: Sale 99 Mark.«

»Nee, det sind die mit den orangenen Streifen. Die Gelben sind nich reduziert, die kosten hundertfuffzich.«

Die Orangenen will ich aber nicht. Ich will die Gelben.

»Ich kauf sie für 100 oder gar nicht«, erwidert der Bauingenieur mit sehr lauter Stimme.

Der Verkäufer lacht: »Dann eben nich. Det is doch keen Basar. Det sind hier feste Preise.«

Der Bauingenieur verliert die Beherrschung und explodiert wie ein Vulkan. Der Frust der vergangenen zwei Stunden und vielleicht der seines ganzen Lebens sprudelt aus ihm heraus. Er schleudert die Schuhe durch den kleinen Laden und brüllt: »Dann eben nicht. Dann eben nicht. Dann eben nicht.«

Er schmeißt einen Stapel Pullover zu Boden, springt darauf herum wie Rumpelstilzchen, rast fluchend aus dem Laden und ist wie vom Erdboden verschluckt.

Auf dem Weg zur U-Bahn lauschen Oyun und ich vergnügt dem Gequietsche meiner Turnschuhe. Wie hätte ich sie jemals diesem verrückten Bauingenieur anvertrauen können? Meine armen Schuhe. »Der war krank«, sagt Oyun.

Als ich später wieder allein bin, denke ich über die Schuhe nach, stelle mir die rot-gelben Adidas in allen Perspektiven vor, zu Jeans, zu Röcken, zum Bikini, und am nächsten Tag kaufe ich sie mir. Und weil der Verkäufer die Geschichte mit dem Bauingenieur so lustig findet, gibt er sie mir für 99 Mark. Ha!

Der Weg zum Meer

Zögerlich steige ich die vielen Treppen hinauf. Wie die meisten Berliner, die ich kenne, wohnt mein Exfreund im vierten Stock, Altbau ohne Fahrstuhl. Er hat mich zu seiner Einweihungsparty eingeladen. Was ist los in dieser Stadt, dass die Leute immer umziehen, ausziehen, einziehen? Immer wieder die gleichen Fragen: Weißt du ne Wohnung? Oder weißt du jemand, der ne Wohnung sucht? Oder kannst du mir beim Umziehen helfen? Es ist, als spiegle sich die Unruhe dieser sich selbst noch suchenden Stadt in diesen vielen Umzügen wider. Aber vielleicht fällt nur mir das auf, weil ich ja auch so ein unruhiger Wanderer bin.

Die Renovierung der Wohnung ist noch nicht ganz fertig. Farbeimer stehen in den Ecken. Überall stapeln sich Bretter, Werkzeuge und Umzugskisten. Etwa zwanzig Leute stehen im Wohnzimmer in einem Kreis und klatschen. Sie spielen Versteigerung. Einer der schlauen, sozialen Tricks meines Exfreundes, seine alten Sachen loszuwerden. Ein Junge läuft mit einem großen Hut herum und verteilt das Spielgeld. Im Erker des Zimmers hat der DJ sein Pult aufgebaut. Zu jedem Stück, das versteigert wird, spielt er ein neues

Lied und bricht es ab, sobald mein Exfreund den Preis ausruft. Dementsprechend ist die Tanzstimmung etwas »brüchig«.

Ich setze mich auf eine Umzugskiste und sehe in die Menge. Weder Oyun noch Olli sind da, die einzigen Freunde meines Ex, zu denen ich noch Kontakt habe. Oyun muss in der Astro-Bar arbeiten, und Olli liegt mit Grippe im Bett.

Ich weiß gar nicht, warum ich gekommen bin. Ich stecke in einem totalen Gedankensumpf. Aus meiner Suche nach einer Berliner Geschichte ist noch immer nichts geworden, und es ist schon November. Ich habe jeden, der zwanzig Jahre alt war, ob Bauarbeiter, Currywurst-Verkäufer, Lehrling, Student, Zivildienstleistender, Fotograf, Webdesigner, Musiker oder Zeitungsverkäufer nach seiner Geschichte befragt und diese aufgeschrieben. Ich versinke in einem Moor von Schicksalen. Bei mir zu Hause liegen Hunderte Papiere auf dem Schreibtisch, Interviews, Erlebnisse, Dutzende Versionen, zahllose Anfänge. Ich sehe in all den Seiten keinen Sinn. Ich zweifele an meiner Idee und will am liebsten alles hinschmeißen. Mir ist überhaupt nicht nach Feiern zumute. Da schubst mich ein blondes Mädchen fast von der Kiste. »Eh«, schnauze ich sie an. »Pass doch auf.«

»Ich bin Anna«, sagt sie und geht gar nicht auf meine mürrische Bemerkung ein. »Hast du Oyun gesehen?«, fährt sie fort. Ich schüttle den Kopf: »Bist du ne Freundin von ihr?« Sie nickt. Anna kennt Oyun schon seit der zehnten Klasse. Aber sie haben sich lange nicht mehr gesehen. Anna war gerade ein Jahr in Israel.

»Israel?«, frage ich neugierig, »da möchte ich auch gerne hin.« Ich erzähle ihr von meiner Idee, eine Reise zu machen, ein Buch zu schreiben, und von meiner vergeblichen Suche nach einer Berliner Geschichte. Anna hört gespannt zu. Dann sagt sie lachend: »Ich bin 22, leider zwei Jahre zu alt. Aber Ausnahmen bestätigen die Regel.«

Ein Paar Zigaretten später laufe ich mit Anna die Treppen runter. Wir wollen Oyun in der Astro-Bar besuchen. Draußen fällt ein leichter Nieselregen. Es ist mild. Anna lehnt den Kopf nach hinten, hält den Mund zum Himmel und trinkt die Regentropfen. »Ich liebe den Regen«, singt sie, »ich liebe den Herbst. Vom Regen habe ich in Israel immer geträumt. Ich hab gedacht, ich bin ein Mensch, für den muss das ganze Jahr Sommer sein, aber da dreht man ja durch. Ich weiß noch, ich saß in der Agentur, und auf einmal lief ein Tropfen Wasser am Fenster lang, und ich dachte, es regnet. Im August. So unrealistisch. Ich bin echt aufgesprungen, zum Fenster gerannt und dachte, es regnet. Dabei hatte nur jemand seine Blumen gegossen.«

Sie nimmt mich am Arm, läuft die Rosenthaler Straße geradeaus, erzählt von Israel und ihrem Israeli Lev, den sie in Thailand kennen gelernt hat. Die beiden hatten nur einen kleinen Urlaubsflirt am Strand, nichts Ernstes. Dann wurde er in Bangkok mit einem Joint erwischt, kam ins Gefängnis, sie holte ihn innerhalb von 24 Stunden wieder raus und saß auf einmal neben ihm im Flugzeug auf dem Weg nach Tel Aviv. Seine Mutter hat eine Agentur und vermittelte Anna Jobs als Hostess auf Bar Mizwas und Hochzeiten, mit den Gästen tanzen, so ein bisschen animateurmäßig.

Wir kommen zum Hackeschen Markt. Auf dem Platz steht eine Kuh und singt Lieder von Dinah Washington, ein Mädchen in einem schwarz-weiß gefleckten Fellkleid mit einer Kuhmaske und einem roten Tuch um den Hals. Zu ihren Füßen steht der Kassettenrecorder, aus dem es *I am mad about the boy* scheppert. Ich erinnere mich, dass meine Mutter immer eine Dinah-Washington-Kassette hörte, wenn wir von Hamburg nach Berlin fuhren, um meine Großmutter zu besuchen. Das war noch zu DDR-Zeiten. Ich sehe das lange Fließband wieder vor mir, wo man den Pass drauflegen musste, und die Soldaten in ihren Grenzhäuschen.

Wir fuhren oft nach Berlin, und da meine Eltern hier früher gelebt hatten und die Stadt gut kannten, fühlte ich mich nie wirklich fremd. Heute frage ich mich oft, was bin ich hier? Ich bin keine Berlinerin, aber auch keine Fremde, und auch keine Einwanderin, denn ich werde nicht für immer hier leben. Was bin ich dann? Ich bin total verwirrt.

Anna zieht mich erneut aus meinem Gedankensumpf und zeigt auf die Kuh. Sie hat keine Zuschauer. Wir bleiben einen Augenblick vor ihr stehen. Am Ende des Liedes klatschen wir laut, bis andere Leute kommen und sich ein kleiner Kreis bildet. Als die Kuh also versorgt ist, schlendern wir weiter.

Anna kramt in ihrer Handtasche nach den Zigaretten und erzählt von sich, leicht und unbefangen. Sie ist in Berlin geboren und aufgewachsen. Ihr Vater ist Chefarzt, ihre Mutter Therapeutin. »Die typische Alt-Hippie-Generation, früher ganz wild und heute ganz bürgerlich. Sie haben mich einerseits total locker erzogen, andererseits total behütet. Ich beneidete immer meine Freundinnen, die von großen Dramen zu Hause erzählten. Ich hatte einfach nur eine rosarote Kindheit.«

Mit sechzehn war Anna das Partygirl von Kreuzberg und ging nur noch in die Schule, um im Aufenthaltsraum zu schlafen. In dieser Zeit lernte sie auch Oyun kennen. Aber im Gegensatz zu Oyun, die trotz der vielen Partys immer irgendwie gute Noten schrieb, bekam Anna eines Tages den berüchtigten blauen Brief: Sie schafft das Abitur nicht.

»Das werde ich nie vergessen«, sagt sie und hat endlich die Zigaretten in ihrer Handtasche gefunden, »der Brief schlug wie eine Bombe bei mir zu Hause ein. Mein Vater meinte: ›Pass auf, Anna, dann nehme ich dich halt runter von der Schule. Ich finanziere dir dein Rumschludern nicht. Entweder du gehst arbeiten oder du fängst eine Lehre an.‹

Damit hatte ich nicht gerechnet. Es war irgendwie selbstverständlich, dass ich Abi mache. Ich fing tierisch an zu weinen. Mein Vater stand vom Tisch auf. Meine Mutter auch. Mit ihr habe ich mich zu der Zeit sowieso nicht verstanden, nur mit meinem Vater. Ich bewundere ihn. Er kommt aus einer Oberspießer-Grafen-Schnickschnack-Familie und hat sich davon frei gemacht. Hat rebelliert. Er versteht mich und spürt, wenn es mir schlecht geht, ohne dass ich ihm vorher etwas gesagt habe. Dann diese Reaktion von ihm. Mich einfach stehen lassen. Auf einmal war er voll rigide.

Ich habe heulend meine Koffer gepackt, alles ganz dramatisch, und bin abgehauen. Im Grunde genommen war es total lächerlich, ich bin zu einer Freundin gezogen, die auch noch bei ihren Eltern wohnte. Nach ein paar Tagen rief ich meine Schwester an, weil ich Sachen brauchte, und meinte: Ich klingele und du kommst runter. Ich möchte auf gar keinen Fall die Eltern sehen. Als ich auf sie warte, kommt mein Vater. Steht da, im Regen, und gibt mir eine Tasche mit lauter Sachen und Geld, und sagt, wenn ich das jetzt brauche, Abhauen und Abstand von zu Hause, soll ich das machen, ich soll aber wissen, dass sie mich trotzdem alle lieben, dass man über alles reden und ich jederzeit zurückkommen kann und dass es ihm Leid tut und dass es eine Kurzschlussreaktion war und dass er mich vermisst und dass mich alle vermissen. Und das war schrecklich! Das war so schrecklich! Weil ich natürlich irre stolz war. Ich hab mich zusammengerissen und bin ganz schnell gegangen. Nach ein paar Tagen kam ich kleinlaut wieder an. Das war das Auszugsdrama.«

Inzwischen lehnen wir über die Brüstung der Brücke auf der Friedrichstraße. Die Leuchtbuchstaben des Berliner Ensemble drehen sich im Kreis und spiegeln sich in der Spree wider. Neben dem Theater wohnt der Dichter Thomas Brasch. Sein Licht ist an. Sein Licht ist immer an, als wache er die ganze Nacht über die Stadt.

»Ich sagte meinen Eltern«, fährt Anna fort, »ich möchte es nochmal probieren, und wurde umgeschult. Auf die Waldorfschule. Und das war wieder eine Katastrophe. Ich hab tierisch gelitten unter diesem Waldorfsystem, unter diesem Klassenlehrer, der sich immer tausend Sachen für die Klasse ausgedacht hat, damit sich die Klasse gut versteht. Aber die Leute in der Klasse haben sich nicht gut verstanden. Ich meinte, dass er sich was vormacht, und dann meinte er, ich muss zum Schulpsychologen. Da bin ich abgegangen.

Meine Eltern haben mich machen lassen, haben eingesehen, dass, wenn man mich einengt, sei es in Beziehungen oder überhaupt, wenn ich das Gefühl habe, ich muss in irgendeinem Muster laufen, flipp ich aus. Ja, dann war ich frei. Ich hatte immer viel mit älteren Leuten zu tun gehabt und die studierten alle oder jobbten oder waren so Künstler-Freaks. Das fand ich immer irre toll. Es war Sommer, ich wohnte in einer kleinen Wohnung in Kreuzberg 36, war glücklich und bin nur um die Häuser gezogen. Bis es auf einmal alles keinen Spaß mehr machte, weil mir bewusst wurde, dass ich eigentlich gar nicht weiß, was ich will. Diese Freiheit wurde zu einem schwarzen Loch, in das ich immer tiefer fiel. Unter dir kein Boden. Über dir keine Decke. An den Seiten keine Balustraden. Und aus der Dunkelheit hallte es immer wider: Du kannst jetzt alles machen: Alles. Alles war Nichts.«

Es ist so absurd, denke ich, mit sechzehn will man um jeden Preis unabhängig und erwachsen sein, machen, was man will, und wenn man es dann ist, kann man mit dieser Freiheit gar nichts anfangen, ist gefangen in ihr. Man will kein Kind mehr sein, reißt sich los von zu Hause, nur um dann das zu suchen, was man als Kind ganz einfach war, sich selbst.

Wir laufen zur S-Bahn. Ein paar Straßenzüge vom Bahnhof entfernt beginnt die Geisterstadt, die gläsernen Hochhäuser, die Läden, die nachts alle geschlossen und leer sind, wie wenn du träumst, dass alle Menschen verschwunden sind und nur du ganz allein durch die Stadt wanderst. Ich grusle mich auf leeren Straßen und bin froh, dass wir in die S-Bahn steigen.

»Ein Freund von meinem Vater schlug mir eine Ausbildung als Krankenschwester vor. Der Typ schmückte das total rosig aus. Ich dachte, ich kann ja mal hingehen. Ich sollte zu einem Bewerbungsgespräch. Ich war achtzehn. Mit schwarzen Stiefeln, Minirock und Jeansjacke düste ich da an und ne Nonne macht mir die Tür auf, so ne Franziskanernonne. Ich hab gedacht, mich trifft der Schlag. Ich wusste nicht, dass das ein katholisches Krankenhaus ist. Dann kam das Gespräch, vor einer Garde von drei Ärzten und zwei Nonnen, die mich die ganze Zeit angestarrt haben, als wäre ich eine Außerirdische. Ich dachte, die nehmen mich sowieso nicht, und war deshalb ganz entspannt. Am nächsten Tag kriege ich den Anruf, ich kann im Oktober anfangen. 800 Bewerber auf einen Platz! Da saß ich nun, völlig überrumpelt, in einer Ausbildung als Krankenschwester.

Du kannst dir nicht vorstellen, was du in einem Krankenhaus alles erlebst. Das ist der Hammer. Einfach der Hammer. Einen Tag arbeitest du auf der Krebsstation, mit kleinen Kindern, die dem Tod geweiht sind, und am nächsten Tag in der Geriatrie mit alten Frauen, die nicht mehr wissen, in welcher Zeit sie leben, die wie kleine Kinder sind und nachts nach ihrer Mama rufen. Ich hab mich zum ersten Mal mit dem Tod auseinander gesetzt und eine ganz andere Seite vom Leben kennen gelernt.«

Die S-Bahn rattert am Alex vorbei. Anna unterbricht, kramt nach der Puderdose und tupft sich den Regen von den Wangen. Sie hat ein schönes, klares Gesicht, blaue Augen, rotblondes Haar, die schlanken Beine aneinander gepresst, sitzt sie neben mir wie eine Meerjungfrau. Sie erzählt von einem Aids-Patienten, mit dem sie sich im Krankenhaus angefreundet und den sie bis zum Tod begleitet hat, von den Nonnen, die ihr das Leben zur Hölle machten, weil Anna geschminkt zur Arbeit kam und keine weißen Söckchen trug. »Diese Duckmäusigkeit«, fährt sie leidenschaftlich fort, »diese Hierarchien im Krankenhaus. Wenn der Chefarzt kommt, verstummt alles. Oh, was da abgeht hinter den Kulissen, wie menschenunwürdig das ist. Immer auf diesem Religions-Trip, hinter diesem Schleier, immer dieses ›Liebe deinen Nächsten‹. Was ist das: Liebe deinen Nächsten? Die lieben ja nicht mal sich selbst, wie sollen die ihren Nächsten lieben?«

Warschauer Straße steigen wir aus und laufen über die Warschauer Brücke. Auf der einen Seite liegt Kreuzberg, auf der anderen Friedrichshain, dazwischen liegt die Spree. Es gibt so viele Brücken in Berlin, und endlos lange Straßen, wie Fäden, die die einzelnen Bezirke miteinander verknüpfen. Anna trinkt wieder die Regentropfen. Ihr rotblondes Haar leuchtet in der Dunkelheit.

Keiner glaubte, dass Anna das Examen schaffen würde. Aber sie schaffte es. Dann war es vorbei. Nach drei Jahren. Und das war der schönste Tag ihres Lebens. Als Erstes lief sie mit dem Zeugnis zu ihrem Vater in die Klinik und sagte, man soll ihm Schwester Anna melden. Sie lächelt verlegen und sagt zu mir, eigentlich habe sie das alles nur für ihn gemacht. Dann fuhr sie nach Thailand, traf Lev und ging mit ihm nach Israel.

»Warum bist du wieder nach Berlin zurückgekommen?«, frage ich.

»Ich hatte plötzlich so ein ganz komisches Heimweh. Das war noch nicht mal Heimweh. Ich hatte irgendwie das Gefühl, ich muss wieder nach Berlin. Ich muss gucken, wo ich eigentlich hingehöre. Und ich habe Kreuzberg vermisst. Da fühle ich mich immer so zu Hause, in Kreuzberg 36. In diesem kleinen Kiez, mit den Türken, den vielen Kindern, den jungen Leuten, die alle irgendwie auf der Suche sind. Kreuzberg 36 ist wie ein Dorf. Man kennt sich, man hilft sich gegenseitig, man ist sich nicht egal. Wie zum Beispiel die durchgeknallte Pennerin, die im Waschsalon schläft und jeden Morgen in die Morinna-Bar kommt. Sie isst die Frühstücksreste, räumt dreckige Tassen und Teller weg, und die Bedienung geht sehr herzlich mit ihr um.

Ich hab gemerkt, dass auch ein gewisser Teil von mir hier ist, meine Wurzeln und so, dass ich Berlinerin bin. Aber wenn ich zu lange in Berlin bin, werde ich depressiv. Durch Lev und überhaupt durch das Reisen habe ich angefangen, ernsthaft darüber nachzudenken, wo ich leben will. Es ist zum ersten Mal so, dass ich einen Menschen getroffen habe, mit dem ich meine Zukunft zusammen planen will. Er möchte nicht so gerne in Israel bleiben. Aber ich glaube, Berlin wäre auch nicht das Richtige für ihn. Ich würde gerne mit ihm irgendwo hinziehen. Aber wer weiß, wie lange das hält.«

»Und was machst du jetzt?«, frage ich weiter, »fährst du zurück nach Tel Aviv?«

»Nein. Morgen fliege ich nach Tokio. Für drei Monate. Ein Israeli hat mir dort einen Job als Hostess angeboten. Und danach muss ich erst mal gucken.«

Wir sind in der Astro-Bar angekommen. Es ist noch früh und zum Glück noch nicht so voll. Oyun freut sich und lädt uns zu einem Cocktail ein. Sie macht die besten Cocktails von Berlin. Die Bar ist wie ihr kleines Reich, und sie herrscht wie eine Königin. Während Anna von Israel und Lev erzählt, erinnere ich mich plötzlich, dass ich mit Oyun schon ein paar Mal von Anna gesprochen habe. Durch Anna hat Oyun nämlich ihren Freund Olli kennen gelernt. Anna war mit Olli zusammen, als sie und Oyun durch die Party-Szene in Kreuzberg zogen. Dann machte Anna mit Olli Schluss, kurz darauf wurde er verrückt und kam in die Anstalt. Oyun besuchte ihn dort regelmäßig. Seitdem er draußen ist, sind die beiden ein Paar.

»Und was machst du, wenn du aus Tokio zurückkommst?«, höre ich Oyun Anna fragen.

»Ach, das ist es ja. Ich weiß es nicht.« Anna seufzt. »Ich kann nicht studieren. Das ist nichts für mich, in irgendeinem Unisaal sitzen und theoretisch lernen. Ich muss was machen. Aber was? Ich hab immer gedacht, ich will nie von meinen Problemen wegrennen, aber auf einmal gibt es tausend Wege, und was sollst du machen? Du weißt nicht, welcher richtig und welcher falsch ist. Gar nichts.«

Sie dreht sich zu mir: »Meine Eltern waren anders als ich mit zwanzig, die wussten, was sie wollten, die haben für was gekämpft, die hatten Ideale, die waren politisch aktiv und die haben gegen ihre Eltern rebelliert. Aber ich, ich stehe da und denke nur, wenn ich es schaffe, mit vierzig so zu sein wie mein Vater, der eine Familie ernährt, gebildet ist, einen guten Job hat und das macht, wozu er Lust hat, dann kann ich echt stolz sein. Meine Eltern sind mein Vorbild, versteht ihr, nicht mein Gegenbild. Ich habe überhaupt kein Gegenbild, keine Mauern, gegen die ich ankämpfen muss. Der einzige Kampf, den ich führe, ist der Kampf mit mir selbst, mit meinen Zweifeln, mit den Fragen, auf die ich keine Antwort weiß, oder mit irgendwelchen Typen, in die ich verliebt bin. Und wenn ich mir die Welt angucke, die Nachrichten sehe, dann denke ich, es ist schlimm, was da überall passiert, die Kriege, die Armut. Aber es gibt niemanden, für den ich kämpfen würde. Ich bin nicht für die Amerikaner, aber auch nicht für die, die gegen die Amerikaner sind. Also für wen? Für was? Ich bin ein Mensch, der keine Ideale und keine essenziellen Probleme hat. Ich stehe da und denke, das Einzige, was ich kann und tue, ist Spaß haben, Party machen.«

Oyun schneidet eine Zitrone. Sie hat schweigend zugehört, jetzt hebt sie den Kopf und sagt: »Das ist doch was Schönes, nicht was Schlechtes. Vielleicht sollte das dein Beruf werden: Partygirl. Leute animieren, das kannst du doch.« Anna zuckt mit den Schultern: »Vielleicht hast du Recht.«

Im Gegensatz zu Anna hat Oyun, die auch in Berlin geboren und aufgewachsen ist, deren Muttersprache auch Deutsch ist, keinen deutschen Pass. Ihr Vater kommt aus dem Tschad und ihre Mutter aus der Mongolei. Ihre Eltern lernten sich zu DDR-Zeiten kennen, als beide mit einem Stipendium in Ostberlin studierten. Später siedelten sie nach Westberlin über. Oyun wuchs im Studentenheim auf, denn ihre jungen Eltern konnten sich keine eigene Wohnung leisten. Sie ließen Oyun tun und lassen, was sie wollte. Dann bekam der Vater einen Job in Paris und die Familie zog dahin um. Oyun war achtzehn. Ihre Eltern hatten die ganzen Jahre in Berlin nur ein Studentenvisum gehabt. In Frankreich bewarben sie sich um die französische Staatsbürgerschaft. Oyun vermisste Berlin und ging sofort nach ihrem Abitur nach Deutschland zurück, noch bevor die Eltern die französischen Pässe für die Familie erhalten hatten. In Berlin arbeitete sie als Barfrau. Illegal oder legal war Oyun ganz egal. Aber kaum klingelte die 21 an der Tür, wurde alles kompliziert. Sie wollte anfangen zu studieren, Praktika machen, gemeldet sein, verreisen. Aber sobald Oyun Berlin verlässt, darf sie nicht mehr rein. Und das will sie nicht. Sie liebt Berlin, diese Stadt ist ihr Zuhause, Pass hin oder her, sie ist Berlinerin. Die Behörden lehnten ihre vielen Anträge immer wieder »Ohne Begründung« ab. Dabei hat sie ein Recht darauf, hier zu sein, weil sie in Berlin geboren und zur Schule gegangen ist. Sie hat weder den Tschad noch die Mongolei je gesehen, noch spricht sie deren Sprachen. Sie braucht einen guten Anwalt, aber den kann sie sich nicht leisten. Jetzt muss sie sich entscheiden, entweder sie geht zu ihren Eltern nach Frankreich und wartet, bis man ihr dort die französische Staatsbürgerschaft gibt, oder sie heiratet Olli.

Gegen fünf Uhr verlassen wir die Astro-Bar. Mitten auf der Straße steht eine Frau und streut Haferflocken auf die Kreuzung. Sie erklärt uns, dass heute der 15. November, der Feiertag der griechischen Göttin Hekate ist, die Herrin der drei Wege, die Göttin der Entscheidungen. Man muss ihr Essen schenken, dann bringt sie Glück. Oyun, Anna und ich kaufen eine Tüte M&Ms beim Dönerladen und opfern sie auch Hekate ... Oyun fährt mit dem Fahrrad nach Kreuzberg. Anna und ich laufen zur S-Bahn. Wir müssen beide nach Charlottenburg, sie zu ihren Eltern und ich zu meiner Großmutter, wo ich momentan wohne.

Auf der Fahrt erzählt mir Anna eine Geschichte, die ihr Lev einmal in Israel erzählt hat: »Es war einmal ein kleines Mädchen, das von zu Hause wegging, weil es das Meer sehen wollte. Sie kam durch die verschiedensten Dörfer, arbeitete hier und dort, aber besann sich immer wieder des Meeres und zog weiter. Bis sie eines Tages an eine Kreuzung kam, wo es in viele verschiedene Richtungen ging. Sie blieb stehen und wusste nicht, welchen Weg sie wählen sollte. So setzte sie sich unter einen großen Baum und wartete.

Reisende kamen vorbei, nahmen sie mit in andere Dörfer, aber immer wieder führte ihr Weg zurück zu dieser Kreuzung. Als sie schon eine alte Frau war, wählte sie, ohne lange zu überlegen, irgendeinen Weg. Sie kam zu einem Berg. Sie war schon sehr alt und kletterte mühsam den Berg hinauf. Es war kalt und windig. Als sie oben an der Spitze angelangt war, sah sie das Meer und die Kreuzung und dass alle Wege zum Meer führten. Der eine Weg war länger, der andere kürzer.

Seitdem denke ich«, sagt Anna und wühlt mal wieder in der Handtasche, »ich muss einfach machen. Einfach einen Weg gehen, und wenn es nicht der richtige war, dann eben nicht. Dann geh ich eben einen anderen. Irgendwann finde ich das Richtige für mich. Irgendwann komme ich ans Meer.«

Die S-Bahn saust am Potsdamer Platz vorbei. Ich gucke aus dem Fenster. Die bunten Kräne reichen dem Himmel die Hand.

Wahn – Sinn

Ich sitze mit Oyuns Freund Olli auf einer Bank im Görlitzer Park. Es ist Ende November, und die Sonne scheint wie im Frühling, einer dieser Traumtage, an denen ich vor Glück die Welt umarmen will. Wenige Meter entfernt von uns füttert ein kleines Kind eine Ziege, die hier auf einem abgezäunten Fleckchen Gras lebt. Meine Eltern haben mir erzählt, dass ich als Kind nicht »Ziege«, sondern »Gieße« sagte und dass ich es unheimlich lustig fand, dass die Gießen gerne Zigaretten essen. Ich lehne den Kopf zurück und genieße die warmen Strahlen. Olli zeichnet mit dem Fuß Muster in den Sand. Er hustet. Er ist noch ein bisschen erkältet. Wir schweigen eine Weile. Dann fängt er an zu erzählen, wie er immer erzählt, in klaren kurzen Sätzen.

»Haut mich neulich so nen Typ
aus meiner Schule inner U-Bahn an.
Wie das denn so gewesen wär mit den Drogen und so.
Und ich so: Was meinst du denn jetzt?
Na, bla bla bla und Klapse und so.
Und ich so: Wer hat dir das denn erzählt?
Er kennt jemand, den Holger kennt.
Das ist auf jeden Fall kein guter Freund, der Holger.
Das ist doch nicht das Erste, was man sagt.
Ach Olli, den kennst de och? Der war inner Klapse.
Das war schon sehr enttäuschend.
Aber damit muss ich anscheinend leben.«

Als ich Olli traf, mochte ich ihn sofort. Er stand bei mir vor der Tür, neben meinem Exfreund, und wollte mir beim Umzug helfen. Wir sahen uns an, und es war eine Verbindung da, so ein Gefühl, man versteht sich, man kennt sich, ohne sich zu kennen, eine Art Seelenverwandtschaft. Ich habe noch nie mit ihm über die Zeit gesprochen, als er verrückt war. Es ist das erste Mal, dass er davon erzählt:

»Ich war 19.
Zwei Mal ein halbes Jahr inner Anstalt.
Ein paar Monate davon waren geschlossen.
Das ist richtig hart, auf jeden Fall.
Davor ist es eigentlich ziemlich lustig.
Nicht in der Klapse, aber verrückt sein.
Wenn du wahnsinnig bist, kannst du fliegen.
Ich denke, das ist auch Zauberei, was da passiert.
Einfach Zauberei.«

Olli hebt den Kopf. Das Kind plärrt, weil die Mutter es von der Ziege wegzerrt. Sie reißt dem Kind das Brot aus der Hand, schmeißt es der verdutzten Ziege hin und schnallt das Kind auf ihrem Fahrrad fest. Das Geschrei tut mir in den Ohren weh. Ich denke, dieses Kind ist genauso brutal wie seine Mutter. Kein Mensch dreht sich um. Olli schüttelt den Kopf und fährt fort:

»Ich hab viele Drogen genommen.
Also relativ viele.
Ab und zu LSD. Viel gekifft. Und mal ne Nase gezogen.
Das ist erst mal ein Zustand,
wo der Geist ein bisschen verrückt ist.
Und abenteuerlustig.
Das vermisse ich heute.
Dass einfach keine Abenteuer mehr passieren.
Dann hab ich irgendwann so nen Typen getroffen.
Anner Ampel.
Ich war aufm Weg zu Anna.
Da dachte ich, ich wär noch mit Anna zusammen.
Für sie war wahrscheinlich klar,
dass wir schon lange nicht mehr zusammen sind.
Egal.
Ich stand anner Ampel. Mit meinem Bike.
So: Ich warte auf Grün.
Der Typ neben mir sah total komisch aus.
Cordhose, Schlips, Vollbart.
Wie Karl Marx mit Turnschuhen.
Und den hab ich gefragt, wie spät es ist.
Einfach nur: What time is it?
Weil es am Potsdamer Platz war
und der halt so ausländisch aussah.
Daraufhin meinte er zu mir,
wieso ich ihm diese Frage stelle,
ob das ein Zufall ist.

Da hab ich gesagt, ich glaub nicht an Zufälle.
So kamen wir ins Gespräch.
Und er war einer,
er war der Meinung,
er ist ne Art Botschafter.
Einer, der für den Staat arbeitet,
aber nicht direkt eingestellt ist.
Sah aus wie'n Penner.
Der war halt komplett irre.
Aber ich hab ihn viele Sachen gefragt.
Und er hat versucht, mir viele Antworten zu geben.
Er meinte, das Wetter wird gelenkt.
Ich bin dann zwei Stunden zu spät gekommen.
Und hab das alles Anna erzählt.
Die hat mich nur angeguckt
und wusste ganz genau, ich bin verrückt.«

Mutter und Kind sind verschwunden. Es ist still. Die Ziege liegt auf ihrem bisschen Gras. Ein paar Leute spielen Frisbee, andere Federball. Aus der Ferne klingen Stimmen und Gitarrenmusik. Ich denke an die große Wiese im Central Park in New York, an die ersten warmen Tage, wenn ich dort die Schule schwänzte. Olli hebt einen Stein auf, der unter der Bank liegt, schaut ihn kurz an und steckt ihn in seine Hosentasche.

»Aber da war ich noch nicht richtig verrückt.
Das kam später.
Meine Eltern waren nach Frankreich gefahren.
Mit Anna war alles vorbei und mir gings beschissen.
Meine Mutter rief an und meinte, komm doch nach.
Ich bin hin und hab mich gleich mit ihr gestritten.
Dann hab ich wieder so nen Typen kennen gelernt.

So nen Kartenleger.
Und mit ihm eine Reise nach Bordeaux gemacht.
Wir gingen in einen Park, um was zu rauchen zu kaufen.
Und dort fanden wir einen Mann,
der uns für eine Nacht ein Hotelzimmer gezahlt hat.
Wir haben dem halt erzählt,
wir sind arme Säcke und wurden ausgeraubt.
Der Mann war Möbelhändler.
Er wollte als Gegenleistung,
dass wir für seine Möbel in Deutschland Werbung machen.
Und in dem Hotelzimmer
ist dieser Kartenleger plötzlich voll böse draufgekommen.
Sonst war der immer nett und auf einmal war der böse.
Auf einmal wusste ich nicht mehr:
Zieht er ne Maske auf oder setzt er sie ab?
Ich hab geschrien und mir an den Kopf gefasst.
Der Typ hat sich sofort verpisst.
Dann war ich allein.
In diesem Hotel.
Irgendwo in Bordeaux.
Ich bin einfach los.
Nicht in dem Zustand:
Ich mach mir jetzt nen Plan für mein Leben.
Sondern: Ich bin jetzt hier, wo geht es lang:
Rechts oder links?
Es muss ja in irgendeine Richtung gehen.
Ich hab mich an irgendwelchen Zahlen orientiert.
An Nummernschildern.
Und bin irgendwie am Bahnhof angekommen.
Hab mich in den ersten Zug reingesetzt.
Der Schaffner kam immer vorbei,
aber er hat mich nicht kontrolliert.

Und ich bin, ohne zu bezahlen, nach Paris gefahren.
Auf dem Bahnhof hab ich Holger und Lars getroffen.
Die waren 30 und ich zehn Jahre jünger.
Daraus hab ich geschlossen,
dass ich in der Zukunft gelandet bin.
Dann hab ich alle Leute gefragt, wie spät es ist.
Weil der Tag des Jüngsten Gerichtes stand bevor.
Ich musste mir aussuchen, wen ich mitnehmen will.
Die Leute, die mitkommen sollten,
hab ich gefragt: What time is it?
Und dann bin ich auch in der Hölle gewesen.
Hab irgendwelchen Leuten vergeben.
Anna, die hat sich bei mir entschuldigt.
Irgendwann kamen tierisch viel Bullen.
Mit denen hab ich mich noch gekloppt.
Ich hatte ja zum Glück Bruce Lee getroffen
und konnte kämpfen wie Bruce Lee.
Dann hat mich mein Vater geholt.
Ich weiß auch nicht.«

Die Ziege stößt mit dem Kopf immer wieder gegen den Zaun. Ich würde sie am liebsten freilassen. Aber es hätte keinen Sinn. Entweder sie wird überfahren oder gleich wieder eingefangen. Ich frage mich, wie sie mich sieht. Ein Mädchen, das ihr gegenüber auf einer Parkbank sitzt und sich immer wieder eine Zigarette in den Mund schiebt, die Zigarette aber nicht isst, nicht kaut, und doch wird die Zigarette immer kleiner, bis das Mädchen sie wegwirft oder drauftritt.

»Mit 20 bin ich rausgekommen.
Aber man kommt ja nicht so raus.
Das hat dann noch ne Weile gedauert.

Mit den ganzen Medikamenten und so.
Und dann hab ich aufgelegt.
Auf Holgers Party und 40 Mark bekommen.
Damit bin ich aufn Flohmarkt
und hab mir ne Ausrüstung gekauft:
Kleines Radio, Walkie-Talkie,
ein Telefon, das in echt ein Taschenrechner war.
Und ne Uhr mit drei verschiedenen Modi,
drei verschiedenen Richtungen der Zahlen,
neun verschiedenen Möglichkeiten, das Teil einzustellen.
Also: Seele, Körper und Geist.
Für eine Mark hab ich mir noch so'n
Metall-Stab-Buch mit Fühler geholt,
das in Wirklichkeit ein digitales Thermometer
mit Temperaturfühler war.
Damit konnte ich alles durchschauen.
Zu Hause wollte ich damit ein Piraten-Radio machen.
Hab die wildesten Teile aufgebaut
mit dem alten Walkie-Talkie.
Hab versucht zu senden.
Dann hab ich *Kanaka Radio International* gehört.
So ne Freestyleshow.
Ich war sicher,
dass ich geistigen Kontakt hatte zu den Leuten.
Und bin wieder losgezogen, zum Alex gelatscht,
weil da die Antenne ist.
Vom Nollendorfplatz, die ganze Nacht.
Zurzeit waren Wahlen.
Ich hab auf den Wahlplakaten messages eingeritzt.
Voll viel gemalt auf der Straße.
Wenn ich einen Stift gefunden hab,
dann hab ich ihn natürlich gleich benutzt.

Sonst hätte ich ihn ja nicht aufheben müssen.
Am Alex fand ich dann so nen Touristenautomaten.
Ich war völlig weg von Zahlen.
Wie wirken sich 80 Tonnen Gewicht
auf ein Pfennigstück aus?
Da hat man halt zehn Pfennig reingeworfen
und so ein Emblem bekommen,
mit dem Fernsehturm drauf.
Das hab ich in meinen Apparat reingelegt,
um Sendepower zu haben.
Dann war ich irgendwann tierisch müde.
Es hat nicht mehr lange gedauert,
bis ich wieder inner Klapse saß.«

Mit der Dämmerung ist es kühl geworden. Warme Nächte in Berlin sind eine Seltenheit. Der Park leert sich. Es gehen die Frisbeespieler. Es kommen die Einsamen, die ihre Hunde ausführen, und die Gestalten, vor denen ich mich im Dunkeln fürchte, weil ich ihre Gesichter nicht sehen kann. Die Ziege ist in ihrem kleinen Holzstall verschwunden. Olli und ich stehen auf und gehen zu ihm nach Hause.

»Die Leute, die in der Klapse sind,
die haben so ein Kriegerstolz.
Die glauben alle, sie sind was ganz Besonderes.
Teil einer großen Verschwörung.
Wenn man die von außen anguckt,
sehen die aus wie Penner.
Irgendwo bin ich momentan nicht aktiv.
Will ich aber auch nicht sein.
Dieser ganze Agenten-Film,
der da abläuft,

ist schon extrem anstrengend.
Ich hab schon von Leuten gehört,
die haben irgendwelche Gegenstände aufgehoben
und an irgendwelche Kraftorte geschleppt.
Irgendwelche Steine zu irgendwelchen Kirchen.
Frag mich nicht,
ob das irgendeinen Sinn oder welchen Sinn das hat.
Ich weiß es nicht.
Sicher spielen da viele persönliche Sachen mit rein.
Es schwankt immer zwischen dieser vernünftigen Sicht:
Das ist eine Krankheit.
Und diesem: Das ist ein Erleuchtetwerden.
Ich konnte zu der Zeit über die Straße gehen
und mir vorstellen, ich bin ein Elefant.
Zwei Meter hoch.
Und das war auch so.
Die Vorstellungskraft ist wahnsinnig groß.
Die Gedankenkraft.
Das ist ja auch so im Leben.
Wenn du immer nur Schlechtes denkst,
dann wirst du auch nur Schlechtes erleben.
Es kommt alles zurück,
das ist ja kein großartiges Geheimnis.
Aber diese Gedankenkraft ist so wahnsinnig groß,
und mit Atmung und so, wenn man bewusst lebt,
du kannst alles lenken.
Du kannst wirklich alles komplett bewusst lenken.
Das ist aber auch so'n Deal mit dem Teufel gleichzeitig.«

Das Haus in der Görlitzer Straße ist mit Efeu bewachsen. Oyun und Olli wohnen im Hinterhof, ausnahmsweise mal im Erdgeschoss. Die Wohnung ist etwa dreißig Quadratmeter klein. Es gibt eine Küche mit rundem Holztisch und lauter zusammengesuchten Stühlen (ich sitze am liebsten im Liegestuhl), ein Bad mit Dusche und einer polternden Waschmaschine, die Olli, der HipHop-DJ ist, *rocking rawkus* getauft hat, eine Mini-Diele und das Zimmer. Hier findet alles statt. Hier schlafen die beiden. Hier legt Olli auf. Hier schreibt Oyun ihre Bewerbungen am Computer. Hier gucken sie nächtelang Videofilme von Benigni. Hier wird geliebt, gestritten, gearbeitet und gechillt. An den Wänden hängen Bob Marley, die Beastie Boys, Mos Def, Wu Tang Clan, Abbildungen von Raumschiffen und Galaxien, eine rot-gelb-grüne Reggaeflagge und gemalte Bilder von Oyun. Vor den beiden Fenstern, die direkt auf den Innenhof zeigen, baumeln dunkelrote Tücher. Tageslicht gibt es nie. In einer Ecke lebt lautlos eine lila Lavalampe.

Das Zimmer ist mal wieder komplett umgebaut. Jedes Mal, wenn ich komme, stehen die Möbel irgendwie anders. Oyun richtet leidenschaftlich gerne ein, und es ist unglaublich, wie viele Möglichkeiten sie in diesem kleinen Zimmer findet. Olli stört es nicht, jede Woche mit dem Kopf in eine andere Richtung zu schlafen, solange Oyun seine Platten nicht anrührt. Er sagt, es ist, als würde er dauernd verreisen.

Wir setzen uns aufs Sofa und trinken Pfefferminztee.

»Es sind so viele Sachen passiert,
die gar nicht in einem logischen Zusammenhang stehen.
Weil es gibt einfach keine Zeit in dem Zustand.
Gibt's einfach nicht.
Komischerweise hab ich das alles schon mal geträumt,
als ich fünfzehn war.
Ich bin verrückt, so war mein Traum.
Alle wissen es, aber keiner sagt was.
Genauso ist es dann passiert.
Ich bin aufgewacht in meinem Leben

wie aus einem Traum.
Das war dieser Moment in dem Hotelzimmer,
wo ich nicht mehr wusste,
legt der Typ die Maske ab oder setzt er sie auf.«

Olli senkt den Blick in die Tasse. Im stehenden Tee zeichnen sich Muster ab. »Was ist dein größter Traum?«, frage ich ihn.

»Ich hatte viele Träume,
aber das waren nicht so irdische Sachen.
Als ich sieben war,
bin ich mit so nem Flugzeug in der Gegend rumgeflogen.
Das konnte alles.
Das hatte hundert Gänge, nicht nur 21 wie am Fahrrad.
Kann dir nicht sagen, was mein größter Traum ist.
Glücklich werden.
Ja, glücklich sein.
Wenn ich mir übers Glücklichsein Gedanken mache,
werde ich eigentlich ziemlich unglücklich.
Ansonsten geht es mir ganz gut.«

»Was macht dich denn glücklich?«, frage ich weiter.

»Gestern war ich glücklich,
da habe ich ne neue Platte bekommen.
Die Poppa Larga von Ultramagnetic MC's.
Das ist ein Sammlerstück.
Ich würd schon gerne
mein Geld mit Plattenauflegen verdienen.
Aber das kannst du halt nicht dein Leben lang machen.
Ich hätt gern was mit Musik zu tun.
Auch produzieren, auf jeden Fall.

Ich seh mich da nicht so in erster Reihe,
das kann ruhig so im Hintergrund sein.
Da fühl ich mich auch ganz wohl.
Ich mach gerade eine Ausbildung als Tontechniker.
Ich denke mir,
irgendwann kommt jemand zu mir und sagt,
eh, willst de nicht bei mir anfangen zu arbeiten?
Bei irgendeinem Label.
Ich meine, es gibt Leute,
die rennen durch die Gegend und
suchen nach neuen Bands.
Die müssen ein Gespür für Musik haben,
dafür, was ein Hit sein kann.
So was würde ich gern machen,
aber das ist auch wieder nichts Endgültiges.
Ich mach jetzt Promo-Tapes.
So geht das halt. Schritt für Schritt.
Zukunftsängste hab ich auf jeden Fall.
Ich meine, viel Kohle haben wir nicht zurzeit,
Oyun und ich.
Von nichts kommt auch nichts.
Das schwankt ziemlich.
Einerseits diese realistische Sicht,
was einem die Eltern erzählen: Stell was auf die Beine.
Und dann das sichere Gefühl,
dass man eh was aus seinem Leben macht.
So ungefähr.
Pläne machen?
Wie man sich Silvester überlegt,
was will man im neuen Jahr machen?
Das mach ich schon.
Ja, ich will mich spätestens ab 30 alleine ernähren.

Dann gibt es Tage,
wo ich irgendwie um halb zwei aufstehe und denke,
das war wohl nicht so der Tag, um dahin zu kommen.«

Da tritt Oyun durch die Tür. Sie ist stinksauer, weil sie eine Fahrradpanne hatte. Zu jeder Jahreszeit fährt sie mit ihrem Fahrrad durch Berlin, und wenn Oyun so durch Wind und Wetter reitet, den Körper schief in der Luft, den Kopf erhoben, sieht sie aus wie eine Königin, die in den Krieg zieht, um sich ihr Land zurückzuerobern. Ich nenne sie die Kriegerin der Nacht und Olli den schlafwandelnden Prinzen. Sie schützt ihn davor, sich in seiner Gedankenwelt zu verlieren, und er schützt sie vor den deutschen Behörden.

Ich bleibe noch eine Weile bei den beiden, dann mache ich mich auf den Weg zu meinem Schreibtisch. Ollis Sätze gehen mir nicht mehr aus dem Kopf. Ich glaube auch, dass die Gedankenkraft, die Vorstellungskraft, groß ist. Wahnsinnig groß.

Aber es passiert so viel im Leben, und man stellt sich vor, dass alles eine übermenschliche Bedeutung hat. Ich suche im Schreiben immer wieder nach einem Sinn, der alles zusammenbringt, wie das Mädchen nach ihrem Meer. Ich frage mich, warum und wie und was, und verliere mich in meinem Gedanken-Labyrinth. Es schwankt immer zwischen diesem: Das ist eine Geschichte. Ein Buch. Und diesem: Das ist die Wahrheit. So ist es passiert.

Ich will von einer Reise erzählen, von Schicksalen, von Menschen und von mir. Frag mich nicht, welchen Sinn das hat. Ich weiß es nicht.

Martha Ficke

»Ihre Auswahl von Städten ist mit keinem Round-the-world-Ticket vereinbar. Das kostet Sie mindestens 20 000 Mark.« Das sagt man mir in unzähligen Reisebüros. Ich klappere ganz Berlin ab, bis ich endlich Frau Martha Ficke finde. Die fragt nur: »Einmal janz rum, wat?« und meint, sie braucht eine Woche. Dann ruft sie mich an, sagt »hab jeschustert wie 'n Weltmeister. Aber jetzt is allet drinne«, und bietet mir für 7000 Mark folgende Route an:

Berlin – London – Nassau – Havanna – Nassau – Miami – Buenos Aires – Miami – San Francisco – Hongkong – Hanoi – Hongkong – Istanbul – Tbilissi – Istanbul – Tel Aviv – Helsinki – London – Berlin.

Als ich das Ticket abhole – es ist so dick wie ein kleines Buch –, rät mir Frau Martha Ficke – sie nascht von einer Sahnetorte –, ein Kissen mitzunehmen, sonst »kriegen Sie nen platten Hintern«. Dann drückt sie mir freundschaftlich die Hand und wünscht mir viel Glück. Und am 29. Januar beginnt meine Reise.

Die letzte Nacht

Die letzte Nacht in Berlin ist genau so, wie ich sie vermeiden wollte: schlaflos und chaotisch. Ich habe mir fest vorgenommen, bei dieser Reise alles anders zu machen, schon am Tag vorher fertig gepackt zu haben, abends gemütlich mit meiner Großmutter zu essen, früh ins Bett zu gehen und am Morgen pünktlich um halb acht am Flughafen zu stehen.

Aber den ganzen Tag über bin ich beschäftigt, muss noch zur Bank, gehe noch schnell zum Arzt und erledige letzte Einkäufe. Anstatt nach Hause zu fahren und zu packen, gehe ich mit Olli ins Kino, danach in die Astro-Bar und komme um drei Uhr morgens nach Hause. Bis vier telefoniere ich, weiß Gott warum, noch mit meiner Schwester in Amerika, um fünf sage ich zu Oma, sie soll mich nicht ansprechen. Ich bin tierisch nervös, im Zimmer häufen sich die Stapel, das totale Chaos, ich finde das Ticket nicht mehr, dann geht der Koffer nicht zu, ich werde panisch und denke, ich schaffe es nicht. Um sieben stehe ich unter der Dusche und überlege, den Koffer nochmal auszupacken, um von ganz unten das Make-up rauszuholen. Weil mich nämlich Lado, ein Freund, der ein bisschen mehr als ein Freund ist, abholen soll und ich nicht will, dass er mich so übermüdet sieht. Was für ein absurder Gedanke! Um halb acht sitze ich mit meiner Großmutter in der Küche, an dem kleinen runden Tisch, an dem wir uns täglich trafen.

Immer, wenn ich irgendwas gegessen habe, kam sie dazu, gab mir einen Teller und eine Gabel, weil sie es hasst, wie ich mit den Fingern aus ihren Töpfen esse, setzte sich zu mir und erzählte Geschichten. Auch sie hat vor Aufregung die ganze Nacht nicht geschlafen, sitzt in ihrem hellblauen Frotté-Bademantel vor mir und sagt, ich sei ein ganz widersprüchlicher Mensch. Ich müsse lernen, das Unwichtige vom Wichtigen zu trennen. Sie hat Recht. Ab heute will ich alles ändern!

Um acht rufe ich total panisch Lado an, wo er denn bleibt. Er hat verschlafen. Er erzählt lang und breit, dass die Batterie von seinem Auto leer war und er bis fünf Uhr morgens auf den ADAC warten musste. Ich sage nur »Lado, ich verpass den Flieger!« und »Ciao«. Was hat das jetzt noch für einen Sinn, mit ihm zu streiten?

Am Schalter ist eine lange Schlange. Mein Vater kommt. Er ist zufällig in Berlin. Er ist früh schlafen gegangen, frisch und gut gelaunt. Man könnte denken, er geht auf die Reise und ich muss ins Bett. Er fragt mich, ob ich weiß, wo ich in Havanna als Erstes hingehen will. Ich zeige ihm den Brief. Ein Bekannter aus Berlin hat ihn mir mitgegeben, ich soll ihn seinen Freunden bringen, denn auf die kubanische Post ist kein Verlass. Da ist mein Vater beruhigt und sagt: »Wenn du eine Adresse hast, kennst du bald die ganze Stadt.«

Jetzt sitze ich im Flugzeug und warte. Die, die nach Havanna weiterfliegen, müssen warten, bis neu getankt ist und die Nassau-Passagiere ausgestiegen sind. Miriam und Sarah, die zwei Mädchen, die von London bis Nassau neben mir saßen, sind gerade gegangen. Ich bin ein bisschen traurig darüber. Ich kannte die beiden gar nicht, aber ich fühlte mich bei ihnen irgendwie geschützt. Jetzt erst wird mir bewusst, dass ich ganz alleine bin.

Sie sind so alt wie ich und kommen auch aus Deutschland. Sie fliegen nach Nassau. Hans hat sie und zehn andere Mädchen eingeladen. Hans ist ein 85-jähriger Deutscher, der nach dem Zweiten Weltkrieg ein Vermögen mit Im- und Exportgeschäften in New York gemacht hat und eine schöne Wohnung in Uptown besitzt. Die Geschichte mit den Mädchen begann vor zehn Jahren. Ein Freund aus Deutschland fragte ihn, ob seine Tochter für vierzehn Tage bei ihm wohnen darf. Das Mädchen konnte bei ihm wohnen, aber sie sollte ihm dafür ein bisschen den Haushalt machen. Und im Laufe der Jahre kamen immer mehr Mädchen zu ihm. Heute hat er einen ganzen Haufen Bewerbungen. Sie haben gerade ihr Abitur gemacht und wollen für eine Zeit nach New York, Englisch und die Weltstadt kennen lernen. Einmal im Jahr fahren dann alle zusammen nach Nassau in den Club Med.

Ich sagte den beiden, dass sich dieser Hans für mich wie der Rattenfänger von Hameln anhört. Sie lachten und antworteten, dass er sehr höflich, völlig harmlos und einfach nur ein bisschen einsam ist. Dann unterhielten sie sich über Janna, die Neue, die zum ersten Mal dabei ist.

Janna war mir schon am Flughafen in Berlin aufgefallen. Sie stand ganz vorne am Schalter, während ich die Letzte in der Schlange war. Sie trug einen Jeansmantel, der mir gefiel. Ein langer geflochtener Zopf hing unter einer Mütze über den Rücken hinunter. Dann verschwand sie durch die Passkontrolle. Nach drei Stunden sah ich sie wieder, aus der gleichen Perspektive, von hinten, der Zopf, der Mantel, die geraden Schultern, dieses Mädchen stand wie fotografiert in einer sich bewegenden Kulisse. Wir warteten am Heathrow Airport in London auf den Bus, der uns nach Gatwick bringen sollte. Ich fragte sie, ob sie Feuer hat, sie schreckte auf, als hätte ich sie aus einem Traum gerissen. »Was? Nein.« Freundlich war sie.

Es vergingen wieder drei bis vier Stunden. Dann fand ich sie am Gate, abseits von der Mädchengruppe. Als ich vorbeilief, grüßten wir uns mit einem schüchternen Kopfnicken. Sie saß drei Reihen vor uns, ich sah sie die ganze Zeit von hinten, den langen Zopf, der bei jeder Bewegung hin und her schwang.

Jetzt stelle ich mir vor, wie Janna mit den anderen in einen extra gemieteten Bus einsteigt, dann im Hotel ankommt und ihre Koffer auspackt. Alle anderen wissen schon, mit wem sie ihr Zimmer teilen, nur Janna wartet auf diejenige, die übrig bleibt. Ich habe oft die Schulen gewechselt und kenne dieses Gefühl nur zu gut, das Neusein. Und morgen früh wird sie immer noch abseits sitzen, während die anderen lachend am Swimming-Pool liegen, mit Hans Tennis spielen oder mit den Kellnern flirten. Ich bin froh, dass ich nicht Janna bin. Ich spiele kein Tennis und ich mag Club Med nicht.

Aber warum denke ich über dieses Mädchen nach? Was erwartet mich eigentlich morgen früh? Wen will ich in Havanna suchen? Ich hatte mir überlegt, einen Biochemiker oder eine Zigarrendreherin zu finden, aber das will ich nicht mehr. Ich habe diesen Brief, den ich übergeben werde. Mehr will ich nicht wissen. In meiner ersten Stadt will ich mich treiben, mich überraschen lassen.

Havanna

Was soll denn mit mir *geschehen*
In dem reizend leichten Traum?
Soll ich bleiben? Soll ich gehen? –
Gottfried Keller

Der Malecón. Die Uferpromenade, die sich wie ein langer Arm zärtlich um die Stadt legt. Eine endlose Mauer, auf der Liebespaare sitzen und sich küssen, alte Männer schlafen, auf die ab und zu eine Welle hüpft. Breite, gerade Straßen, gesäumt von wunderschönen Häusern mit bröckelnden Fassaden, wie schöne Mädchen in zerrissenen Kleidern. Offene Türen, offene Fenster, die Innenhöfe frei zur Straße und bunt. Alles so bunt. Die Häuser wie die Autos wie die Menschen, bunt, heiß und summend strömt mir das Leben hier entgegen. Musik wie Luftpartikel, überall. Und viel Staub, flimmernd im Sonnenlicht. Alles so entspannt. Die Leute laufen ganz langsam. Eine ganze Stadt voller Spaziergänger und ewiger Warteschlangen, eine zieht sich über drei Straßenzüge, sie führt zum Eisladen La Copelia. Und neben mir immer das Meer und über mir immer der Himmel und dahinter immer der Horizont, der meinen Spaziergang begleitet. Es ist, als triebe ich, auf dem Rücken liegend, in einem warmen Strom, irgendwo am Ende der Welt. Ich habe mich noch nie so frei gefühlt, so glücklich, so grenzenlos glücklich.

Fruta Bomba I

Mit dem Brief in der Tasche suche ich Naras Haus. Nara wohnt in einer schmalen Gasse ohne Straßenlaternen, ohne Läden, ohne Autos. Es ist stockfinster, als ich gegen zehn Uhr abends dort ankomme. Eine Katze, oder ist es eine Ratte, ich kann es nicht erkennen, huscht mir über den Weg. Ich versuche mit der Flamme meines Feuerzeugs die Hausnummern zu lesen. Aber die sind abgefallen, abgeblättert, verblichen, kaum noch vorhanden. Nara hat mir am Telefon gesagt, dass es bei ihr keine Klingel gibt und ich sie rufen muss.

Ich stelle mich in die Mitte der Gasse und rufe »Naraaa«, einmal, zweimal, dreimal, lauter und lauter, bis plötzlich in allen Fenstern das Licht angeht. »Wen suchst du?« Eine Frau mit Lockenwicklern beugt sich über die Brüstung. »Nara? Kenn ich nicht.« »Was ist los?«, fragt ein Alter aus dem Erdgeschoss. »Wer ist da?«, ruft ein anderer. »Nara, sie sucht Nara«, sagt die Frau mit den Lockenwicklern. »Ah, Nara«, antwortet ein Mann ein Fenster über ihr, »die wohnt drei Häuser weiter.«

Nara wirft mir den Schlüssel runter, er saust an mir vorbei und landet irgendwo. »Rechts, hinter dir, beim Gitter«, ruft Nara von oben. Die Straße ist sandig und voller kleiner Steinchen. Während ich suche, schiebt sich ein Staubkorn unter meine Kontaktlinse und kratzt wie ein Messerchen an meiner Pupille. Halb blind finde ich endlich den Schlüssel und taste mich, vor Schmerz fast wahnsinnig, mit geschwollenen, roten Augen das Treppenhaus hinauf. Durch die angelehnte Wohnungstür höre ich *You are so beautiful to me* von Joe Cocker.

Nara liegt in einer Hängematte und trinkt eine Tasse Tee. Mitten im Zimmer sitzt ein schwarzes Mädchen auf dem Boden und flicht einem Kind Zöpfe. Am Esstisch spielen drei Männer Karten. Alle begrüßen mich mit einem Kopfnicken, als wären wir alte Bekannte. Mein tränendes rotes Auge ist sofort Gesprächsthema, und ich erzähle eine meiner unzähligen Kontaktlinsen-Anekdoten:

Mit sechzehn ging ich einmal in einen schicken New Yorker Friseursalon, der Models für eine Präsentation brauchte. Zuerst wurde ich geschminkt – was heißt geschminkt? Die Lidstriche waren so dick wie Holzbalken, und die Wimperntusche hing so schwer an meinen Wimpern, dass jedes Zwinkern ein Kraftaufwand war. Nach der langwierigen Prozedur des Haarefärbens kam ich unter die Hände des »besten« Friseurs von New York, der meine nun feuerroten Haare zu einer »Flamme« frisierte. So wurde ich einer japanischen Delegation von etwa 300 Mitgliedern vorgeführt, und in dem Augenblick, in dem ich das kleine Podest bestieg und die vielen Blitze ihrer vielen Kameras auf mich niedergingen, spürte ich das gewisse Kratzen in meinen Augen: Staubkörner unter den Linsen. Da stand ich nun mit diesen »Flammenhaaren«, und die Wimperntusche floss in pechschwarzen Tränen über mein Gesicht. Die Japaner riefen »Uh« und »Ah« und dachten, es sei Absicht, die Make-up-Frau rief »Oh my god!«, der Friseur tat, als wäre nichts geschehen, und ich sehnte mich nur nach einer großen dunklen Brille.

»No me ames, si me quieres«, singt die dreijährige Tochter von Nara, während ihr das schwarze Mädchen, das Yusa heißt, immer mehr Zöpfchen flicht. Ich sitze neben ihnen auf dem Steinboden. Auch Nara hat sich zu uns gesetzt, wir bilden einen kleinen Kreis. Sie reicht mir ihre Tasse und bietet mir Früchtetee an. Yusa lacht und sagt: »Nara ist die einzige Kubanerin, die keinen Kaffee trinkt.«

Nara sieht mit den vielen Ketten, dem langen, glatten Haar und dem markanten Gesicht wie eine Indianerin aus. Yusa ist ihre beste Freundin und wohnt auch hier. Sie hat Dreadlocks, eine tiefe, raue Stimme und immer ihre Gitarre dabei. Wir erzählen uns Anekdoten und lachen. Ich beginne gerade mit einer ganz dummen Geschichte, als plötzlich ein großer, schwarzer Mann in der Tür steht, dunkler als Naras Straße, mit breiten Schultern und einem Brustkorb, in dem mein ganzes Gepäck für die lange Reise Platz hätte. Es ist Pablo, ein Freund von Nara und Yusa. Er ist gekommen, um den Amerikaner zu besuchen, der in Naras Zimmer schläft. »In Naras Zimmer schläft ein Amerikaner?«, frage ich verwundert. Yusa erklärt mir, dass hier immer irgendwelche Leute schlafen, immer irgendjemand rumsitzt, immer irgendwer vorbeikommt, weil man in dieser Wohnung machen kann, was man will. Naras Vater lebt seit Jahren in einem kleinen Dorf und ihre Mutter in Miami.

Pablo setzt sich in die Hängematte und zündet sich eine Zigarette an. Ich versuche mit meiner Geschichte fortzufahren, aber sie geht mir nicht mehr so leicht von den Lippen, weil mich dieser riesige schaukelnde Mann unentwegt anstarrt. Ich spüre seine Augen auf mir, als wären sie Hände, die über meinen Körper streichen. Sie fahren durch meine Haare, kitzeln meinen Nacken, legen sich auf meine Schultern, ruhen sich lange auf meiner Brust aus, gleiten zu meinen Beinen, die nackt, nur von einem kurzen Rock bedeckt, auf dem Boden ausgestreckt sind, ich spüre sie schon zwischen meinen Schenkeln, als ich mich umdrehe und ihm einen wütenden Blick zuwerfe. Er lächelt nur. Ich erzähle weiter, hartnäckig, und schaffe es, dass alle, außer ihm, lachen.

»Qué pasa?«, fragt mich Pablo plötzlich ganz ernst. »Nada«, sage ich, was soll schon sein. Er nickt. Schaukelt. Und wiederholt dieses »qué pasa« den ganzen Abend, alle fünf Minuten kommt aus der Hängematte »Qué pasa?« oder »Cómo andas?«. Sonst sagt er nichts, er scheint auch kein Interesse mehr an dem Amerikaner zu haben, der irgendwann auftaucht, sich mir als el Chino vorstellt und Pablo mit Fragen überschüttet. Er bereitet einen Film über Santería vor, zu dem Pablo die Musik machen soll, und will über die letzte Szene diskutieren. Aber Pablo ignoriert ihn, bläst den Rauch seiner Zigarette ins Licht der Lampe und fragt immer nur: »Qué pasa?« Als ich schlafen gehen will, bittet Nara Pablo, mich nach Hause zu begleiten, da es spät ist und ich Havanna noch nicht so gut kenne. »Gerne«, antwortet er lächelnd. Ungerne, denke ich.

Draußen ist es ruhig und warm, eine wohlwollende, weiche Wärme. Die alten Bordsteine halten die Hitze des Tages wie Kachelöfen. Wir laufen auf der Hauptstraße Belasquaín, wo eine überdachte, von Säulen gestützte Galerie die Häuser entlangführt. An einer dieser Säulen sitzt ein Mann mit nur einem Bein und einer Krücke. Er schneidet eine Papaya auf. Pablo erklärt mir, dass man auf Kuba nicht Papaya sagt, denn so nennt man das weibliche Geschlecht. Man sagt: Fruta Bomba.

Pablo fragt mich aus, er will wissen, wo ich geboren bin, wo ich lebe, ob ich Deutschland mag, ob ich Havanna mag, was ich über Fidel Castro denke, wie ich Nara und Yusa finde, ob ich Hunger habe, ob ich etwas trinken möchte, ob ich rauchen will, fragt und fragt und sieht mich dabei mit hungrigen Augen an, die mich ausziehen würden, wären sie nur seine Hände. Ich antworte kurz, rede wenig und stelle mit Überraschung fest, dass ich am liebsten ewig mit ihm durch die Nacht laufen würde.

Mirta

Als ich nach Hause komme, steht meine Vermieterin Mirta müde in der Küche. Die Pfanne auf dem Herd ist mit Wasser gefüllt, und in der Mitte schwimmt ein Ei. Bobbys Ei. Der liegt mit ausgestreckten Beinen auf dem Sessel und bellt. Hunde essen hier das Gleiche wie Menschen, in Bobbys Fall sogar besser. Als Mirta vor vielen Jahren vom Land nach Havanna zog, hatte sich Bobby mit den Möbelpackern eingeschlichen und war einfach geblieben. Seitdem ist er der Herr im Haus. Ich habe Angst vor ihm. Er springt mich immer an und knurrt, wenn er hört, wie ich von außen den Schlüssel in die Tür stecke. Ich glaube, er mag mich nicht. Ich glaube, er mag niemanden, der bei Mirta wohnt.

Mirta vermietet mir ein Zimmer mit Balkon und Blick aufs Meer für sieben Dollar am Tag. Das ist billig für Havanna und nur deshalb möglich, weil sie illegal vermietet. Das Haus liegt mitten in Centro Havanna an der Plaza de Maceo, die zur einen Seite von einem großen Krankenhaus und zur anderen von der Uferpromenade begrenzt wird. Auch hier gibt es keine Hausnummer, nur eine blaue Tür, die ich zwischen all den bunten Hausfassaden immer wieder übersehe.

Die Wohnung ist klein. Ein schmaler Flur führt geradeaus auf mein Zimmer zu. Links davon gehen die winzige Küche, das noch winzigere Bad und Mirtas Zimmer ab. Sie teilt es sich mit ihrer Mutter. Diese ist verwirrt, sitzt in einem Schaukelstuhl, pfeift vor sich hin und erinnert nur noch Schimpfworte. Als ihre Krankheit schlimmer wurde, verschwand Mirtas Ehemann, kurz darauf verlor Mirta ihre Arbeit. Sie hatte drei Tage ohne Erlaubnis gefehlt, um die Mutter zu pflegen. Dann kam die Einsamkeit. Kein Mann, kein Geld und keine Freunde. Ich glaube, Bobby würde seine Mirta am liebsten aus diesem Elend entführen. Wenn Mirta mit ihm spazieren geht, dann sehen die beiden mageren Gestalten aus wie zwei Comicfiguren: Bobby, der Kämpfer, und Mirta, die Verweigerin. Sie stemmt sich nach hinten, mit wehenden Marilyn-Monroe-Locken und einer pinkfarbenen Küchenschürze, hält sich an der Leine fest, die eine Kette ist, und presst die Füße zusammen. Bobby zerrt sie mit aller Kraft vorwärts, wobei ihm das Halsband fast den Hals aufschneidet.

Während Mirta jetzt Bobby sein Ei serviert, gehe ich auf meinen kleinen Balkon und schaue aufs Meer. Es ist komisch, ich bin erst gestern angekommen, aber es scheint mir, als lebe ich hier schon ewig, und ich möchte nie wieder weg.

Fruta Bomba II

»Ist das ein Date zwischen euch beiden?«, fragt Yusa.

»Ein Date? Nein, das ist kein Date. Wieso?«, sage ich.

»Du siehst aus, als hättest du ein Date, so schön geschminkt, so fein angezogen, so elegant«, antwortet Nara aus der Hängematte und parfümiert sich die Füße. Freya, ihre Tochter, tanzt um mich herum und singt wieder ihr ausgedachtes Lied: »No me ames, sí me quieres. Mi soledad es mía. Quítate todo y ponme las manos en la cintura. (Liebe mich nicht, wenn du mich willst. Meine Einsamkeit gehört nur mir allein. Wirf alles weg und leg mir die Hände um die Hüften.)«

Ich nehme meine Boa und lege sie Freya um die Schultern, wische mir den Lippenstift ab und frage Yusa: »Besser so? Du kommst doch mit, oder? Es ist ja kein Date.« Und da ruft Pablo schon von unten meinen Namen. Er ist gut gelaunt, er hat einen neuen Beat komponiert. Wir ziehen los. Wohin, weiß keiner. Wir laufen einfach Richtung Vedado. Dort befinden sich die meisten Bars, Clubs und Kinos. Wie ein Seemann, der das Schiff steuert, fragt Pablo noch, wie viel Geld wir haben. Ich habe neun Dollar, Yusa zwanzig Pesos (einen Dollar) und Pablo fünf Dollar. »Vierzehn Dollar. Also kein Geld. Macht nichts«, sagt Pablo, trommelt weiter seinen Beat, und Yusa summt eine Melodie dazu. Vor dem Jazzclub la Zorra y el Cuervo begrüßt Pablo einen alten Freund. »Das ist ein Dichter«, flüstert mir Yusa zu. »Weißt du, Pablo war früher auch Dichter, er war berühmt in ganz Havanna. Dann machte er plötzlich Musik, HipHop, aber nur die Beats. Der Amerikaner hat ihm jetzt einen Produzenten in New York besorgt, der ihn groß rausbringen will.«

Wir laufen weiter, immer geradeaus, stundenlang, nach Westen, aus der Innenstadt raus ins Diplomatenviertel, wo niemand auf der Straße ist, wo alles schon schläft und wo Pablo auf eine große Villa zeigt, in die er einziehen will, wenn er viel Geld hat. Einen Diener namens Dimitri will er haben, der auf die Kinder aufpasst, und Yusa bekommt eine Suite und eine goldene Gitarre, und einen joint-rolling-room wird es geben, wo die besten Zigarrendreherinnen von Kuba die dicksten blunts bauen, während ihnen Dimitri mit großen Palmenblättern kühle Luft zufächert, und für seine Mutter baut Pablo auf der Wiese ein gläsernes Architektenatelier, und die HipHopper chillen auf großen Samtkissen im Wohnzimmer, und der Koch heißt Apollo. Und es ist zwei Uhr, und wir haben Hunger.

Wo bekommen wir um diese Zeit noch was zu essen? Wir finden ein Dollartaxi und fragen den Fahrer. Er nickt. Wir sollen einsteigen, nicht weit von hier gibt es was.

Wir halten in einer dunklen, verlassenen Gegend, irgendwo, vor einem hässlichen Betonbau, in dem merkwürdige Gestalten ein und aus gehen. Ich weiß nicht genau, sind das Politiker oder Mafiosi oder irgendwelche reichen, dubiosen Figuren? Security Guards mit Walkie-Talkies stehen davor. Es hält eine Limousine nach der anderen. Schicke Männer und Frauen steigen aus. Lackleder, Glitzerkleider. Offensichtlich ist es ein Club. Yusa kennt ihn nicht. Pablo auch nicht. Direkt daneben steht eine Reihe Plattenbauten. Der Taxifahrer sagt zu uns, wir sollen in den ersten Plattenbau gehen und im dritten Stock an der linken Tür drei Mal klopfen. Wir gehen hoch, klopfen, keine Antwort. Wir kehren um. Pablo fragt einen der Security Guards, wo es hier was zu essen gibt, und der sagt: »Geh mal zu der Frau, die da am Taschenstand sitzt.« Der Taschenstand oder besser der Taschen-Abgabestand befindet sich gegenüber vom Club. Die Frau guckt müde über den Tresen. Pablo flüstert ihr etwas zu. Dann fragt sie kurz: »Wie viel? Drei Mal? Mit allem? Zehn Minuten.«

Wir warten hinter der Bude. Zehn Minuten später kommt ein junges Mädchen aus dem gleichen Plattenbau, in dem wir erfolglos geklopft haben, reicht der Frau am Stand eine Damenhandtasche und verschwindet. Pablo zahlt 30 Pesos, nimmt die Tasche, und wir gehen. Wir laufen zu einem kleinen Wald, der hinter dem Club liegt, und setzen uns unter einen Baum. Pablo holt aus der Tasche drei Pappkartons heraus. In jedem befindet sich Reis, eine Scheibe Tomate, ein Blatt Salat, ein kleiner, gebratener Hühnerschenkel und ein Löffel aus Pappe. So habe ich noch nie in meinem ganzen Leben Essen eingekauft.

Yusa will schlafen. Wir fahren zurück nach Centro Havanna und setzen sie bei Nara ab. »Na, willst du auch schon nach Hause?« »Nein, du?« »Nein.« Pablo und ich spazieren in die Altstadt. Er legt seinen Arm um mich, nimmt ihn aber gleich wieder weg, ist auf einmal ganz verlegen, ganz still. Er führt mich in ein traumhaftes Café mit einer Glaskuppel, Marmortischen, Stuckdecken und Kronleuchtern, die ein warmes Licht verbreiten. Wir haben kein Geld, wie sollen wir hier was trinken? Er lacht. Das Café ist leer. Der Kellner trägt einen weißen Anzug und schläft. Pablo weckt ihn, sie kennen sich und wir kriegen für unsere restlichen Dollar zwei Gläser Rum …

Am Morgen ruft Pablos Mutter wie ein klingelndes Telefon immer wieder seinen Namen. Die HipHopper sind unten. Sie wollen Aufnahmen machen und warten schon seit Stunden. Die Mutter hört nicht auf zu rufen, Pablito, Pablito, Pablito.

Es ist ein heißer Tag. Vor Pablos Haus ist ein Obstwagen umgekippt. Ich hüpfe über Mameys, Mangos, Chirimoyas, Melonen, Tamarinden, Kokosnüsse, Fruta Bombas und höre Pablo rufen: »Hasta luego, nena.«

Romeo y Julieta

Auf der Plaza de Maceo ist die Hölle los, die Uferpromenade ist voller Menschen, rechts, links, überall Menschen. Alle schwingen Papierfahnen durch die Luft, weil gleich eine der wöchentlichen Demonstrationen für die Rückkehr Elians* stattfindet. Auf den Straßen drängen sich Pick-up-Trucks, die Männer und Frauen geladen haben. Die Leute werden von ihren Arbeitsstellen abgeholt, wer nicht teilnimmt, wird bestraft. Sie singen, klatschen, jubeln, vielleicht freuen sie sich, dass sie heute nicht arbeiten müssen, vielleicht lieben sie das Jubeln, vielleicht lieben sie Kuba.

Ich will ein bisschen zusehen und stelle mich in einen Hauseingang gegenüber der Promenade. »Viva Cuba! Viva Cuba!«, rufen sie, und ihre Fahnen tanzen im Rhythmus, »Viva Fidel! Viva Fidel!« und »Viva la libertad!«, und Kinder rennen umher, und Autos hupen, und es ist ein großes Fest. Neben mir steht ein Mulatte, »Romeo y Julieta«, sagt er, grinst und reicht mir eine Zigarre. »40 Dollar die Schachtel.« Ich schüttle den Kopf. »Mein Bruder arbeitet in der Fabrik, sie sind echt.« Er lässt nicht locker: »Kleine Julieta, woher kommst du? Ich geb dir die Schachtel für 30, weil du so hübsch bist.« Ich will nicht. »Ai, ai, ai, gehst du heut Abend mit mir tanzen? Ich bin dein Romeo.« Er legt die Hand auf meine Schulter und flüstert mir ins Ohr: »Ich schenk dir eine, probier sie, und wenn sie dir schmeckt, kaufst du ne Schachtel, o.k.?« Ich stoße ihn weg, will schon gehen, aber dann frage ich doch: »Nur die eine, umsonst?« Sein Grinsen spaltet sein Gesicht in zwei Hälften, er nickt und schneidet mit einem verros-

* Kurz bevor ich nach Kuba komme, ist eine Mutter mit ihrem Sohn Elian in einem Boot geflüchtet. Sie ertrank auf der Überfahrt, aber ihr Sohn erreichte Miami lebend. Seine amerikanischen Verwandten wollen, dass Elian in den USA bleibt, die kubanischen, dass er nach Kuba zurückkehrt.

teten Messer den Kopf der Zigarre ab. Ich nehme genüsslich einen dicken Zug und will gehen. »Du musst die Schachtel kaufen, jetzt musst du die Schachtel kaufen!« Er hält das Messer in der Hand. »Geschenkt ist geschenkt«, sage ich, ärgere mich über meine Dummheit und versuche, an ihm vorbeizukommen. Aber er hält mir das Messer entgegen und will die 30 Dollar. »Ich hab kein Geld dabei«, antworte ich und mache einen Schritt nach vorn. Er schubst mich in den Hauseingang, das Messer in der Hand, und wiederholt immer wieder »30 Dollar, 30 Dollar«. Seine Augen sind starr, ganz rot. Ich will ihm anbieten, das Geld sofort zu holen, als eine Stimme »Déjala! – Lass sie los!« sagt und ihn wegzerrt. »Vete pa la pinga! Was machst du mit dem Messer, coño, du Scheißkerl, das ist ne Freundin von mir, idiota, sie wohnt hier.« Der Mulatte lässt mich los, und ich sehe, dass Yassel hinter ihm steht.

Mirta hat mir schon oft von Yassel erzählt, dem zwanzigjährigen Kellner aus dem Mar y Tierra, und ihn mir einmal vorgestellt, als wir Bobby ausführten. Yassel, der wie ein Kater gelangweilt auf der Theke hockte und seine Fingernägel putzte, war aufgesprungen und wollte sofort mit mir an der Uferpromenade spazieren gehen. Ich traute ihm nicht und sagte, ich besuche ihn ein anderes Mal. Seitdem winkt mir Yassel immer zu, wenn ich an der Cafeteria vorbeikomme, und ich komme oft daran vorbei, weil sie auf dem Weg von Naras zu Mirtas Wohnung liegt.

Yassel klopft dem Mulatten freundschaftlich auf die Schulter, »fass sie nie wieder an«, nimmt mich am Arm und führt mich durch die Menschenmenge nach Hause. »Den darfst du nicht so ernst nehmen«, sagt er und hüpft vergnügt neben mir her, »der ist kein schlechter Kerl, der spinnt nur, weißt du, seine Frau ist krank, er hat kein Geld für Medikamente und bedroht alle möglichen Leute mit diesem albernen Messer. Die Polizei hat ihn schon oft verhaftet. Aber sie lassen ihn immer wieder frei, weil sie wissen, dass er harmlos ist.« Ich bin noch immer etwas benommen und schweige. Er versucht mich aufzumuntern. Wir setzen uns auf die kleine Stufe vor meiner blauen Tür. »Also, ich komme gerade von der Arbeit«, fährt er eifrig fort, »bin mit meinem Freund Yunior am Malecón verabredet, aber ich kann ihn nicht finden.« Yassel streckt seine langen, dünnen Beine aus, hält den Kopf in die Sonne und sagt im Takt der rufenden Menge: »Viva el sol!«

Yassel

In der folgenden Nacht gehe ich ins Mar y Tierra, um mich nochmal bei Yassel zu bedanken. Das Mar y Tierra ist eine der wenigen Cafeterias, die rund um die Uhr geöffnet haben und in der man statt mit Dollar mit Pesos Cubanos bezahlt. Sie verkaufen refrescos – Sirup – in abgeschnittenen Corona-Bierflaschen und einzelne Zigaretten, für 34 Centavos das Stück. Morgens reicht die Schlange für Zigaretten bis über die Straße. Nachts ist das Mar y Tierra leer. Früher, lange vor der Revolution, gehörte das Mar y Tierra meiner Nachbarin Teresa aus dem zweiten Stock. Heute gehört es dem Staat. Deshalb hasst Teresa Fidel und schimpft den ganzen Tag.

Yassel lehnt an einer Säule und raucht. Als er mich sieht, schnippt er den Zigarettenstummel auf die Straße und klatscht in die Hände: »Pinga, schön dich zu sehen.« Er geht rein, hüpft über die Theke und gießt mir aus einem Aluminiumkessel eine Tasse Kaffee ein. Vor einem Jahr, sagt er, hätte er mir noch ein Gläschen Rum ausgeben können, aber jetzt gibt es nur noch Kaffee und refrescos. Der Staat hat ihnen die Alkohollizenz gestrichen. Yassel flucht und erzählt mir, wie schön es war, Barmann zu sein. Er hat den Leuten immer ein bisschen mehr eingegossen, »das Glas richtig voll gemacht, verstehst du?«. Er lacht. Er lacht immer. »Als es noch Alkohol gab, war immer was los. Da kamen die schönen Frauen aus den Discos, für einen letzten Drink. Heute kommt kaum einer. Eigentlich arbeite ich nur morgens, wenn die Leute aus dem Krankenhaus hier frühstücken und sich ihre Kippen holen. Nicht wahr, Mursoli?« Er winkt einem Alten zu, der im hintersten Winkel des Cafés sitzt. Es ist der Einbeinige, der immer Fruta Bombas isst. Yassel stellt uns vor. Der Alte heißt Mursoli und ist der Sprichwortkönig von Havanna. »Neulich hat er mir gesagt«, erzählt Yassel, »dass in Kuba alles durch den Bauch geht: Eine Frau fressen heißt, mit ihr ins Bett gehen. Ein Kabel fressen heißt Hunger haben. Jemandem aus der Hand fressen heißt sich unterkriegen lassen. Und wenn du eine besondere Tat vollbringst, dann hast du es gefressen.«

Yassel stellt die Tasse und den Kessel weg, ruft einem Kollegen zu: »Komm gleich wieder«, hüpft wieder über den Tresen und läuft mit mir zur Plaza de Maceo. Wir setzen uns auf die Stufen des kleinen Amphitheaters, die wie ein Fächer vor dem Krankenhaus ausgebreitet sind. »Pinga, qué bien, ich brauchte mal ne kleine Pause.« Wir rauchen und genießen die Nacht.

Wenn es nach Yassel ginge, würde er ein ganz anderes Leben führen, ohne feste Arbeitszeiten, ohne Chef, ohne Verpflichtungen. Ein kleines Geschäft hier und da, mal eine Schachtel Zigarren, mal eine Kiste Rum, Geld ist ihm nicht wichtig. Aber seine Mutter lässt ihm keinen Frieden. »Sie ist der einzige Grund, warum ich eine staatlich anerkannte Arbeit habe«, sagt er und legt sich auf den Rücken. »Sie denkt, ich bin ein Versager. Ich kann machen, was ich will, das wird sie immer denken. Jedes Mal, wenn mir etwas runterfällt, steht sie zufällig daneben, jedes Mal, wenn ich kleckere, guckt sie zufällig zu mir rüber, jedes Mal, wenn mir irgendwas passiert, erfährt sie gleich davon.« Er springt wieder hoch und lacht: »Wie gestern!«

Im Mar y Tierra wurde eine Fensterscheibe eingeschlagen, und er wurde vom Chef dafür verantwortlich gemacht. Als er dann am Morgen, nach einer Stunde Fahrt mit dem Bus, auf den er zwei Stunden warten musste, erschöpft die Wohnungstür aufschloss, saß dort seine Mutter am Esstisch, die ihn, »taka, taka, peng, peng«, mit geladenen Kanonen erwartete, einen Taugenichts und Faulenzer nannte, die Hände durch die Luft wirbelte und nicht wusste, was nur aus ihm werden soll.

Yassel hat sein Geschichtsstudium abgebrochen. Ein Diplom nutzt ihm heutzutage sowieso nicht viel, heute, wo der Kloputzer im Hotel Nacional reicher ist als ein Anwalt, man nur mit Dollars überleben kann und nur mit Touristen wirklich Geld verdient. Yassel ist nicht der erste Zwanzigjährige, den ich hier kennen lerne, der nicht mehr studieren will. Der Taxifahrer neulich war auch zwanzig und hatte sein Medizinstudium abgebrochen, weil er die einmalige Chance bekam, ein Dollartaxi zu fahren. Aber Yassel geht es im Unterschied zu den anderen nicht um die Dollar. Er brach das Studium ab, weil er keine Schulen mag, »keine Lehrer, keine Vorurteile. Me gusta practicar la alegría (ich bin gerne fröhlich)«.

Ein leichter Wind ist aufgekommen, die Wellen klatschen an die Ufermauern, irgendwo bellt ein Hund, und in der Ferne dudelt Salsa aus einem Radio. Yassel streckt sich wieder auf den Stufen aus. Ich tue das Gleiche. Wir gucken in die Sterne.

Kurz nachdem er das Studium abgebrochen hatte, fand seine Mutter einen Job für ihn bei SELSA, der staatlichen Organisation für Security Guards. Er musste nachts das Gelände der Feriensiedlung am Strand von Santa María bewachen, in der sich Ausländer Villen mit Swimming-Pool mieten können. Sein monatliches Gehalt betrug 200 Pesos (zwanzig Mark), aber im Reich der Touristen verdiente er natürlich Dollar. Er verkaufte ihnen Langusten (was in Kuba streng verboten ist), beschaffte ihnen Gras, Zigarren oder besorgte den jineteras (Huren) leer stehende Zimmer. Die erste Verwarnung bekam er, als er, in einer Villa schlafend, vor laufendem Fernseher gefunden wurde. Das nächste Mal erwischte man ihn in einem Whirlpool mit fünf Mädchen und zehn Flaschen Havanna Club. »Ich bin froh, mit diesen Leuten nichts mehr zu tun zu haben«, sagt er, »nur meine Mutter wird mir das nie verzeihen«, und nachdenklich fügt er hinzu, »du musst mal meinen Freund Yunior kennen lernen, der ist nicht wie ich, der macht was aus seinem Leben.«

Einen Monat lang ließ ihn seine Mutter in Ruhe, er sollte sich selber einen Job suchen. Aber Yassel schmiedete Pläne für eine Reise durch Kuba, nach Cienfuegos, nach Santiago de Cuba, doch bevor er sich auf den Weg machen konnte, hatte seine Mutter ihm den Job im Mar y Tierra besorgt.

»Wolltest du nie weg aus Kuba?«, frage ich ihn.

»Nein«, sagt er verwundert, »warum? Wenn ich Kuba noch nicht mal richtig kenne? Mein Freund Yunior will raus, weil er was werden will. Aber ich bin faul. Mir sind nur drei Dinge wichtig im Leben: Spaß, ein guter Freund und eine große Liebe. Spaß und den guten Freund habe ich gefunden. Auf die Liebe warte ich noch.«

»Wenn du dich jetzt irgendwohin beamen könntest, für einen Tag, wohin wäre das?«

»Italien«, antwortet er entschieden.

»Warum Italien?«

»Weil sie dort so schöne Schuhe haben.«

Mirta

Yassel und ich haben bis zum Morgengrauen auf den Stufen gesessen. Zu Hause angekommen, treffe ich Mirta wie immer in der Küche. Sie kocht sich einen Kaffee. Seit gestern war sie nicht mehr mit Bobby spazieren. Sie bestraft ihn, weil er ihr Kissen zerfetzt und heimlich mein Zimmer durchwühlt hat. Dann hat Bobby aus Rache in den Flur gepisst und rast jetzt wieder wie ein Tollwütiger durch die Wohnung. Mirtas Mutter kann diese Streitereien nicht ertragen und flucht mehr denn je: »Qué puta, cojones, comemierda, gilipollas, qué zorra, qué puta (du Nutte, du Scheißfresser, du Arschloch, du Hexe, du Nutte).«

Mirta hat noch eine Schwester, die in New York lebt. Sie wollte Mirta vor Jahren rüberholen, aber Mirta konnte ihre Mutter nicht alleine zurücklassen. Manchmal bereut sie, nicht trotzdem gefahren zu sein. Neulich zeigte sie mir die Postkarten, die Gäste ihr geschickt haben: Athen, Tokio, Sydney, London und Berlin.

»Du bist in der ganzen Welt berühmt!«, sagte ich zu ihr.

»Ach«, seufzte sie, »was nützt mir das? Jeden Dollar, den ich verdiene, muss ich für die Medikamente meiner Mutter ausgeben oder in die Wohnung investieren, damit die Gäste sich hier wohl fühlen.«

Bobby bellt und bellt.

Die Fahrt nach Alamar

Ich habe die letzten Nächte bei Yassel im Mar y Tierra verbracht und endlich auch seinen Freund Yunior kennen gelernt. Heute möchte ich die beiden zu Hause in Alamar besuchen, einer Plattenbausiedlung am Stadtrand. Ich will ein Sammeltaxi, ein Pesostaxi, nehmen.

Die Sammeltaxis stehen in der Altstadt vor dem Capitolio, das eine größere Kopie des Capitols in Washington ist. Oldtimer und Chevrolets leuchten in satten Farben unter der prallen Sonne. Die Männer rufen ihre Fahrziele aus wie Markthändler das frische Obst: »Alamar, Miramar, Playa.« Auf den roten Ledersitzen eines grünen Chevi ist noch ein Platz frei. Vorsicht, ich darf die Tür nicht knallen, sonst fällt sie aus den Angeln. Die Fensterkurbel ist abgebrochen, der Fahrer reicht mir eine Zange. »Die Scheibe auf halber Höhe leicht nach oben ziehen, dann drehen und gleichzeitig runterdrücken.« Vier dicke Frauen sitzen neben mir. Sie packen ihren Reiseproviant aus, eine Thermoskanne mit Kaffee, aufgeschnittene Fruta Bomba, gebratene Bananen (mein Lieblingsessen), die vierte raucht eine Zigarre. Sie führen eine erregte Unterhaltung über das berühmteste Liebespaar von Centro Havanna, das gestern zu einem tragischen Ende kam: Der Hund Michael und die Hündin Madonna waren zwanzig Jahre lang die unzertrennlichen Wächter der Plaza de Maceo, doch gestern Nacht starb Michael an Herzstillstand. Während die Damen über die einsame Zukunft Madonnas rätseln, warten wir geduldig auf den dicken Pedro, einen weiteren Fahrgast, der nur schnell ausgestiegen ist, um sich von der Cousine seiner Nachbarin eine Sonnenbrille zu leihen. Im Radio singt Rivardo Arjona: »Du bist nicht dort, wo der Körper, sondern wo die Seele ist.«

Dann geht es endlich los. Als wir nach etwa fünfzehn Minuten an einem Bananenfeld vorbeifahren, fällt plötzlich das linke Vorderrad ab, nach weiteren zehn Minuten streikt der Motor, das Benzin läuft aus, ein anderes Sammeltaxi schleppt uns mit einem Seil zu einer Tankstelle. Nach drei Stunden erreichen wir irgendwie Alamar, ohne Auspuffrohr.

Ich finde Yassel in dem großen Baum, vor dem wir uns verabredet haben. Er sitzt auf einem Ast und liest ein Buch über die Geschichte Chinas. Wir laufen durch eine verwilderte Wiese zu den

Plattenbauten. Die Siedlung hat etwas Fröhliches. Die bunten Farben, mit denen die Häuser angestrichen sind, die vielen Königspalmen, die zwischen ihnen wachsen, und die Kinder, die in ihrem Schatten mit Murmeln spielen. Gar nicht zu vergleichen mit den trostlosen Platten in Berlin.

Yassel und sein bester Freund Yunior wohnen im selben Haus. Wie schön das ist, denke ich, wenn man so nah beieinander wohnt, sich nicht anzurufen braucht und einfach vorbeikommen kann.

Yunior

Bei meiner ersten Begegnung mit Yunior auf der Plaza de Maceo gab es gleich einen Streit. Ich wollte ihn und Yassel zu einem Drink im Jazzclub la Zorra y el Cuervo einladen. Yunior war dagegen und schimpfte plötzlich auf Kuba und Castro: Er kann sich doch nicht von einem Mädchen, schon gar nicht von einem, das zu Gast in seinem Land ist, ausführen lassen! Sein Vater ist einer der besten Ingenieure, arbeitet Tag und Nacht, und das Taschengeld, das er seinem Sohn gibt, reicht gerade mal für eine Schachtel Kippen pro Woche. »Was ist das für ein Leben, wenn man eine schöne Frau nicht mal ausführen, wenn man seiner Freundin am Valentinstag nicht mal ein Parfüm schenken, wenn man arbeitet und arbeitet und sich am Abend nicht mal einen Drink leisten kann, wozu arbeitet man dann? Te roban la pinga, es wird einem der Schwanz abgeschnitten.«

Daraufhin lachte Yassel, und Yunior wurde noch wütender: »Ich will nicht so leben wie mein Vater, studieren, viel können, aber nichts verdienen. Und«, er sah zu Yassel, »ich will mein Geld auch nicht mit krummen Geschäften machen, Touristen ausnehmen oder, noch schlimmer, Parteifunktionär werden und Castro die Füße lecken. Dieser Staat lehrt dich, dass du dein Land lieben sollst, und dann zwingt er dich, es zu verlassen.«

Yunior hielt inne, schaute auf das hell erleuchtete Krankenhaus gegenüber und schwieg. Yassel kickte mir eine Bierdose zu, ich kickte sie zu Yunior, er schoss sie quer über den Platz. »Was ist, gehen wir oder gehen wir nicht?«, fragte Yassel unruhig. »Wir gehen«, sagte ich entschieden und reichte Yunior meine Dollar. »Wenn du mich in Deutschland besuchst, gibst du sie mir wieder. Jetzt werden wir uns von Fidel nicht den Abend verderben lassen.« Yassel rief: »Singa, singa, que la vida es pinga (Vögelt, vögelt, denn das Leben ist Scheiße)« und lief los. Yunior grollte noch eine Weile vor sich hin, aber als wir in der Zorra y el Cuervo ankamen, war alles vergessen.

Heute sitzt Yunior allein in seinem Wohnzimmer und blättert in einem englischen Wörterbuch. Er hat seit zwei Tagen das Haus nicht verlassen, weil er auf einen wichtigen Brief wartet, auf das Visum, mit dem er endlich ausreisen kann. Als ich ihm erklären will, warum wir so spät kommen, und von meiner Taxifahrt erzähle, winkt er ab und sagt ruhig: »In Kuba sind wir an das Warten gewöhnt. Man tut ja hier nichts als warten, warten, warten, zwischendurch essen, lieben, lesen, schlendern, schlafen, dabei immer viel daherreden. Man wartet auf einen Bus wie auf den Tod von Fidel, ohne zu wissen, wann er kommt.«

Als wir vorhin im Taxi saßen und warteten, während der Fahrer in aller Ruhe das Rad anschraubte, sah ich mich in Berlin einem Bus hinterherrennen, hörte mich fluchen, weil ich eine U-Bahn verpasst hatte, hörte mich auf die armen Taxifahrer schimpfen, sie sollen doch die Spur wechseln, schneller fahren, weil ich es eilig habe. Was für ein anderer Rhythmus hier herrscht! Hier ist das Warten kein nervöses Auf-die-Uhr-Schauen, kein Grund, sich mit anderen zu streiten. Hier legt man seine Uhr einfach ab und genießt.

Ich muss an den Dichter Thomas Brasch in Berlin denken. Er wohnt ganz nah am Bahnhof Friedrichstraße. Wenn ich dort vorbeikomme, besuche ich ihn immer, ohne vorher anzurufen. An einem solchen Tag hörten wir zusammen Nina Simone, als ich zufällig auf die Uhr schaute und merkte, dass ich meine andere Verabredung ganz vergessen hatte. Da sagte Thomas zu mir: »Wusstest du eigentlich, dass das Herz der Uhr Unruh heißt?«

Ich mag diesen zeitlosen Rhythmus, in dem ich hier lebe, das Schlendern, das endlose Sitzen auf irgendwelchen Stufen oder Steinböden, in den Tag hinein leben, ohne zu wissen, was die Nacht bringen wird.

»Aber du darfst dich nicht verführen lassen«, erwidert Yunior, der mir mit funkelnden Augen zugehört hat, »al camerón que se duerme, se lo lleva la corriente (den Krebs, der einschläft, holt die Strömung).« Das sagt Mursoli immer.

Yassel lacht: »Wenn mich meine Mutter nicht dauernd wecken würde, wäre ich längst in Santiago aufgewacht!« Dann erzählt er wieder eine seiner Geschichten, taka, taka, wo er erwischt wurde und es seine Mutter erfuhr. Er sagt, sie ist während seiner Schulzeit so oft zum Direktor gerufen worden, dass die anderen dachten, seine Mutter und der Direktor hätten ein Verhältnis miteinander.

Yunior, der schweigend neben uns sitzt, skeptisch die Augenbrauen runterzieht und mit den Gedanken woanders zu sein scheint, unterbricht Yassel plötzlich und fragt mich: »Stimmt es, dass es in Europa elektronische Zeittafeln an der U-Bahn gibt, die dir sagen, in wie viel Minuten der nächste Zug kommt?« Ich nicke. Er will mehr wissen, über den Verkehr, über die Zugverbindungen innerhalb Europas, über die Preise, über die Kaufhäuser, über die Universitäten, Stereoanlagen und Graphikdesign-Computerprogramme, über Jobinterviews, über Jobchancen, über Gehälter, sogar über Steuern. Yunior lässt sich nicht von der kubanischen Strömung wegtragen, er hat ein schwedisches Mädchen geheiratet und braucht nur noch das Visum von der schwedischen Botschaft, um den Flug nach Stockholm kaufen zu können.

Yassel will Kaffee machen, findet aber weder Kaffee noch Kanne: »Ich geh schnell zur Nachbarin«, und schon ist er zur Tür hinaus. Daraufhin sagt Yunior leise: »Ich kann mir gar nicht vorstellen, auch nur einen Tag ohne Yassel zu verbringen. Wir kennen uns seit unserer Kindheit, wir machen alles zusammen. Weißt du«, fügt er stolz hinzu, »er ist klüger als ich. Geld, Karriere, all das hat für ihn keine große Bedeutung. Er sieht, wie der Dollar unsere Insel überschwemmt, wie Castros Ideale im Strom der Zeit zerrinnen, aber er lässt sich davon nicht beeinflussen. Er liebt Kuba, und wenn er liebt, dann ist er treu. Er glaubt an die Treue, so wie er an die Liebe und an die Freundschaft glaubt. Und nichts kann ihn von seinem Glauben abbringen.«

Ich wundere mich, dass Yunior keinen Kaffee hat, und frage ihn, wo seine Mutter ist. »Draußen«, antwortet er ernst. Ich frage, warum sie dort ist. Yunior setzt sich neben mich auf das braune Sofa, in das man tief einsinkt, und erzählt mir seine Geschichte:

Die ersten Lebensjahre verbrachte er mit seiner Familie in den Soleares von Centro Havanna, in einem winzigen, schäbigen Zimmer, das sie mit drei anderen Familien teilten. Dann bekamen sie vom Staat endlich eine eigene Wohnung in Alamar, aber kurz darauf ließen seine Eltern sich scheiden. Der Vater wurde ans andere Ende der Insel versetzt, nach Santiago de Cuba, weil es dort an Ingenieuren mangelte. Er heiratete wieder und ließ sich erneut scheiden. Als seine Arbeit in Santiago de Cuba beendet war, kam er zurück nach Alamar und zog bei Yunior und seiner Mutter ein. Yunior sagt, das war die schönste Zeit seines Lebens, mit beiden Eltern in einem Haus, auch wenn sie eigentlich getrennt waren.

»Dann war meine Mutter plötzlich spurlos verschwunden«, fährt Yunior fort, »keiner wusste, was mit ihr geschehen war. Zwei Jahre lang. Nichts. Weder wo noch ob sie lebte. Endlich kam ein Brief aus Miami, in dem sie uns alles erklärte. Sie hatte in Havanna als Krankenschwester gearbeitet. Eines Tages kam ein Geschäftsmann aus Venezuela zu ihr, der unter starken Kopfschmerzen litt. Sie behandelte ihn, und er nahm sie mit nach Caracas. Mit ihm ging es ihr nicht sehr gut. Sie entkam nach Miami, wo sie jetzt mit einem Exilkubaner zusammenlebt und sehnsüchtig darauf wartet, dass ich nachkomme. Wir haben uns seit zehn Jahren nicht mehr gesehen.«

Die Tür springt auf und Yassel stürzt herein mit einem Tablett voll dampfender Kaffeetassen und einer dünnen, krumpeligen Zigarette, die, wie ich vermute, mit Gras gestopft ist. »Pinga, Überraschung!«

Yunior strahlt. Er steht auf, schließt Fensterläden und Tür, reicht mir feierlich den Joint und flüstert: »Hoffentlich kommt mein Vater nicht früher nach Hause.«

Yunior und sein Vater leben wie gute Freunde, wie in einer WG, jeder kommt und geht, wann er will, sie können über alles reden, nur nicht übers Kiffen und die Tatsache, dass Yunior eine Tätowierung auf seinem Oberarm hat. Kiffen und sich tätowieren lassen tun für den Vater nur die Verbrecher im Gefängnis. Trotzdem bewundert Yassel Yuniors Vater und dieses »freie« Leben in einem mutterlosen Haushalt.

Yassel lacht fröhlich: »Yunior hat alles, was ich mir wünsche! Die Freiheit, tun zu können, was er will, und die große Liebe.« Daraufhin wird Yunior wieder ernst, winkt ab und geht in die Küche. Nun erzählt mir Yassel von Danae. Er nennt sie das schönste Mädchen von Alamar. Eine Liebesgeschichte wie im Märchen. Denn Yunior hat Danae aus den Klauen einer strengen Mutter befreit, die Schönheit für gefährlich hielt. Wochenlang schwänzte Yunior die Schule und schlich wie ein Fuchs um Danaes Haus. Er wartete, bis die Mutter ihre Tochter zur Mädchenschule brachte, wartete, bis sie sie wieder abholte, wartete auf die Chance, Danae zu entführen. So vergingen mehrere Monate, dann kam die Mutter mit einer Lungenentzündung ins Krankenhaus, und Danae zog zu ihrer Tante, die direkt gegenüber von Yunior wohnt. Diese Tante tratschte den ganzen Tag draußen mit den Nachbarn. So war Danae unbeaufsichtigt. Als die Mutter wieder gesund war, waren Yunior und Danae unzertrennlich. Seit fünf Jahren sind sie zusammen. Aber Yunior hat nicht Danae geheiratet, sondern die Schwedin Linn. Die ist 25, lebt allein mit ihrer kleinen Tochter in Stockholm und arbeitet in der gleichen Firma wie Yuniors Onkel. Sie erklärte sich bereit, Yunior für 5000 Dollar in Kuba zu heiraten, 5000 Dollar, die Yuniors Mutter seit Jahren mühsam zusammengespart hatte.

Yunior kommt zurück und setzt sich wieder. Er erzählt mir, dass er schon lange bevor er Danae kennen lernte, daran dachte, Kuba zu verlassen, um seine Mutter zu sehen. Danae und Yassel, die vielen schönen Sommertage, die sie in den kleinen Hütten am Meer verbrachten, ließen ihn das immer wieder vergessen. Aber mit der Zeit, mit jedem neuen Brief, den er aus Miami erhielt, wurde die Sehnsucht nach seiner Mutter größer. Dass Kuba sich zu dieser Zeit in der schlimmsten Wirtschaftskrise, dem período especial, befand, verstärkte seine Sehnsucht nur noch mehr. Yunior erinnert sich, dass seine tägliche Nahrung im Alter von siebzehn Jahren aus einem Glas Zuckerwasser bestand. Die Folgen einer glorreichen Revolution lagen ihm nur knurrend im Magen.

»Einmal«, sagt er zu mir und sieht mich traurig an, »lagen Danae und ich im Bett, wie man so daliegt, nachdem man sich geliebt hat und sich über Gott und die Welt unterhält, und Danae fragte mich, was mein größter Wunsch ist. Weg. Weg aus Kuba, sagte ich. Und ihr Wunsch? Mich zu heiraten.« Er schüttelt nachdenklich den Kopf: »Siehst du, was für einer ich bin? Yassel, das hättest du niemals getan!«

Dann ging alles ganz schnell. Erst kam ein Anruf aus Stockholm, vier Wochen später kam Linn, und innerhalb von zehn Tagen war alles geschehen. Yunior hetzte von einer Behörde zur nächsten, stand in endlosen Warteschlangen für unzählige Papiere an, für die Geburtsurkunde, für den Reisepass, den man in Kuba kaufen muss, für die Trauung, die in fünf Minuten vollzogen war, weil draußen noch 100 andere Paare warteten, für die Weiße Karte (die Erlaubnis, das Land zu verlassen), die zu den 750 Dollar Heiratskosten nochmal 150 Dollar extra kostet, und für eine Beglaubigung jedes Dokuments beim Innenministerium.

Jetzt ruft Linn jeden Tag aus Stockholm an, weil sie Yunior so sehr vermisst. Sie hat sein Zimmer schon eingerichtet, ihm eine dicke Jacke und feste Schuhe gekauft. Es wird Winter sein in Schweden, wenn er ankommt, und Yunior hat noch nie Schnee gesehen.

Nara sagt immer, wer sich auf Kuba nicht verliebt, war nicht auf Kuba. Linn war auf Kuba. Sie verliebte sich in Yunior, obwohl sie von Danae wusste, und wusste, wie sehr Yunior seine Kubanerin liebt. Trotzdem hofft sie auf eine Wandlung seiner Gefühle, so wie Danae hofft, dass irgendein Wunder geschieht und Yunior nicht geht.

Yassel nimmt die Dominosteine, die auf dem Tisch liegen, und legt einen doppelten Fünfer an. »Cinco! Sin comer no se puede vivir (Fünf! Ohne Essen kann man nicht überleben).« Es gibt hier für alles Sprichwörter, auch fürs Dominospiel. Ich lege eine Fünf und eine Drei an. Yunior legt einen doppelten Dreier und ruft: »Tres! Tristeza me dan tus penas (Drei! Deine Traurigkeit macht mir Kummer).« Dann sieht er mich an, lächelt und zuckt mit den Schultern. »Ich weiß nicht, ob ich das Richtige tue. Ich weiß es wirklich nicht. Ich liebe Kuba, ich bin stolz, Kubaner zu sein, ich liebe meinen Vater, ich liebe Yassel, ich liebe Danae. Aber ich will studieren, Computerwissenschaften, ich will Graphikdesigner werden, ich will viel Geld verdienen, ich will reisen, ich will die

Welt sehen. Ist das denn so schlecht? Irgendwann komme ich zurück und hole Danae, wenn sie auf mich wartet.«

Fruta Bomba III

Yusa sieht mich vom Balkon aus die Straße runterkommen und ruft mir Schimpfworte entgegen, das geht doch nicht, mich so lange nicht zu melden, nicht mal anzurufen, nein, ich könne nicht raufkommen, schimpft und schimpft, während ich, wie immer, auf der staubigen Gasse den Schlüssel suche, den ich nicht gefangen habe.

»Du machst Sachen!«, sagt Nara, während sie versucht, ihre kleine Freya ins Bett zu bringen. »Wir haben dich überall gesucht. Pablo hat sogar bei Mirta Nachrichten für dich hinterlassen.«

Mirta hat Pablo einmal kennen gelernt und beschlossen, dass sie ihn nicht mag und nicht will, dass ich mit ihm irgendwas zu tun habe. Deshalb hat sie mir wahrscheinlich diese Nachrichten verschwiegen.

Ich erzähle Nara und Yusa von Alamar, von Yassel, von Yunior und ihren Geschichten. Die kleine Freya hört gespannt zu, und auf einmal singt sie: »No me ames, si me quieres. Habana es un pantalón, los dos son tirantes, Yunior un guapetón, Yassel espera amantes (Havanna ist eine Hose, die zwei sind ihre Hosenträger, Yunior der Schöne, Yassel wartet auf die Liebe).« Yusa holt ihre Gitarre und spielt eine Melodie dazu. Dann fahre ich mit einem Pesostaxi zu Pablo. Er steht unten bei seiner Mutter im Zimmer und repariert den Fernseher. Als ich ihn dort durch die Gitterstäbe sehe, verspüre ich plötzlich eine ganz warme Ruhe in mir, so als besuche ich einen alten Freund. Pablo hat bis in die Morgenstunden gearbeitet, ist erst vor ein paar Stunden aufgewacht und noch ein wenig verschlafen. Er fragt mich, ob ich mich duschen will. Pablo duscht sich mindestens dreimal am Tag. Er gibt auch sein ganzes Geld für Aftershave aus und wechselt zweimal am Tag das T-Shirt. Ich glaube, viele Kubaner sind so. Auf den Straßen riecht es immer nach Parfüm, nach Parfüm und nach Benzin, eine sonderbare bitter-süße Mischung.

Pablos Haus ist ein Kolonialbau mit Veranda. Eine offene Treppe führt zu einem Anbau, den der Amerikaner Pablo für die Filmmusik geschenkt hat. Der Anbau hat zwei Etagen. Vom unteren Zimmer führt eine Leiter nach oben zum schönsten Ort der Welt: ein völlig leerer Raum mit nackten, weiß getünchten Wänden. In der Mitte steht ein Bett, sonst nichts, und oben an der Decke sind lauter kleine Fenster, durch die morgens die Sonne fällt und nachts die Sterne funkeln. Wenn ich hier oben liege, weiß ich nie, ob ich wach bin oder träume. Wenn morgens der Hahn vom Nachbardach kräht, wenn der Himmel noch ganz zart und das Licht noch weich wie Milchschaum ist, wenn ich meine Augen öffne und mich in Pablos Armen finde, weiß ich nur, dass ich noch nie so glücklich war.

Ich bleibe drei Nächte, aber es fühlt sich an, als bliebe ich drei Jahre. Oder waren es nur drei Stunden?

Mursoli

Auf der Straße Belasquaín, wo sich auch das Mar y Tierra befindet, hupen die Lastwagen. Die Belasquaín ist das Herz von Centro Havanna, die Straße beginnt am Obst- und Gemüsemarkt Cuatro Caminos, führt quer durch die Stadt und endet am Malecón. Zu Anfang dachte ich, es gibt auf dieser Straße außer den Cafés und Pizzaläden keine anderen Geschäfte, weil ich weder Schaufenster noch Werbeschilder sah. Aber inzwischen weiß ich, dass in einem Hinterhof, in dem ich nur spielende Kinder und trocknende Wäsche bemerkte, ein Großhandel für Baumaterial ist, oder dass sich in einem alten Kolonialgebäude, in dem ich Wohnungen vermutete, eine Tierklinik befindet.

»Te quemas los tennis!«, ruft mir Mursoli zu, der einbeinige Sprichwortkönig. Weil ich einen so schnellen Gang habe, sagt er immer, ich soll aufpassen, dass ich mir nicht die Turnschuhe verbrenne. Ich treffe Mursoli am Morgen, am Mittag, am Abend, in der Nacht, immer, wenn ich die Belasquaín runterlaufe. Entweder sitzt er allein und isst Fruta Bombas oder er berät andere mit seinen Sprichwörtern. Er ist winzig, braun gebrannt und hat ein graues Bärtchen. Er ist kein Bettler, niemand weiß genau, was er ist. Pablo glaubt, er ist ein Babalao, ein Santería-Priester. Yassel sagt, er ist ein alter Revolutionär. Mirta meint, er ist von adliger spanischer Herkunft und ein bisschen wahnsinnig. Und ich glaube, er ist in Mirta verliebt.

Er lehnt vor dem Gitterfenster von Cesar, der hier für einen Peso Pizza verkauft. Cesar erzählt, dass er sich heute Morgen mit seiner Frau gestritten hat. Mursoli sagt: »Die Ehe ist der einzige Krieg, in dem man mit seinem Feind schläft« und schneidet sich ein Stück Fruta Bomba ab.

Als ich bei Mirta ankomme, badet sie gerade ihre Mutter. Sie bittet mich, nochmal runterzugehen und Brötchen zu holen. Ich nehme ihre Libreta, das kleine Büchlein, wo die Lebensmittelrationen verzeichnet sind, die man umsonst vom Staat bekommt, und hole vom Bäcker die zwei Brötchen, die ihr und ihrer Mutter zustehen. Als ich an einem Dollarladen vorbeikomme, beschließe ich, ihr ein Glas Nutella zu schenken. Mirta hat noch nie Nutella gegessen.

Und sie genießt es! Sie probiert es mit Brötchen, mit Joghurt, mit Banane, und schließlich isst sie es pur. Bobby macht allein der Geruch schon verrückt. Mirta schmiert ihm auch ein Brot. Dann springt er auf meinen Schoß, Bobby auf meinen Schoß!, und jauchzt vor Glück.

Yassel und Yunior und Danae

Yassel und Yunior sind in Alamar als el flaco y el listo, der Dünne und der Schlaue, bekannt. Als ich heute zu ihnen komme, spielen sie Baseball auf dem Parkplatz. Ich setze mich zu ihren Freunden unter die Königspalme, zu Enrique, der deshalb Fahrer von Beruf ist, weil seine Familie ein Auto hat, zu Dougla, der sich der Beschaffung von Joints widmet, und zu Emilio, dem Bauarbeiter, der Philosophie studiert hat. Sie jubeln. Yassel hat gerade den entscheidenden Punkt gemacht. Es ist nicht der Baseball, den ich aus Amerika kenne, sie haben keinen Schläger, sie schlagen einen Tennisball mit der flachen Hand von einem zum Nächsten.

Yunior trägt Levis und ein blaues T-Shirt, das seine dunkle Hautfarbe leuchten lässt. Ich kann verstehen, warum er so viel Erfolg bei den Mädchen hat, er wirkt irgendwie sicherer als Yassel. Die gerade Haltung, die muskulösen Schultern, der ernste, forschende Blick. Yassel hüpft unbekümmert neben ihm her, in ausgebleichten Shorts, aus denen dürre, lange Beine wie Zweige herausragen. Die beiden sind das genaue Gegenteil voneinander. Ich kann mir den einen nicht ohne den anderen vorstellen.

Plötzlich springe ich auf. Ich glaube nicht, was ich da höre. Daniel, ein Freund, der das Viertel mit Musik versorgt, indem er seine Lautsprecher ins Fenster stellt, ruft mir von seinem Balkon aus zu: »Das ist für dich, Marie!« und spielt in voller Lautstärke *Irgendwie, Irgendwo, Irgendwann* von den Absoluten Beginnern, einer Hamburger HipHop-Gruppe. Er hat die Musik vom Bruder eines Mannes, dessen Freundin die Schwester eines Kubaners ist, der in

Dresden lebt. Was für ein Zufall! Zwischen Havanna und Hamburg liegt nur ein Treppenhaus.

Yunior will, dass ich ihm das Lied übersetze. Er spricht keine Fremdsprachen, und seine größte Angst vor Schweden ist, dass er sich dort nicht verständigen kann. Yassel beruhigt ihn: »Auf einmal macht es taka, taka und peng! Und du sprichst Englisch und Schwedisch im Schlaf.« Wir sitzen im Schatten unter der Palme, unterhalten uns über englische, spanische und deutsche Wörter und wie man am schnellsten eine fremde Sprache lernt, als mich Yassel plötzlich anstößt und Yunior auf einmal ganz still wird. Aus dem Hauseingang gegenüber kommt ein Mädchen ganz langsam auf uns zu. Sie hat mahagonibraunes Haar, das ihr in leichten Wellen über die Schultern fließt, und diesen genialen Gang der kubanischen Frauen, diese Musik des Leibes, diese Glieder, die sich in den herrlichsten Rhythmen bewegen, schmiegsam, faul, dann wieder erhaben und immer poetisch. Diesen Hüftschwung, für den ich alles geben würde. Sie wirkt anmutig und gleichzeitig gebieterisch. Schmale Schultern, Taille und Waden, aber üppige Brüste, Hüften und Schenkel. Sie hat eine Hautfarbe wie Karamell, Lippen wie Blüten, weiche, liebevolle Gesichtszüge und einen kecken Blick. Sie ist gekleidet wie viele Mädchen hier, in gestreiften Leggings, die knapp bis übers Knie reichen, und einem engen, ärmellosen Tube-Top. Es ist Danae.

Yunior steht auf und läuft ihr entgegen, will sie küssen, sie aber zieht den Kopf weg, schiebt ihn zur Seite und setzt sich neben Yassel. Seit der Hochzeit erlaubt Danaes Mutter nicht, dass Yunior Danae besucht oder auch nur anruft, und Danae weigert sich, Yuniors Wohnung zu betreten, weil sie weiß, dass die Schwedin dort gewohnt hat. Sie sehen sich nur, wenn Danae zu ihrer Tante geht. Aber jetzt, wo der Tag der Abreise immer näher rückt, taucht Danae wieder häufiger auf.

Yassel überredet sie, mit uns an den Strand zu fahren. Danae, die sich Yunior gegenüber anfangs zurückhaltend und verschlossen gibt, scheint Schweden später zu vergessen. Wir lachen, spielen im Wasser, die beiden umarmen und küssen sich und sind wieder ein glückliches, verliebtes, wunderschönes Paar. Yassel liegt im Sand und schaut den Frauen hinterher, die hüftwackelnd an ihm vorbeischlendern.

Als ich mit Danae ein Stück am Strand spazieren gehe, sagt sie: »Weißt du, das Schönste im Leben ist die Liebe. Alle suchen nach der Liebe, aber wir, wir werfen unsere Liebe einfach weg. Yuniors Mutter hat mir am Telefon versprochen, dass sie uns beide rausholt. Sie hat mir Kleider geschickt, Briefe, hat mich zum Geburtstag angerufen, die Liebe ist heilig, hat sie gesagt. Und jetzt? Nichts ist mehr heilig.«

Nachdem wir uns in den Wellen ausgetobt haben, fahren wir zurück nach Alamar, sitzen unter der Palme, spielen Domino, hören die Absoluten Beginner und trinken Rum. Der Brief von der schwedischen Botschaft ist noch immer nicht gekommen, aber er wird kommen, morgen oder übermorgen oder überübermorgen.

Enrique bringt mich mit seinem Lada nach Hause. Auf dem Armaturenbrett hat er ein Herz und eine Sonnenblume montiert, die aufleuchten, wenn er bremst.

Fruta Bomba IV

In der letzten Woche sehe ich Pablo jeden Tag, ich fühle mich fast krank, wenn ich nicht bei ihm bin, und langsam setzen auch alle anderen Verliebtsein-Symptome ein. Ich kann nicht mehr essen, nicht mehr schlafen, wechsle mitten im Satz das Thema, denke, dass ich schwebe, und will nichts davon wissen, dass ich am Sonntag wegfliege.

Nara und Yusa sagen, ich bin nicht wieder zu erkennen, und Naras Tochter ruft: »Oh, oh, die Liebe, die Liebe«, wedelt mit der Boa, lacht und singt: »No me ames, si me quieres, soy la lágrima que nace en tu ojo, cruza tu mejilla y muere en tu boca (Ich bin die Träne, die in deinem Auge geboren wird, über deine Wange läuft und in deinem Mund stirbt).« Mirta schüttelt den Kopf, sie versteht nicht, warum ich mich nicht in Yassel verliebt habe, der sei doch viel schöner und netter und höflicher. Und Bobby leckt mir die Hand, wenn ich reinkomme, in der Hoffnung, ich bringe neues Nutella.

Ich habe ein bisschen Geld gespart, damit ich bei Nara eine Abschiedsparty machen kann. Während ich meinen Koffer packe, trifft Yusa die letzten Vorbereitungen. Ich komme etwas verspätet bei Nara an und finde eine wunderschöne Tafel mit lauter aufgeschnittenen Fruta Bombas, Blumen und vielen Flaschen Rum. Sie zieht mich zur Seite und sagt: »Pablo sitzt seit fünf Stunden bei mir auf dem Bett und liest Zeitung«, und die kubanischen Zeitungen haben höchstens fünf Seiten, »du musst ihn aufheitern, sonst wird das eine lahme Party.«

Lahm? Die Party wird der absolute Wahnsinn! Nara hat halb Havanna eingeladen, und wenn es irgendwo Rum und Essen gibt, taucht sowieso die ganze Stadt auf. Lazero, Humberto und Ricardo, die drei Männer, die immer bei Nara Karten spielen und bei Radioserien als Schauspieler arbeiten, haben alle Mitarbeiter mitgebracht. Der Amerikaner, der noch immer hier ist, obwohl sein Visum schon längst abgelaufen ist, hat seinen Santería-Drummern Bescheid gesagt. Die Nachbarn sind auch da, sogar Yunior, Yassel und Danae schwirren irgendwo im Raum herum. Es ist die Nacht der Paarungen und Entpaarungen, in jeder Ecke wird geküsst oder geohrfeigt, es bilden sich neue Paare, Yusa verliebt sich, und es trennen sich Paare, wie Humberto und Xiomara, die seit zehn Jahren zusammen sind. Dabei wird getanzt, wild, eng, in Gruppen, allein, zu zweit, zu dritt, getrunken, geraucht, gegessen, und plötzlich spüre ich, wie aus der dicht gedrängten Menge eine Hand auftaucht, die mir ein Stück Fruchtfleisch in den Mund schiebt. Pablo ist es nicht, der wollte kurz in die Küche gehen, Yusa auch nicht, die küsst auf dem Balkon, Nara auch nicht, denn die Hand ist schwarz und Nara ist weiß. Ich esse die Fruta Bomba und der dicke Saft rinnt an meinen Mundwinkeln hinab, tropft mir übers Kinn bis in den Ausschnitt. Und jetzt spüre ich Hände um meine Hüften, ich werde gedreht, zur Musik, im Takt der Musik, alles nur Musik, ein Arm, eine Schulter, ein Mann, ein wunderschöner Mann dreht mich, führt mich, ich tanze Salsa, ohne Salsa tanzen zu können, es ist gar nicht schwer, wenn der ganze Raum ein einziger, rhythmischer Schritt ist, ein Eins-Zwei-Drei und Eins-Zwei-Drei und Eins-Zwei-Drei, und dann fällt der Mann einfach um. »Tanz doch mit deiner eigenen Freundin«, schnauzt Pablo ihn an. Er steht hinter mir, groß und fest wie ein Haus, zerrt mich aus der Menge, die Treppe runter, auf der noch mehr Leute küssen und trinken und küssen und trinken und küssen, raus auf die Straße.

»Lass uns gehen«, sagt er fast böse. Auf dem Weg zu ihm, wir laufen natürlich, fragt er mich, wie er mich jetzt nennen soll: Seine Frau? Seine Freundin? Seine Liebhaberin? Seine Fremde? Seine was? Was will ich für ihn sein? »Es muss doch ein Wort dafür geben«, flucht er. Als ich ihm keine Antwort geben kann, sagt er: »Siehst du, deshalb mache ich Musik.«

Pablo und Yusa begleiten mich zum Flughafen. Er steht da, dieser schwarze Riese, der mich verschlungen hat, ganz und gar, mit Kopf und Haut und Haar, in einem frischen T-Shirt und weiten Hosen, neben Yusa, die ihr Männerunterhemd und ihre Wickelhose trägt. Ich blicke beide an. Sie singen wieder, sie sehen so schön aus, sind mir so vertraut. Wenn ich jetzt durch die Tür gehe, durch die Passkontrolle, dann kann ich mich nicht mehr umdrehen, dann sind sie verschwunden, wie Träume, die man nicht mehr greifen kann, hinter dieser Wand, vor der ich noch stehe. Ich will nicht weg. Ein letzter Kuss, ein letztes Mal diese Lippen, seine und ihre. Beide haben dicke, weiche, violette Lippen. Pablo schubst mich nach vorn: »Marie, hinter dieser Tür wartet die Welt auf dich.«

Der Zwischenstopp

Um ein Uhr morgens komme ich auf Nassau an, wo ich eine Nacht verbringe. Ich bin der einzige Passagier, alle anderen fliegen weiter nach London. Auf dem Flughafen ist es still. Es gibt keine Wagen, keine Schlangen, nichts. Nur ein Immigration Officer, der sich mit einem amerikanischen College-Studenten streitet, weil dieser seinen Pass verloren hat. »Woher soll ich wissen, dass du Amerikaner bist? Ohne deinen Pass bist du nichts in dieser Welt!«

Draußen, auf diesem verlassenen, kleinen karibischen Flughafen rauche ich meine letzte kubanische Zigarette. Sie schmeckt süß wie Honig, aber im Hals ist sie herb und kratzt. Wie ich diese popular con filtro liebe, und ihren starken Geruch, der tagelang in den Klamotten hängt. Aus. Vorbei. Wach auf, sage ich mir immer wieder. Wach auf. Es ist vorbei. Ich darf nicht traurig sein, es war zu schön, um jetzt traurig zu sein. Aber ich weine trotzdem ein wenig.

Der Taxifahrer, die einzige Person weit und breit, ein großer Schwarzer mit einem wunderschönen weißen Einsteinschnurrbart, fragt mich, was los ist. Ich erzähle ihm von Havanna. »Oh! Next time you go to a place like that, you better stay.«

Von diesem Moment an nennt er mich Havanna. Auf dem Weg zum Hotel, am nächsten Tag, als er mich zurück zum Flughafen fährt: »Gefällt dir die Musik, Havanna?«, »Willst du was trinken,

Havanna?« Und zum Abschied, als mein Flug aufgerufen wird, wünscht er mir: »Viel Glück, Havanna.«

Buenos Aires

Buenos Aires, besetzt von dieser schwülen Sehnsucht
Buenos Aires, ruf den Wind und schlag sie in die Flucht

Ich komme um zwölf Uhr mittags in Buenos Aires an und die Sonne steht kerzengerade am Himmel. Unter den Taxifahrern, die sich in Scharen auf mich stürzen, sobald sie erkennen, dass ich allein und etwas verloren um mich schaue, und von denen man sagt, sie seien hier gefährlicher als die Polizei, wähle ich einen, der abseits von den anderen seine ledernen Halbschuhe mit einer Serviette poliert. Ein langer, stolzer, blonder Mann mit Schlips. Die Fahrt in die Innenstadt dauert über zwei Stunden, und der Fahrer spricht kaum ein Wort. Er sagt nur, er heißt Leandro Oliva und mag keine Oliven.

Wir halten vor einem vornehmen Haus mit Jugendstil-Tür und Portier. Der Professor ist noch nicht zu Hause. Er ist ein alter Schulkamerad von meinem Hausarzt in Berlin. Ich darf diesen Monat bei ihm wohnen. Ich vertraue mein Gepäck dem freundlichen Portier an. Der dicke Mann, ein Chilene, sagt mir, dass der Professor erst nachmittags wiederkommt. Also mache ich mich auf den Weg, mein neues Viertel zu erkunden. Ich gehe so für mich hin, lasse mich ziellos treiben und stehe plötzlich mitten im Micro Centro, in der Fußgängerzone la calle Florida. Kulturschock! Von Havanna ins Einkaufszentrum der Fünfzehn-Millionen-Stadt Buenos Aires: Laden an Laden, jedes Haus ein Laden, Schuhladen, Taschenladen, Kleiderladen, Eisladen, Zeitungsladen, Zeitungen, so viele Zeitungen, die sind ja so dick hier, Leute, so viele Leute, die sind ja so schnell hier, Haushaltswaren, Elektrowaren, Schreibwaren, Backwaren, Süßwaren, Waren, Waren und Werbung für Waren, es wimmelt von Werbung, Coca-Cola, Milka, Telefónica, Schilder, Schilder und noch mehr Schilder, die Reklameschilder hängen wie ausgestreckte Arme in die Straße hinaus, ich habe Angst, mir den Kopf zu stoßen ... Ich vermisse die staubigen Gassen von Havanna und ihre hüftwackelnden Schlenderer. Ich vermisse das Gitterfenster von Cesar, dem Pizzabäcker, und sein Pappschild, auf das er mit Filzstift schreibt, was es heute bei ihm zu essen gibt: Pizza mit Käse oder Pizza mit Zwiebeln. Ich vermisse Mursoli und seine Sprichwörter. Und am meisten vermisse ich Pablo. Ich habe solche Sehnsucht, dass ich beim Atmen einen Knoten im Hals spüre ... Ich darf nicht stehen bleiben, sonst schubst man mich, sonst stehe ich anderen im Weg, die vorwärts strömen, vorwärts, der starke Sog der Geschäftigen reißt mich mit, halt, ich weiß doch gar nicht, wohin ich will, ich laufe und laufe, neben mir ragen die noblen Bauten der Jahrhundertwende in den Himmel, sie sind groß, wirken mächtig, alles ist groß hier, riesig, größer noch als in New York!, ich überquere die Avenida Nueve de Julio und brauche dafür gute zehn Minuten, sie hat zwölf Spuren und vier Ampeln, die gelb-schwarzen Taxis schwirren umher wie ein Schwarm losgelassener Wespen, ich laufe weiter, ich habe Hunger, ich gehe in den Supermarkt Disko, wo dicht bestückte Regale wie überfüllte Züge an meinen Augen vorbeifahren und Kühltruhen surren, Abteil Rind ist so lang wie der Großraumwagen des ICE, nächster Halt: Die Joghurtwand. Warum gibt es so viele verschiedene Sorten von Joghurt? Woher weiß ich, was mir schmeckt? Pfirsich mit Banane und Apfel oder Apfel mit Ananas und Birne oder lieber die kleinen Erdbeerzwerge? Ich muss mich nicht fragen, ob, sondern wie hungrig ich bin, und welche Marke soll ich kaufen? Welche ist die beste? Wozu so viele? Wieso ist mir das früher nie so aufgefallen? Ich komme doch aus dieser Waren-Welt? Ich kaufe gar nichts, laufe weiter durch das Zentrum, laufe und laufe, und plötzlich sehe ich hinter dem Sheraton Hotel eine weite, eine riesige Landschaft aus Wellblechdächern, eine ganze Stadt mit Wegen und Kreuzungen, das müssen die Slums von Buenos Aires sein, sie sind nur durch ein paar Eisenbahnschienen von den reichen Vierteln getrennt, ein Fußweg von Minuten, eine andere Armut als auf Kuba, mächtiger, schmutziger, grausamer, ich fliehe vor diesem Anblick, laufe zurück zu den Läden, zu der zwölfspurigen Avenida, zu den schwirrenden Wespentaxis, zu den großen Häusern, frage einen Mann, der an einer Leine ein Dutzend Hunde ausführt, nach dem Weg, finde das Haus des Professors, der inzwischen zu Hause ist, und flüchte mich dort in den Schlaf.

Die Milonga

Ein leises Klopfen weckt mich auf. Draußen ist es dunkel. Etwa halb elf. »Wenn du Hunger hast, das Essen steht auf dem Tisch«, ruft der Professor. Ich mag seine mürrische, wortkarge Art. Er hat Steaks mit Salat gemacht. Das isst er jeden Abend.

Nach dem Essen lege ich mich wieder aufs Bett, starre die Decke an und denke an Kuba. Um diese Zeit habe ich immer Naras Schlüssel gesucht. Was soll ich heute Abend nur machen? Ich will nicht alleine in eine Bar gehen, an der Theke sitzen, einsam an einem Drink nippen und den Männern vorlügen, ich warte auf meinen Freund. Fürs Kino ist es zu spät und für nächtliche Spaziergänge bin ich viel zu ängstlich. Was macht man denn als fremdes Mädchen in einer Großstadt, nachts, alleine, wenn man nicht schlafen kann?

Wieder klopft es. Der Professor steckt den Kopf durch den Türspalt: »Wenn du willst, geh ich mit dir in den Almagro Club, da gehen die jungen Leute Tango tanzen.« Junge Leute, das klingt ja alt. Im Taxi fügt er noch hinzu: »Aber ich bleibe nicht lang, sonst komme ich da nie wieder weg.«

Wir fahren die breite Avenida de Corrientes entlang. Nachts funkeln die Reklame- und Theaterschilder in bunten Farben und Lichtern wie in Las Vegas. Der Fahrtwind bläst durch das offene Fenster und erfrischt mich. Im Radio singt Sandro, der Elvis Presley von Südamerika, einen Rock 'n' Roll. Wir fahren schnell, die Hausnummern fliegen vorbei, steigen in die Höhe wie die Schulden des süchtigen Spielers, 2000, 3000, 4000, grenzenlos. Bei 5000 biegen wir in eine dunkle, von Bäumen gesäumte Seitenstraße ein. Dann betreten wir die Milonga.

Die Milonga ist ein Ort, wo man Tango tanzen geht. Tische und Stühle sind in einem Rechteck in Viererreihen um die Tanzfläche aufgestellt. Es sind einfache Holztische mit Tischdecken aus Wachstuch, man sieht, dass sie am Morgen wieder weggeräumt werden. Der Raum ist hoch und schlicht eingerichtet. Mir steigt Chlor-Geruch in die Nase. Als ich später aufs Klo gehe, entdecke ich hinter einer Glastür einen Swimming-Pool. Tagsüber ist der Almagro Club ein Fitnesszentrum und der Tanzsaal ein Aerobic-Raum.

Ich hatte mir die berühmten Milongas von Buenos Aires anders vorgestellt, mit schweren Samtvorhängen, feinem Parkett und gerahmten Fotos von legendären Sängern an den Wänden, keine für die Nacht umfunktionierte Sporthalle. Doch genau das ist ihr Charme: Eine Milonga findet dort statt, wo es einen günstigen Ort zum Stattfinden gibt. Und sie kann überall stattfinden, auch draußen im Park. Man benötigt nur die Tische für das Rechteck, eine Musikanlage (ein Orchester spielt heutzutage eher selten) und eine Bar. Die Milonga hat kein festes Zuhause, sondern viele. Sie besitzt den Saal nicht, sie mietet ihn. Früher waren das meistens Markt- und Lagerhallen, heute sind es Kultur- und Sportzentren. Der Tango, den sie in den Milongas tanzen, ist anders als der, den man auf Tangoshows sieht, weniger spektakulär und dramatisch, eher schlicht und intim. Der wichtigste Schritt ist das so genannte ›Laufen‹, das einfache Fortbewegen durch den Saal.

Als der Professor und ich ankommen, tanzt man Salsa, anders als ich es in Havanna gesehen habe, eleganter, graziöser, und die Paare halten einen diskreten Abstand zwischen Mann und Frau. »Die spielen jetzt immer irgendwelches Zeug dazwischen, was gar nicht zum Tango-Ambiente passt«, brummt der Professor. Ich denke nur, welch Ironie! Ich habe Kubakummer und finde Salsa in einem Tangoclub! Der Professor bestellt Whiskey, und ich trinke Rum. Es sind wirklich viele junge Leute da. Der Professor erklärt, Tango ist wieder modern. Die Mädchen haben sich zurechtgemacht, kurze Röcke, rückenfreie Oberteile. Die Jungen tragen Anzughosen. Aber hier und da ist auch einer in Jeans zu sehen. Es herrscht keine Man-muss-schick-sein-Atmosphäre, trotzdem schäme ich mich ein bisschen für meine staubige Kleidung und denke an die Boa, die ich Naras Tochter geschenkt habe.

Inzwischen spielen sie wieder Tango. Der Professor und ich sitzen schweigend nebeneinander und betrachten die wiegende Menge. Da sehe ich plötzlich eine große, dunkle Tätowierung auf einer zarten, schneeweißen Mädchenschulter. Ich erkenne nur, dass sie eine Person darstellt, die einen Zylinder trägt. Das Mädchen ist klein, anmutig und hat pechschwarzes Haar, das ihr in einem langen Zopf über den nackten Rücken fällt. Ein älterer Herr führt sie. Ich folge ihr aufmerksam, warte ungeduldig, bis sie wieder an meinem Tisch vorbeitanzt. Sie hält den Kopf kerzengerade und hat die Augen geschlossen. Sie scheint sehr in den Tanz vertieft zu sein. Als er zu Ende ist und sie sich setzt, spreche ich sie an. Ich schätze sie auf etwa zwanzig, will sie aber nicht gleich nach ihrem Alter fragen. Überhaupt frage ich wenig, denn sie und ihre Freundin scheinen sich gestört zu fühlen. Am liebsten würde ich sofort wieder gehen, aber ich beiße mir auf die Lippen und bitte sie um ihre

Telefonnummer. Sabrina, so heißt das Mädchen, überlegt einen Augenblick, schreibt sich dann meine auf und sagt, sie wird sich melden. Die Pause ist um, und schon ist sie auf der Tanzfläche verschwunden. Ihre Freundin dreht den Kopf in die andere Richtung und tut, als wäre ich Luft. »Die argentinischen Frauen! Ein Kapitel für sich«, kommentiert der Professor und leert seinen Whiskey.

Mit einem Mal spüre ich eine Unruhe um mich herum. Eine Gruppe von jungen Männern betritt den Saal, in ihrer Mitte steht ein Mädchen. Sie hat den stolzen, verführerischen Ausdruck einer Zigeunerin und Haut wie Elfenbein. Sie läuft an den Tischen und Stühlen vorbei, als liefe sie durch eine Allee, aufrecht, stilvoll. Sie strahlt Glanz und Sicherheit aus. Die Männer folgen ihr. Einer trägt ihren Mantel, ein anderer die Tasche, ein dritter zückt Feuer für ihre Zigarette, ein vierter zieht einen Stuhl für sie herbei. Sie setzen sich an einen Tisch neben der Bar, der für sie reserviert zu sein scheint. Der Kellner schiebt drei weitere Tische heran, mehrere Männer und Mädchen, die abseits gesessen haben, kommen herbei und umschwärmen die Schöne wie eine Königin. Es wird Champagner serviert. Später erfahre ich, dass das die »Tänzer« sind. Die Tänzer leben vom Tango, geben Unterricht, fahren auf Tournee ins Ausland und treten in Tangoshows auf. Sie werden von allen bewundert, jeder will mit ihnen tanzen.

Der Professor möchte schon um halb zwei gehen. Ich traue mich noch nicht, alleine zu bleiben. Zu Hause angekommen, verschwindet er mit einem Stapel Bücher in seinem Schlafzimmer. Ich bin hellwach und viel zu aufgeregt zum Lesen. Ich packe meinen Koffer aus, dusche mich endlos lang, bemale mir die Fingernägel und wasche bis zum Morgengrauen meine staubige Kubawäsche.

Als ich aufwache, ist es wieder dunkel. Unter der Tür liegt ein Zettel vom Professor: »Sabrina hat angerufen. Wenn du mit ihr weggehen willst, sollst du sie um Mitternacht zu Hause abholen: Luis Sáenz Peña 175.«

Sabrina

Am ersten Abend warte ich noch vor Sabrinas Haus. Sie kommt runter, und wir gehen in eine Milonga. Am zweiten Abend lädt sie mich kurz zu einem Mate-Tee in ihre Küche ein. Am dritten Abend zeigt sie mir ihre große Sammlung von Mate-Tee-Gefäßen und fügt hinzu, dass man den Tee wie einen Joint in der Runde herumreicht und ihn jeder mindestens zwei Mal bekommen muss, sonst bringt es Unglück. Am vierten Abend weiß ich, wie viel Zucker ich in meinem Mate-Tee mag, bis wir schließlich jede Nacht um Mitternacht zusammen Mate-Tee trinken, danach in die Milongas aufbrechen und Freundinnen geworden sind. Inzwischen weiß ich auch, was sich Sabrina auf ihre Schulter tätowiert hat: Gary Oldman als Dracula. Sein hageres Gesicht, die langen, zotteligen Haare, der hochgeklappte Mantelkragen und der Zylinder geben ein düsteres, mysteriöses Bild, das besonders auffällt, weil Sabrinas Schultern so zierlich sind und ihre Haut so zart und so weiß ist. Als sie den Film zum ersten Mal sah, war sie fünfzehn. Gary Oldman und die Liebesgeschichte des Films hatten sie so beeindruckt, dass sie sich noch am selben Tag tätowieren ließ.

Sabrina glaubt an die Liebe und an den Tango wie an einen Gott. Sie will Tangotänzerin werden. Sie will die Beste sein, von den Milongueros in Buenos Aires begehrt und geachtet werden, und – sie will einen Mann zurückerobern! Das weiß sie mit hartnäckiger Sicherheit. Sie ist klein und schlank, doch voller Kraft, hat sanft blickende braune Augen und ein freches, spitzes Kinn.

Das Haus in Luis Sáenz Peña hat drei Stockwerke und eine Dachterrasse und wird von einer verarmten, adligen Dame günstig vermietet. Zu Anfang halte ich Sabrinas Familie für reich. Die Marmorstufen am Eingang, der Kronleuchter in der Empfangshalle, die verzierten Jugendstil-Fenster und die antiken Möbel vermitteln mir diesen Eindruck. Doch das Edle der Häuser in Buenos

Aires ist oftmals nur Fassade, es sind Erbstücke aus alten Zeiten, hinter denen sich Wasserschäden an der Decke und Risse in den Wänden verbergen. »Man müsste renovieren«, sagt Sabrinas Mutter jeden Tag, doch dazu fehlt ihnen das Geld.

In diesem Haus wohnen nur Frauen. Sabrinas Großmutter, Sabrinas Mutter und Sabrinas Schwestern. Ich nenne sie die Masso-Ladys. Masso ist Sabrinas schöner Nachname. Ihr Vater lebt außerhalb von Buenos Aires bei seinen Eltern. Er ist blind.

Mit Tango hatte hier niemand etwas zu tun. Der Vater wollte wie Maradona werden, der beste Stürmer von Argentinien. Als er mit zwanzig Jahren nach einem Autounfall erblindete, wurde er Anwalt für Scheidungsfragen. Nebenbei unterrichtete er in einem »spirituellen Zentrum«, wo er versuchte, den Sinn des Lebens in der griechischen Philosophie zu finden – und wo er die Mutter seiner Töchter fand. Von Sabrina erwartete er, dass sie ebenfalls Jura oder Philosophie studieren würde. Aber der Zufall brachte sie zum Tango.

Sabrina war achtzehn Jahre alt und auf dem Weg zur Schule, als ihr ein Zettel auffiel, der an einer Ampel klebte: »Sonntags kostenlose Tango-Stunden im Kulturzentrum de la Boca«. (Boca – der Hafenbezirk, in dem der Tango Anfang des letzten Jahrhunderts geboren wurde.) Weil sie am Wochenende nichts Besseres vorhatte, ging sie hin.

»Meine ersten Lehrer waren sehr technisch«, erzählt sie. »Es war eine komische Sache, die wir da mit unseren Füßen machen mussten. Ich fand es lustig, dass die Schüler alle so unterschiedlich alt waren. Ich meine, mit einem 70-jährigen Mann tanzen, der konnte mein Großvater sein, aber beim Tanzen waren wir beide gleich alt. Ich lernte Leute aus anderen Ländern kennen, Alex aus Kalifornien, Peter aus Berlin, und wenn die Japanerin von Japan erzählte, reiste ich in meiner Phantasie nach Japan. Zu Hause sprach ich nie darüber. Diese Sonntage gehörten mir allein. Ich lernte und lernte und suchte immer neue Wege, mich zu verbessern. Ja, und dann lernte ich die Milonga kennen.« Beim Wort Milonga senkt Sabrina die Stimme, als spräche sie von etwas Heiligem. Wir sitzen in ihrer Küche. Ein Mate-Tee dampft. Es ist Mitternacht.

»Ich wusste nicht, was das heißt, in einer Milonga zu tanzen, den Arm so eng um die Schultern des Partners, seinen Atem auf deiner Wange, deine Brust gegen seine gedrückt. Das hatte ich im Unterricht nicht gelernt. Das lernst du nur in der Milonga.« Sie reicht mir den Tee. Ihre dunklen Augen schimmern wie der Nachthimmel über der riesigen Stadt.

»Als ich das erste Mal in die Estrella kam, hab ich mich sofort verliebt, in die vielen Lichter und Menschen. Ich weiß es noch genau, an diesem Abend fühlte ich mich groß. Davor waren wir zusammen essen gewesen, die Leute aus dem Kulturzentrum, die alle viel älter waren, und ich. Als wir bezahlen mussten, holte jeder ganz selbstverständlich sein eigenes Geld aus dem Portemonnaie. Nur ich hatte das noch nie gemacht, im Restaurant war ich ja nur mit meiner Mutter und meinen Schwestern gewesen.« Sie nimmt das Mate-Gefäß, das ich ihr zuschiebe, gießt die Blätter mit frischem Wasser auf und zieht einen langen Schluck durch den metallenen Strohhalmlöffel, mit dem man den Tee trinkt.

»Weißt du?«, sagt sie plötzlich, als verstehe sie es jetzt erst, »in meinem Leben habe ich mich immer kontrolliert, aufgepasst, alles analysiert, zu jeder Sache hundert Zweifel und Fragen gehabt. Kann ich dies oder kann ich jenes tun, wo ist mein Platz, wie soll mein Leben werden? Schluss! Aus! Tango ist Leidenschaft.«

Und dann tauchte der Milonguero Ezequiel auf, 22 Jahre und Tänzer. Er forderte sie auf, und sie tanzten die ganze Nacht. »Bei der ersten Berührung, als er seine Hand auf meinen Rücken legte, erzitterte ich am ganzen Körper. Ich dachte, ich würde bestimmt gleich hinfallen. Doch als die Musik einsetzte, ließ ich mich einfach treiben. Ich wusste gar nicht, dass ich tanzen konnte, ohne an die Schritte zu denken.«

Zuerst waren es nur die Tänze, dann die langen Unterhaltungen, wenn er sie am Morgen nach Hause brachte. Bald holte er sie jeden Abend ab, sie erschienen überall zu zweit. Schließlich waren sie ein Paar, und sie war seine Partnerin. Sie schlief kaum noch zu Hause, war immer bei ihm, gab sich vollkommen der Liebe und dem Tango hin. Sie hatte jetzt so viele neue Freunde, in der Milonga hielt man immer einen Platz für sie frei, hinten an der Bar, wo alle jungen Tänzer sitzen. Ezequiel und sie hatten Pläne für gemeinsame Auftritte. Sabrina hatte das Glück ihres Lebens gefunden. Ein Jahr lang.

»Er sprach oft von seiner Exfreundin, aber ich nahm ihn nie ernst. Bis zu dem Tag, an dem ich einen Knutschfleck an seinem Hals entdeckte. Danach konnte ich nicht mehr mit ihm tanzen. Ich machte falsche Schritte, rutschte aus und war total verkrampft. Er schimpfte mit mir, weil ich mich nicht genug konzentrierte.« Zwei Wochen später ließ er sie sitzen. Die neuen Freunde folgten ihm. Plötzlich sprach keiner mehr mit Sabrina und keiner forderte sie mehr zum Tanzen auf. In die Milonga zu gehen war für sie wie durchs Feuer laufen. Die Blicke brannten auf ihren Schultern, und das Lästern loderte hinter ihrem Rücken. Es hieß, Ezequiel hätte Sabrina wegen ihres schlechten Tanzstiles verlassen.

»Zuerst wollte ich alles hinschmeißen. Weg vom Tango! Aber dann hab ich mir gesagt: Das stehst du durch. Auch ohne Mann.« Und es erwachte der neue Ehrgeiz in ihr, allen zu beweisen, dass sie tanzen und Ezequiel zurückerobern konnte.

Ihre jüngere Schwester, die bis dahin mit in Sabrinas Zimmer gewohnt hatte, musste ausziehen, nach unten, neben die Küche, weil Sabrina Platz zum Üben brauchte. Sie besorgte sich eine Stange, holte vom Flohmarkt einen großen Spiegel und verbrachte endlose Stunden mit Trainieren.

BUSINESS
ALPARGATAS
ALPARGATAS
ALPARGATAS
ALPARGATAS
ALPARGATAS
SR. CLIENTE:

Jede Nacht hielt sie den Bus an, wie ein Taxi, mit ausgestrecktem Arm, wie man es hier tut, der ließ sie an der Ecke einer Avenida raus, sie lief durch die dunklen Seitenstraßen und betrat die Milonga allein.

Als ich Sabrina in Buenos Aires kennen lerne, hat sie die schwerste Zeit überstanden. Sie hat eine Freundin, Claudia, die Telefonistin, mit der sie immer zusammen am Tisch sitzt, und einige andere Bekannte, die aber alle keine Tänzer sind.

Es ist eine Stunde nach Mitternacht, als wir aus dem Bus steigen. Sabrina kauft sich noch ihre Zehnerpackung Lucky Strike, dann gehen wir ins Gricel. Die Milongueros sind wie ein Nomadenvolk. Sie ziehen von Saal zu Saal, haben für jede Nacht in der Woche eine andere Stamm-Milonga: Das Viejo Correo am Montag, den Club Almagro am Dienstag, das Gricel am Mittwoch, den Niño Bien am Donnerstag, die Estrella am Freitag und meine Lieblings-Milonga, die Basketballhalle im Sportverein Sunderland, am Samstag.

Claudia sitzt bereits an einem Tisch und winkt uns zu. Sie ist ein dickliches Mädchen und steht von der Schönheit her weit in Sabrinas Schatten. Bei jener ersten Begegnung, als ich Sabrina nach ihrer Nummer fragte, hielt ich Claudia für arrogant. Sie hatte den Kopf weggedreht und getan, als wäre ich Luft. Aber inzwischen weiß ich, dass sie gutmütig, treu und sehr gesprächig ist.

Claudia flüstert mir immer die neuesten Gerüchte zu. In dieser Nacht sagt sie zu mir: »Bald braucht Sabrina nicht mehr mit den Unbeliebten zu tanzen. Vorgestern hat einer der alten Männer von ihr gesagt, sie sei eine gute Tanzpartie. Und jetzt sind die Tänzer von dort drüben«, sie zeigt in Richtung Bar, »wieder auf sie aufmerksam geworden.«

Aber noch hat Sabrina keinen festen Partner, und ohne Mann ist sie nur eines von vielen hübschen Mädchen, die von einer Karriere als Tangotänzerin träumen …

Der Weinspezialist

Zuerst denke ich, die Milongueros nehmen mich gar nicht wahr. Doch ich lerne, dass sie leidenschaftliche und scharfe Beobachter sind. Sie nehmen alles wahr, welche Zigaretten du rauchst, welches Kleid du trägst, wie du läufst, was du trinkst. Dabei bemerkst du ihre Blicke nie. Es gilt als unfein, jemanden anzustarren.

Irgendwann steht plötzlich ein Mann vor meinem Tisch. Ich kenne ihn nicht. Er aber weiß, dass ich la Alemana bin. Er bittet mich um einen Tanz. Ich lächle verlegen, ich schäme mich, ich sage ihm, ich kann nicht Tango tanzen. Er denkt, ich kokettiere, und reicht mir die Hand. Ich wiederhole, dass ich wirklich nicht tanzen kann. Er sieht mich verdutzt an, als wolle er sagen: »Was tust du dann hier?«, und geht.

Das frage ich mich auch manchmal. Ich komme fast jeden Abend mit in die Milonga. Ich bin süchtig, lebe nur noch bei Nacht und sitze dabei immer am Tisch. Aber ich fühle mich wohl hier. Die Milonga ist wie ein Versteck vor dieser riesigen Stadt, wo ich mich ungestört meiner Sehnsucht hingeben kann. Sabrina tanzt zu jedem Lied. Ich bleibe am Tisch, genieße die Musik, denke an Kuba und beobachte die Menschen.

Bis drei Uhr ist die Tanzfläche immer brechend voll. Erstaunlich, wie elegant die Tänzer sich bewegen, ohne einander anzustoßen oder sich auf die Füße zu treten. Das ›Laufen‹ ist wirklich eine Kunst. Wenn der Saal dann langsam leer wird, liebe ich die Milonga am meisten. Auf den Tischen stehen leere Brotkörbe, überquellende Aschenbecher und Bierflaschen in Eiskübeln. Nur wenige Plätze sind noch besetzt. Auf der Tanzfläche tanzen fünf oder sechs Paare, eng umschlungen. Nur die Töne des Klaviers erinnern noch an den schnellen Takt der Straßen, aber die scheinen unendlich weit entfernt.

Wenn Sabrina in den Pausen zurückkommt und ein bisschen

Cola trinkt, ist sie wie ein frischer Wind, der mich aus meinen Gedanken und meinen Kubaträumen weckt und meiner Reise wieder einen Sinn gibt.

Wir bleiben immer bis ganz zum Schluss. Im grellen Neonlicht, das man anschaltet, um die Milongueros zu vertreiben, zwischen den Kellnern, die die Tischdecken falten, und der Putzfrau, die die letzten Zigaretten vom Boden kehrt, tanzt Sabrina weiter. Auch wenn sie keinen Tango mehr spielen, sondern Salsa, Merengue oder Cumbia, bleibt sie auf der Tanzfläche. Erst wenn die Musik vollkommen erlischt, kommt sie zum Tisch, zieht die Stöckelschuhe aus und die Turnschuhe an und strahlt dabei vor Glück. Wenn wir auf die Straße treten, ist es bereits hell. Wir gehen nie direkt nach Hause. Wir gehen ins nächste Café medialunas essen, drei kleine Croissants, die hier zum Kaffee serviert und Halbmonde genannt werden.

Dort treffen wir viele andere Milongueros und hier lerne ich sie kennen. Sie, die nachts so still, so geheimnisvoll durch den Saal laufen, sind morgens andere Menschen, laut, gesprächig, lustig. Bei Kaffee und medialunas sprechen sie über Gott und die Welt, über Politik und über Fußball.

Heute Morgen, als Sabrina und ich vom Gricel ins Café kommen, lerne ich den Weinspezialisten kennen. Ein dürrer, knochiger junger Mann. Claudia hat mir schon von ihm erzählt. Sie hat ihm den Namen »el especialista en vinos« gegeben, weil er ihr einmal einen langen Vortrag über die Geschichte des Weines gehalten hat. Er ist, was die alten Männer, die Erfahrenen, die seit Jahrzehnten Tango tanzen, einen »wahren Milonguero« nennen. Er verdient mit Tango kein Geld. Er verkauft nicht den Tanz, die Sehnsucht und den Schmerz, die dahinter stecken. Er verkauft Wein. Um acht isst er seine medialunas, und um zehn fängt seine Arbeit im Laden an. Ich frage mich, wann er schläft.

Er wurde ein Milonguero, weil er eine Französin liebte, die jede

Nacht in die Milonga wollte. Das Tanzen wurde seine Sucht, er ging nur noch tanzen. Seine Französin wurde eifersüchtig und verließ ihn schließlich. Seitdem sucht er eine Frau.

Er setzt sich an unseren Tisch. Sabrina tut stolz und kühl und schenkt ihm keine Beachtung. Ich frage ihn, wer denn momentan als die beste Tänzerin von Buenos Aires gilt.

»Die Beste? Ganz klar. Geraldine.« Ich sehe Sabrina an. Sie nickt. Der Weinspezialist lehnt sich zurück und trommelt mit seinen langen, dünnen Fingern auf den Tisch: »Die Frage ist nur, ob Geraldine wirklich Tango tanzt. Die Regel ist, dass beim Tango der Mann führt, dass er die Schritte markiert. Er muss die Wünsche der Frau erkennen und bedienen, aber er muss sie führen, ohne den Respekt vor ihr zu verlieren. Aber Geraldine führt jeden Mann, mit dem sie tanzt. Kaum setzt sie einen Fuß auf die Tanzfläche, folgt er ihrem Willen, setzt er die Schritte so, wie SIE es will. Es ist, als ob sie dir den Mann wegnimmt. Es hat noch keiner geschafft, sie zu führen. Ich auch nicht. Die Tragik ist, dass sie es weiß und doch nicht ändern kann.« Der Weinspezialist sieht mich lange an: »Der Mann für Geraldine muss noch erfunden werden.«

Ich will Geraldine unbedingt kennen lernen. Der Weinspezialist verspricht, mir dabei zu helfen.

La Estrella

Am folgenden Freitag treffen sich alle im Keller des armenischen Kulturzentrums. Man nennt diese Milonga La Estrella. Das kann »Stern« oder »Star« bedeuten. Der karge, mit Holzlatten verkleidete Raum ist von Lichterketten erleuchtet. Über der Tanzfläche schweben an Bindfäden unzählige silberne von Hand ausgeschnittene Sterne. Die selbst gebastelte Dekoration und die weißen Plastiktische geben mir das Gefühl, in einem Strandcafé zu sein. Als Sabrina hier im Estrella vor drei Jahren zum ersten Mal eine Milonga betrat, waren es diese Sterne und diese Lichterketten, unter denen ihre Leidenschaft entflammte.

Sobald wir uns gesetzt haben, zündet sich Sabrina ganz selbstverständlich eine Lucky Strike an, bestellt eine Cola und wartet gelassen, dass jemand sie auffordert. Der hohlwangige Weinspezialist weicht seit dem Gespräch im Café nicht mehr von unserer Seite. Während er sich bückt, um die Tanzschuhe anzuziehen, die er in einer Tüte aus seinem Weinladen mitgebracht hat, flüstert Sabrina mir ins Ohr: »Der nervt.« Als der Weinspezialist wieder hochblickt, ist Sabrina bereits verschwunden. Ein Junge, ganz in Schwarz und mit einer Narbe am Hals, hat sie aufgefordert.

Ich schaue in die Menge und denke an das, was mir Sabrina im Bus auf der Fahrt hierher erzählt hat: »Als ich vierzehn Jahre alt war, habe ich mich eines Tages hingesetzt und mir ganz ernsthaft überlegt, wie mein Traummann aussehen soll. Und ich habe eine Liste geschrieben: Ehrlich, treu, jemand, mit dem ich sprechen kann, einen schönen Körper soll er haben, schöne Haut, schöne Arme, lange Haare – damals gefielen mir noch die Jungs mit langen Haaren –, dass er sich für das Gleiche interessiert wie ich und dass er unsterblich in mich verliebt ist. Kurz darauf habe ich ihn getroffen. Ich hab ihn angeguckt, er war wirklich perfekt, und eine Woche später hat er mir nicht mehr gefallen. Kannst du dir das vorstellen?

Früher bin ich öfter mit meiner Tante in Discos gegangen. Na ja, und eines Nachts waren wir mal wieder unterwegs, ich tanzte ganz versunken, da sehe ich diesen supersüßen Typen. Das Erste, was ich an ihm mochte, war, dass er mich gefragt hat, ob er neben mir tanzen darf. Das ist ein öffentlicher Platz, er kann doch tanzen, wo er will. Das mochte ich. Nun, wir tanzten, und irgendwann legte er seine Hände um meine Hüften, und wir redeten ein wenig miteinander, was man halt so redet, und es war da eine Chemie zwischen uns. Dann küssten wir uns. Und dann hat er mich angeguckt und gesagt, es mag dir alles ganz komisch vorkommen und zu schnell, aber willst du meine Freundin sein? Und ich hab ja gesagt. Dann wollte er meine Telefonnummer haben, aber wir hatten kein Papier. Sag sie mir, ich werde sie mir merken – und er hat sie sich gemerkt. Das war an einem Samstag. Am Dienstag hat er mich angerufen. Am Mittwoch kam er zu mir nach Hause. Und am Freitag musste ich mit ihm Schluss machen, weil ich ihn einfach nicht liebte.

Vielleicht antworte ich deshalb, wenn die Mädchen mich fragen, welche Jungs mir gefallen, blond, groß, dunkel, muskulös: Ich weiß es nicht, ich weiß es nicht. Es ist so eine Sache, es kommt einfach einer, egal, wie er ist, egal, ob ihm ein Auge fehlt oder ein Bein, und ya está«, sagte sie mit dem schönen, dicken argentinischen »dscha«, das so klingt wie ein Kuss.

»Es ist wie beim Tango, man sucht immer den perfekten Tanz, und dann kommt er völlig überraschend, wenn du denkst, du bist schon viel zu müde, und deine Beine tun dir weh und sind schwer. Dann plötzlich hast du den schönsten Tanz deines Lebens.«

Ich denke an meine Begegnung mit Pablo, dass er mir zuerst gar nicht gefiel, wie er mich störte, wie er mich dann zu Mirta brachte und ich plötzlich genau dieses »ya está« fühlte, das ich nicht übersetzen kann.

Inzwischen drängen sich immer mehr Tänzerinnen und Tänzer im Saal. Ramiro lehnt an der Bar und trinkt Champagner. Gustavo, der jede Partnerin mit Namen und Herkunft in eine Liste einträgt, tanzt mit einer Wirtschaftsstudentin, vermutlich der Nummer 900 033 auf seiner Liste. Und die Japanerin, die überall auftaucht, unterhält sich mit Eduardo, von dem wir alle glauben, er ist ein Taschendieb. Der Indianer verteilt seine Visitenkarten aus einem speziell angefertigten, goldenen Etui. Der sechzehnjährige Hernán, der sich immer heimlich aus dem Elternhaus schleicht, sucht wieder eine Frau, und die jungen, hübschen Ruiz-Brüder sind gerade hereingekommen.

Da entdecke ich zwischen den Tanzpaaren Sabrinas Schulter mit dem Dracula. Der ganz in Schwarz gekleidete Tänzer mit der Narbe führt sie wunderbar. Auch der Weinspezialist scheint es zu bemerken und reagiert mit Eifersucht. Ich schaue auf Sabrinas Füße, versuche, die acht Grundschritte zu erkennen und sie mir zu merken. Zwischen jedem Schritt kommen der linke und der rechte Fuß für einen Moment zusammen, manchmal ist es nur eine hauchdünne Berührung, dann wieder ein längeres Verharren. Während ich so vor mich hin studiere, tanzt sich plötzlich ein anderer Fuß in meinen Blick. Er hält still, als halte er den Atem an, steht weit hinter dem Körper. Der Stöckel des Schuhs ein Gedankenstrich in der Luft. Dann malt er einen kleinen Kreis. Die Ziehharmonika setzt ein, er trifft kurz den Linken und tanzt davon, schwebt über den glatten Boden, so leicht, ich denke, er kann fliegen. Der Weinspezialist stößt mich an: »Das ist sie! Das ist Geraldine!« Es ist jenes Mädchen, das in meiner ersten Nacht im Almagro den Raum mit Männer-Gefolge betreten hatte.

Geraldine tanzt wie eine Göttin. Mein Blick folgt ihren weißen, schlanken, langen Beinen, bis in den Himmel. Ihre Hüften, ihren Bauch, jeden Teil ihres Körpers dreht und dehnt sie mit einer solchen Leichtigkeit, dass der Tango ein Kinderspiel zu sein scheint. Mit den Fingern liebkost sie den Nacken ihres Partners. Jetzt erst bemerke ich ihn. Ein Jüngling, schmal und zierlich. Ich kann sein Gesicht kaum erkennen. Er hält sich aufrecht, das ist alles, was ich sehe, bevor ich wieder ihren Beinen verfalle, die die seinen in einer Schere gefangen halten.

Der DJ sagt an, dass soeben der hundertste Tango der Nacht getanzt worden ist, und spielt die Pausenmelodie. Die Tänzer strömen an die Tische, haben einen Moment Zeit, um etwas zu trinken und den nächsten Partner ins Auge zu fassen.

Jetzt oder nie! Der Weinspezialist nimmt mich an die Hand und zieht mich durch die vielen Reihen zu Geraldines Tisch. Neben ihr sitzt ein blondes, kurzhaariges Mädchen, das immerzu traurig den Kopf hängen lässt.

Der Weinspezialist stellt mich vor: »Sie will die beste Tänzerin von Buenos Aires kennen lernen. Das ist Marie«, dann lässt er mich allein.

Ich versuche Geraldine so schnell wie möglich zu erklären, wer ich bin, woher ich komme, dass ich eine Reise mache, dass ich mich gerne mal mit ihr unterhalten würde. Aber ich bin plötzlich ganz aufgeregt, komme ins Stottern, bringe alles durcheinander, meine Tasche fällt zu Boden, die Zigaretten rollen raus, der Lippenstift, mein Notizbuch, und während sie mir dabei hilft, die Sachen einzusammeln, fragt sie, so einfach und natürlich, wie sie getanzt hat: »Soll ich dir meine Nummer aufschreiben?« Ich nicke, bedanke mich unzählige Male und kehre an meinen Tisch zurück. »Was hat sie gesagt?«, fragt der Weinspezialist.

»Hast du mit Geraldine gesprochen?«, unterbricht Sabrina neugierig. Geraldine ist ihr Idol. Auch Claudia beugt den Kopf nach vorn, und alle drei warten gespannt auf meine Antwort.

»Llámame – ruf mich an«, sage ich stolz.

Geraldine

Zum Glück rufe ich Geraldine gleich am nächsten Tag an, denn morgen fliegt sie nach Frankreich auf Tournee. Ihre Wohnung hat sie untervermietet und übernachtet seit einer Woche bei Marianna, zu der ich an diesem kühlen, von Wind durchtriebenen Abend komme.

Heute sieht Geraldine jünger aus als gestern Nacht, wie ein kleines Mädchen. Sie trägt eine gelbe Latzhose mit einer Mickymaus am Busen und gestreifte Socken. Sie empfängt mich in Eile, sie muss gleich ins Miguel Angelo, wo sie in einer Tangoshow auftritt, um Geld zu verdienen.

Im Unterschied zu Sabrina, die sich die Milonga erobern musste, ist Geraldine dort aufgewachsen. Sie kommt aus armen Verhältnissen, ihr Vater ist Hafenarbeiter, ihre Mutter Hausfrau. Als Geraldine drei Jahre alt war, trennte sich ihre Mutter vom Vater, weil sie sein Trinken nicht mehr ertragen konnte. Aus Einsamkeit begann sie, in die Milongas zu gehen, und da sie niemanden fand, der auf die kleine Geraldine aufpasste, nahm sie sie einfach mit.

»Tango tanzen ist das Einzige, was ich kann. Tango ist mein Leben«, erzählt Geraldine. Je älter sie wurde, desto öfter ging sie in die Milonga. Die großen Milongueros, wie Gerardo Partalea, Cacho de Mantegazza, José Lamposo oder der Chino brachten ihr alle Schritte bei, das Laufen, die Achten, die revolución, die resolución. Sie erklärten ihr, zu welchem Orchester sie tanzte und wie die Themen hießen. Von den jungen Milongueros weiß das heute kaum noch einer.

Geraldine spricht schnell und offen über ihr Leben. Mit fünfzehn verliebte sie sich. Er war zehn Jahre älter und Tänzer von Beruf. Als ihre Mutter davon erfuhr, verbot sie Geraldine das Ausgehen. Aber Geraldine ließ sich nichts verbieten. Sie zog zum Vater. Selbst Kettenraucher, verbot er ihr das Rauchen. Also zog sie zu ihrem Freund. In der zehnten Klasse brach sie die Schule ab, gab Unterricht an Tangoschulen, tanzte auf der Straße, in Cafés, auf Veranstaltungen und verdiente mit siebzehn genug Geld, um sich eine eigene kleine Wohnung am Hafen zu mieten.

Sie verließ den Freund, als er sie heiraten wollte, es kam ein nächster, den sie verließ, als er von Kindern sprach, und dann kam noch einer und musste wieder gehen, bis sie Javier fand. Mit ihm ist sie jetzt seit einem Jahr zusammen.

Von Claudia weiß ich, dass in den Milongas niemand versteht, warum Geraldine, die begehrteste aller Frauen, sich gerade Javier als Freund und Tanzpartner ausgesucht hat. Er ist ein Jahr jünger als sie und wirkt neben ihr wie ihr kleiner Bruder. Als ich sie darauf anspreche, sagt sie nur: »Er nimmt das Leben nicht so ernst« und spielt mit dem goldenen Kreuz, das um ihren schönen Hals hängt. Geraldine glaubt an Gott, sie dankt ihm jeden Tag für ihr Talent.

»Ich bin sooo aufgeregt«, platzt es plötzlich aus ihr raus. Es ist das erste Mal, dass sie verreist! Und so weit! So lange! Drei Monate! Europa!

Während wir uns unterhalten, kommt das blonde Mädchen, das gestern an Geraldines Tisch gesessen hat, ins Zimmer. Sie hat verweinte Augen, setzt sich auf das Sofa und legt den Kopf in Geraldines Schoß. Sie heißt Victoria und ist Geraldines beste Freundin. »Sag ihr, dass sie schön ist. Sie denkt, sie ist hässlich und unbegabt«, sagt Geraldine zu mir und streicht Victoria liebevoll durch das Haar. Dann kommt Javier ins Zimmer gerannt und ruft mit seiner hohen Stimme: »Madre mía! Wir kommen zu spät!« Schnell zieht sich Geraldine den Mantel an, holt sich noch einen Löffel und eine Dose dulce de leche (eine Art Karamell) aus der Küche, sagt: »Ohne dulce de leche wäre ich verloren!«, lädt mich ein nachzukommen, und die drei – Victoria begleitet sie – rennen aus dem Haus.

Marianna, in deren Wohnung ich mich befinde, kommt aus der Küche und fragt mich, ob ich mit ihr zu Abend essen will. Sie geht später auch ins Miguel Angelo, um Geraldine zu sehen, wir könnten zusammen fahren. Von ihr erfahre ich, dass Victoria so verweint ist, weil ihr Freund sie am Nachmittag verlassen hat. Es stellt sich heraus, dass ihr Freund der Junge mit der Narbe ist, der gestern so schön mit Sabrina getanzt hat. Ich bin gestern etwas früher nach Hause gegangen und frage mich nun, ob zwischen Sabrina und dem Jungen mit der Narbe noch etwas passiert ist.

Am Eingang des Miguel Angelo steht in einer Vitrine die älteste Ziehharmonika Argentiniens. Überall hängen Bilder von berühmten Sängern. Ein Restaurant mit Tango-Performance und Touristenfraß für 90 Dollar.

Als ich mit Marianna ankomme, sind nur drei Tische besetzt. Eine Gruppe sommersprossiger Engländer, Politiker aus Paraguay mit gegeltem Haar und ein dickes russisches Liebespaar, das mit kleinem Besteck eine große Fruchttorte isst. Wir alle trinken schlechten Weißwein, der nach Benzin schmeckt. Der Moderator versucht so krampfhaft, witzig zu sein, dass er mich traurig macht. Die Tänze sind total übertrieben, melodramatisch und langweilig, die Tänzer, bis auf Javier und Geraldine, alle über 40, ihre Schminke viel zu dick aufgetragen und ihre Bewegungen leblos. Der Sänger singt schief und viel zu laut. Der pure Tangohorror. Dort oben auf der Bühne sieht Geraldine wie eine Puppe aus, sie ist kaum wieder zu erkennen. Das Miguel Angelo ist harte Arbeit, hat sie vorhin zu mir gesagt. Jetzt verstehe ich, was sie meint.

»Zum Glück ist es das letzte Mal«, flüstert mir Marianna zu. »Wenn sie aus Frankreich wiederkommen, werden sie für Tango por dos tanzen.« Das ist eine der besten Tangokompanien von Argentinien, und Geraldine und Javier werden mit ihren zwanzig Jahren die jüngsten Mitglieder sein.

Nach der Show warte ich in Javiers Garderobe, bis sich Geraldine abgeschminkt hat. Victoria und Marianna sind nach unten gerannt und reden auf den Besitzer ein, sie wollen unbedingt Geraldines Job haben. Javier lacht: »Den kriegen sie nie. Dafür brauchen sie nen Mann. Die haben doch beide keine Männer.« Er springt mit seinem dünnen, beweglichen Körper auf den Schminktischen herum, legt zwischen den Schminktöpfen ein astreines

Dribbling hin. »Eigentlich wollte ich Fußballer werden. Für Boca spielen. Oder Rockmusiker.« Er schlägt die Luftgitarre. Früher war er nämlich Metallica-Fan und trug lange Haare. Eines Tages bat ihn seine Schwester, auf ihre Tochter aufzupassen, während sie Tango-Unterricht nahm. Als Javier mit der Kleinen zum Studio kam, um seine Schwester abzuholen, brauchte der Lehrer jemanden, um einen Schritt zu erklären. Seitdem tanzt Javier Tango. »Falscher Ort zur falschen Zeit!« Er lacht. »Mate-Tee?« Ich nicke und werfe ihm eine Zigarette zu. Er fängt sie im Flug. Ich mag Javier, er tut nicht so wichtig und stolz wie viele andere Tänzer. Leider kommt er heute Abend nicht mehr mit in die Milonga. Geraldine will vor der langen Reise einen letzten Mädchenabend haben, und eine ihrer Freundinnen hat eine kleine Tochter, für die sie einen Babysitter braucht. Da hat sich Javier angeboten.

Draußen fällt ein leichter Regen. Er tut gut, denn die letzten Tage waren schwül und stickig. Ich stehe noch einen Moment mit Geraldine am Straßenrand. Sie sieht vor sich hin. Ich frage sie, wie es für sie ist, die beste Tänzerin zu sein. Sie zuckt mit den Schultern. Dann sagt sie: »Früher, als ich ein kleines Mädchen war, als ich die Schritte noch nicht beherrschte und mich die alten Milongueros führten«, sie lächelt, »früher, als ich nicht gut war, war es leichter, die Beste zu sein.« Und mit einem Anflug von Enttäuschung fügt sie hinzu: »Je besser ich tanze, desto einsamer bin ich auf der Tanzfläche.« Ein Taxi hält. Aus dem Fenster ruft sie noch: »Hasta ahora! Bis gleich, in der Kathedrale.«

Ich gehe die Straße hinunter, an den vielen geschlossenen Läden und den ausgestreckten Schildern vorbei. Inzwischen mag ich sie. Besonders die bunten beleuchteten Kioske an den Ecken, die wie Weihnachtsbäume aussehen.

Geraldine geht mir nicht mehr aus dem Kopf. Sie ist für mich wie der Regen, der in dieser Spätsommernacht fällt: frisch und überwältigend traurig. Ich muss an Wedekinds Lulu denken, nur mit dem feinen Unterschied, dass Geraldines Männer nicht an ihr sterben, sondern in ihren herrlichen Armen unsichtbar werden. Und sie tanzt den Tango ganz allein …

In der Küche

Als ich gegen halb eins bei Sabrina ankomme, sitzt sie in der Küche am Tisch vor einem aufgestellten Spiegel und zupft sich die Augenbrauen. Sie schminkt sich immer in der Küche, weil dort der Fernseher steht und sie die Spätausgabe der Telenovelas guckt. Neben ihr liegt eine Schachtel mit kalter Pizza. »Wo warst du denn?«, fragt sie. »Bei Geraldine«, antworte ich und erzähle ihr vom Miguel Angelo, wie furchtbar es dort war und wie schön die Wohnung von Marianna ist, und dass wir zusammen gegessen haben und sie mich morgen zum Flohmarkt in San Telmo mitnehmen will und dass Javier Kaffee und Zitrone in seinen Mate-Tee tut, erzähle aufgeregt alles durcheinander. Sabrina hört mir mit leuchtenden Augen zu.

»Und bei dir? Wie war's gestern noch?«, frage ich. Sie holt den blauen Lidschatten raus und lächelt.

»Er ist re-lindo, voll süß. Er hat mich nach Hause gebracht«, und meint den Jungen mit der Narbe, Victorias Exfreund. »Er hat sich mit seiner Partnerin zerstritten und mich gefragt, ob ich mit ihm nächsten Samstag auf der Eröffnungsfeier des Gardel-Monuments tanzen will.« Ich freue mich für sie und will ihr gratulieren, aber sie hält sich wie immer zurück. Es ist ja noch nicht sicher.

»Bist du in ihn verliebt?«, frage ich weiter. Sie schüttelt entschieden den Kopf. »Denkst du etwa immer noch an Ezequiel?« Ich sage, dass ein Typ, der sie auf diese Weise sitzen gelassen hat, ihr Leid nicht wert ist.

»Ich weiß auch nicht, was das mit Ezequiel ist, aber so, wie es mit ihm war, so wie ich ihn geliebt habe, so wie ich mit ihm getanzt habe, so kann ich es mit keinem anderen.« Mit einem Klick steckt sie den Lippenstift in die Hülle, und wir brechen zur Kathedrale auf.

Die Kathedrale

Der Kassierer weiß auch nicht, was diese Milonga tagsüber ist oder warum sie Kathedrale heißt. Am Eingang hängen ein paar abgerissene Konzertplakate von argentinischen Rockbands. Es riecht nach Bier. Statt Stühlen stehen ein paar alte Sofas rum. Ich weiß, dass Geraldine die Kathedrale nicht mag. Sie hat hier schon mal Kakerlaken entdeckt, und der Boden ist nicht gut zum Tanzen. Sabrina findet es cool hier, aber ein bisschen zu dunkel. Es ist stockfinster! Nur eine schwache Birne wirft ein müdes, fahles Licht in den hohen Raum.

In der Nähe der Bar finde ich Geraldine, sie winkt mir zu, und ich laufe zu ihrem Tisch, einer alten Tabakkiste. Sabrina ist mir gefolgt. Ich stelle sie Geraldine, Victoria, Marianna und den anderen Mädchen vor. Geraldine schenkt ihr keine weitere Beachtung. Sie spricht kein Wort mit Sabrina, und seitdem ich sie an den Tisch gebracht habe, auch kaum noch mit mir. Sie geht tanzen. Ich weiß nicht, dass Geraldine gestern Sabrina mit Victorias Exfreund hat tanzen sehen und jetzt auf Sabrina böse ist.

Kurz darauf kommt der Junge mit der Narbe an unseren Tisch. Er steht einen Moment unschlüssig da und grüßt Victoria mit einem verlegenen Kopfnicken. Sie glaubt, das ist eine Aufforderung zu einem Tanz, zögert, und als sie aufstehen will, sehe ich, wie seine Hand nach Sabrina fasst und die beiden im Dunkel des Saales verschwinden. Ich versuche ein Gespräch mit Victoria anzufangen, aber sie ignoriert mich. Geraldine kommt vom Tanzen zurück, und ohne ein Wort zu sagen, verlässt sie mit Victoria und den anderen Mädchen die Kathedrale. Es ärgert mich, dass ich plötzlich so sehr in diese Liebesgeschichten verstrickt bin, dass sich Geraldine nicht mal mehr von mir verabschiedet.

Sabrina und der Junge in Schwarz tanzen die ganze Nacht. Ich langweile mich ein bisschen und streune wie die Männer, die nach Frauen suchen, im Saal herum. In einer Ecke sitzt Ezequiel. Ob Sabrina das weiß? Er tut, als starre er gedankenverloren ins Leere. Aber ich sehe, wie er Sabrinas Tanz neugierig verfolgt.

Auf dem Friedhof

Es ist sieben Uhr morgens, dunstig. Am Himmel hängen schwere Wolken. In wenigen Minuten werden sie ihren Regen auf die Straßen schütten. Die Männer in den blauen Anzügen scheinen das gar nicht wahrzunehmen. Den Blick auf den Boden gerichtet, lange Schläuche hinter sich herziehend, waschen sie, wie jeden Morgen, den Bordstein. Ich laufe die Avenida Santa Fé entlang. Aus den Bäckereien strömt der Geruch von frisch gebackenen medialunas, auf den Stufen zu einer Kirche schlafen zwei Bettler.

Ich spaziere ein letztes Mal durch die erwachende Stadt und lande schließlich vor dem Friedhofstor von La Recoleta. Man sagt, es ist einer der schönsten Friedhöfe der Welt. Eine ewige Stadt hinter hohen Mauern. Die Särge und Urnen liegen in kleinen Häusern, hinter Türen und Fenstern. Der Morgendunst umhüllt die Gassen mit einem bläulichen Schleier. Es ist still. Auf einem Platz steht ein alter Baum. Ich setze mich. Rechts, links, vorne, hinten – acht Wege laufen von allen Seiten an diesem Platz zusammen. Der

Friedhof ist ein einziges Labyrinth. Ich wähle einen, irgendeinen Weg …

»Hast du Feuer?«, fragt eine Stimme.

»Hier unten bin ich.« Die Tür von einem der Häuser ist offen, im Boden ein Schacht, der in eine Gruft führt. An beiden Seiten des Schachtes liegen Särge, und auf einer Leiter lehnt ein Junge mit einem Staubwedel: Marcello, ein junger Friedhofswärter. Er braucht Feuer für seinen Joint. Die meisten Toten in Recoleta sind hohe Generäle, Politiker oder Adelige. Evita Perón liegt hier begraben.

Ich verbringe eine Stunde mit ihm in dieser Gruft. Er erzählt mir von seinem Vater, der auch Wärter ist, und von seinen Freunden, die nicht verstehen, wie man auf einem Friedhof arbeiten kann. Aber er liebt seine Arbeit. »Man ist hier ungestört und man hat Aufstiegsmöglichkeiten.« Sein Ziel ist es, Hauptwärter zu werden. Als er im ersten Stock die Urnen putzt, fasst er sie an, als wären es Blumenvasen.

Marcello lädt mich ein, mit ihm und den anderen Wärtern zu frühstücken. In einem leeren Haus, wo noch keine Särge liegen, zwischen einem Poster von der heiligen Madonna und dem einer nackten Frau, esse ich Kekse, trinke grünen Tee und unterhalte mich mit alten Männern über Fußball. Mag ich River oder Boca? Ich mag Boca. Einer der Wärter, er hat ein ganz blaues Gesicht und raucht viel, fragt mich plötzlich, warum ich die Nacht durchgemacht habe.

»Sehe ich so müde aus?«, erwidere ich verwundert. »Nicht müde, schlaflos«, sagt er. »Ich war mit Freunden in einer Milonga.«

Er nickt: »El tango es la alegría del sufrimiento que no se puede ir a dormir (Der Tango ist die Freude am Leid, dass man nachts nicht schlafen kann).« Und er verschwindet hinter einer der Türen.

Marcello führt mich noch eine Weile durch den Friedhof. In einem Fenster entdecke ich das Foto eines wunderschönen Mädchens, das neben Blumen und Briefen auf ihrem Sarg steht. »Das ist Lucia«, erklärt er mir. »Die Sage erzählt, dass ein Junge und ein Mädchen eines Nachts vor dem Friedhof auf einer Parkbank saßen und flirteten. Als er sich über sie beugte, um sie zu küssen, sprang sie auf und lief in den Friedhof. Er lief ihr nach und suchte sie die ganze Nacht. Am Morgen fand er ihr Bild neben dem Sarg. Man sagt, er wandelte, bis er starb, jede Nacht durch Buenos Aires, von Liebeskummer gejagt, und rief ihren Namen.«

Boca

Es ist vier Uhr nachmittags. Ich habe seit 24 Stunden nicht geschlafen und fühle mich wacher denn je. Mein Flug nach San Francisco geht erst um zehn Uhr abends. Ich will dem Professor eine Flasche Wein kaufen und gehe in den Laden, wo der Weinspezialist arbeitet. Er hat den Nachmittag freibekommen und steht unschlüssig vor seinem Laden. Nachdem er mir den »besten« Wein rausgesucht hat, selbst abgefüllt, versteht sich, schlägt er vor, dass wir zusammen nach Boca fahren, dem Hafenviertel, wo der Tango geboren wurde, und dort spazieren gehen.

Es ist ein schöner Tag. Die Straßen riechen frisch nach dem Gewitter. Die Sonne scheint endlich wieder. Am Hafen liegen die Schiffe wie dicke Seelöwen am Kai. Wir schlendern durch die Straßen. Grün ist es hier und ruhig, nur ein paar Kinder, die mit einer Blechdose Fußball spielen, ab und zu ein Hund, kleine Häuser. An einer Ecke stehen ein paar Männer und grillen. Wir kaufen ein asado. Der Weinspezialist sagt, den Tango haben eigentlich die Männer erfunden. Die argentinischen Männer trugen früher immer ein Messer bei sich und bei der kleinsten Provokation ging man vor die Tür, um die Sache zu klären. »Aus diesen Messerkämpfen entstand der Tango, stell dir vor«, er spitzt zwei seiner knochigen Finger, »zwei Männer, die mit einem Messer kämpfen, zur Musik einer Ziehharmonika, die von der Sehnsucht nach einer Frau singt!«

Dann führt mich der Weinspezialist noch in eine schöne Kneipe. Ein Kellner, der lang und dünn gewachsen ist, serviert uns Wasser in einer dieser alten Sprayflaschen, die man in New York immer auf den Flohmärkten findet. Er trägt eine Weste und die Serviette überm Arm. Ich sage dem Weinspezialisten, dass ich diese Eleganz in Buenos Aires so sehr mag. Die Kellner, die einen so gekonnt bedienen, die Männer in den Milongas, die sich ihre Zigaretten mit silbernen Zippos anzünden.

Er lächelt und sagt: »Man hält uns Argentinier immer für arrogant. Dabei ist unser größtes Problem, dass wir nicht schätzen, was wir haben. Wir haben immer Sehnsucht nach etwas anderem, schauen immer rüber nach Europa, nach Frankreich, nach Italien, oder hoch, nach Amerika, und sehen nicht, in was für einem wundervollen Land wir leben.«

Wir trinken unseren Kaffee, bezahlen und gehen. Der Weinspezialist begleitet mich nach Hause. Vor der Tür erzählt er mir, dass sein bester Freund heute Morgen zehntausend Dollar verloren hat, die ihm gar nicht gehörten, die er sich nur geborgt hatte. »Was ist passiert?«, frage ich erschrocken. »Wie? Das weißt du nicht?« Der Weinspezialist sieht mich überrascht an: »Gestern ist der ganze Internetaktienmarkt zusammengebrochen.«

Mein Gott, denke ich, ich war so sehr in meinen Liebesgeschichten versunken, ich habe fast vergessen, dass es Aktien und Internet überhaupt gibt! Und auf einmal wird mir bewusst, dass ich in ein paar Stunden nach San Francisco fliege, und ich weiß genau, wen ich dort finden will …

San Francisco

Stick to work, young girl.

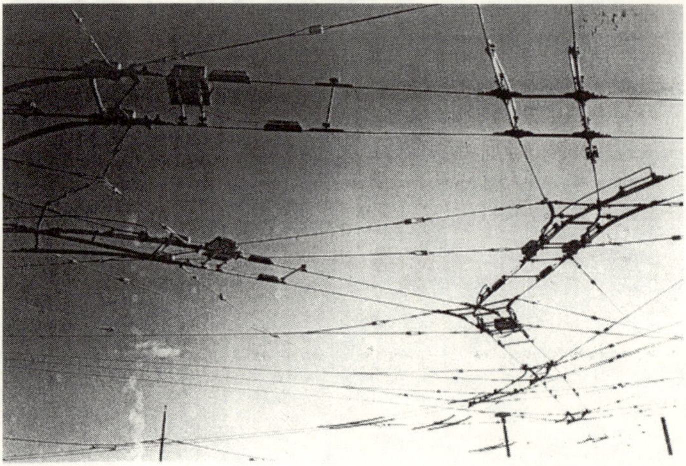

In San Francisco suche ich einen zwanzigjährigen Millionär aus der Internetwelt. Ich frage mich, wer ist das, der stundenlang hinter einem Computer sitzt, Codes eingibt und Programme schreibt, die mit einem Mausklick dann auf unseren Bildschirmen auftauchen? Und was macht ein junger Programmierer, der plötzlich Multimillionär ist, mit so viel Geld?

Außerdem suche ich einen HipHopper. Westcoast HipHop, *Pharcyde, she keeps on passin me by* – Winter, achte Klasse, Queens, New York, bei meiner Freundin Naomi Jones. Wir hörten es jeden Samstag nach einer langen Freitagnacht, lagen auf dem Sofa und träumten von der Sonne Kaliforniens. Wenn ich mit dem F-train zurück nach Manhattan fuhr und durch den Schnee nach Hause lief, sang ich es die ganze Zeit vor mich hin. Von damals kenne ich auch Ronald, einen Maler, der in San Francisco lebt und mir seine Hilfe angeboten hat.

Weil ich spätabends ankomme, soll ich die erste Nacht bei ihm schlafen. Er wohnt im Mission District, Mariposa, Ecke Alabama, in einer ehemaligen Textilfabrik und hört die Klingel nicht. Sie ist im Telefonsystem eingebaut und schaltet nach drei Klingelzeichen den Anrufbeantworter ein. Die Gegend ist leer, die Straßen glatt und gerade, gesäumt von schwach beleuchteten Fabrikgebäuden. Wie ein verlassener Filmset. Aus der Ferne dringen Großstadtgeräusche herüber und fegen im Nachtwind über die lang gestreckten Straßen. Ich warte, habe ein bisschen Angst, weil es so leer ist, warte etwa eine halbe Stunde, drücke immer wieder auf

Wahlwiederholung, bis Ronald antwortet. Er entschuldigt sich, er hat zu laut Beethoven gehört.

Ronald hat schneeweiße Haare und gibt einen Sonntagskurs für High-School-Schüler, ein »arts and film«-Programm, in dem er europäische Kunst- und Musikgeschichte unterrichtet. Ronald liebt die alten Meister. Das Erste, was ich von ihm über San Francisco erfahre, ist, dass die Dotcomers sein Viertel besetzt und keine Ahnung von Kunst haben. Die Dotcomers sind hier das Gesprächsthema. Es gibt diese, sie selbst, die sich für unentbehrlich, und jene, Ronald, die sie für überflüssig halten. Fakt ist, sie sind überall.

»Meine Straße heißt jetzt Audio Alley. Das hat sich irgendein witziger Dotcomer ausgedacht, weil hier die Internet-Musikindustrie sitzt. Jeden Tag kommt ein neuer Unternehmer mit einer großen Idee angereist, kauft ein Haus, gründet eine Firma und hofft auf die Millionen. Gold Rush 2000.« Ronald schimpft. »Sie jagen die Mieten und Kaffeepreise in die Höhe, besetzen die Parkplätze mit ihren teuren Autos und vertreiben die Latinos und Künstler, die hier seit Jahrzehnten friedlich leben. Aber mich kriegen die nicht so leicht weg«, sagt Ronald entschieden und beißt in einen Zimtkeks.

Als ich am nächsten Tag um zehn aufstehe, hat Ronald am Straßenrand gegenüber einen kleinen Garten angelegt, fünf Rosmarinsträucher. Die Tage werden wärmer, er will Grün sehen und »mit Rosmarin, da kannst du nichts falsch machen«.

Ein Haus weiter bemerke ich einen Turm, der einsam auf dem Dach eines Fabrikgebäudes sitzt, »spinner.com« steht in dicken schwarzen Buchstaben darauf geschrieben, »to spin« heißt schnell drehen – wenn DJs Platten auflegen, »spinnen« sie. Wahrscheinlich ist es eine dieser Musikfirmen, von denen Ronald gestern erzählt hat. Mir gefällt der Name wegen seiner deutschen Bedeutung. Hier will ich morgen die Suche nach meinem Millionär beginnen.

Ronald und ich fahren zu Rita. Sie ist eine Bekannte von ihm, und Ronald hat organisiert, dass ich bei ihr wohnen darf. Sie kommt aus einer sehr reichen Familie in Indien und fördert diverse Stiftungen und Projekte. Ronalds »arts and film«-Programm unterstützt sie mit 70 000 Dollar pro Jahr.

Wir halten vor einer weißen Villa in Pacific Heights. Hier sieht es so aus, wie ich San Francisco aus Filmen kenne: Viktorianische Häuser, die auf steilen Hügeln so schräg aneinander lehnen, dass man glauben könnte, sie würden allesamt den Berg runterrasseln, wenn man das oberste anstößt. Die Sonne scheint. Die Luft ist klar. Es riecht nach Meer. Auf den Straßen herrscht eine entspannte, angenehm ruhige Atmosphäre.

Rita hat zum Sonntagsbrunch eingeladen. Die Gäste nippen noch am ersten Drink. Sie alle fangen sofort ein Gespräch mit mir an. Ich mag diese Offenheit in Amerika. Auch wenn viele den Smalltalk als oberflächlich verurteilen, finde ich, dass er einem das Leben und vor allem das Neusein erleichtert.

Man unterhält sich über den dramatischen Sturz der Internet-Aktien, einige sehen jetzt ein deutliches Ende des Dotcom-Booms, andere streiten das vehement ab. Dotcomers selbst sind keine anwesend, dafür aber einige »venture capitalists«, Finanziers aus Silicone Valley, die die Existenz der Dotcom-Firmen mit ihren Geldern ermöglichen. Ritas Mann Michael ist auch einer von ihnen. Er bietet uns etwas zu trinken an. »Bist du denn schon 21?«, fragt er halb im Spaß. »Nein, erst im Juli, aber vielleicht können wir eine kleine Ausnahme machen?« Man lacht. Michael reicht mir einen Weißwein und klopft mir beruhigend auf die Schulter, er sei ja nicht so streng.

Rita bringt selbst gebackenes Bananenbrot und Blaubeer-Muffins. Sie hat in Cambridge studiert, spricht mit englischem Akzent, ist klein, zierlich, aber »tough«. Auf den ersten Blick ist zu erkennen, dass diese Frau ein gesundes, geregeltes Leben führt und

Sport treibt. Später erfahre ich, dass sie jeden Morgen Squash spielt und jeden Abend einen frischen weißen Waschlappen neben die Waschbecken legt. Schwämme mag sie nicht, die saugen Dreck auf.

Ich schlafe im Zimmer der Tochter, im ausgebauten Keller. Die Tochter ist so alt wie ich und reist gerade durch Indien. Ihre Eltern sind stolz auf sie. Nächstes Jahr wird sie ihren Master in Journalistik an der berühmten Columbia-Universität beginnen. Das Bad teile ich mir mit ihrem jüngeren Bruder. Er trägt eine Kette am Portemonnaie, hat lila gefärbte Haare, immer ein Skateboard unterm Arm und fliegt aus jedem Internat raus. Er ist das schwarze Schaf dieses guten Hauses.

Es ist das einzige Mal auf meiner Reise, dass ich bei einer Familie wohne. Rita gibt mir ein paar Schlüssel und sagt, ich soll mich wie zu Hause fühlen, ich kann alles benutzen, das Telefon, das Internet (im Wohnzimmer stehen drei Computer, die Tag und Nacht im Netz sind), kann mir aus dem Kühlschrank zu essen und zu trinken nehmen, kommen und gehen, wie ich will. Ich bin etwas verlegen, überrumpelt von so viel Großzügigkeit. Sie lächelt: »Wir haben auch eine Tochter, die allein auf Reisen ist. Wir sind genauso auf die Fürsorge anderer angewiesen wie deine Eltern. Man muss sich gegenseitig helfen.«

Das einzige Tabu in diesem Haus ist das Rauchen. Rita bittet mich inständig darum, nicht im Haus zu rauchen. Ich halte mich daran und gehe für jede Zigarette entweder in den schönen Garten oder auf die Treppen vor der Haustür. Trotzdem spricht mich Rita am folgenden Tag an, sie hätte Rauch aus meinem Zimmer gerochen. Ich versichere ihr, dass das unmöglich ist. »Nun«, sagt sie und scheint mir auch zu glauben, »dann liegt es an deinen Kleidern. Du musst sie waschen.« Ich gehe in mein Zimmer und schnuppere an all meinen Sachen. Sie hat Recht. Hier, in ihrem supersauberen Haus, riechen sie nach Zigaretten. Ich denke, dass das Waschen auch noch bis morgen Zeit hat, lüfte und sprühe ein bisschen Parfüm über meine Kleider. Kurz darauf höre ich im Flur lautes Husten und Niesen. Als ich rauskomme, steht Rita mit rotem Gesicht vor meiner Tür. Die frische Bettwäsche, die sie mir bringen wollte, ist auf den Boden gefallen. Ich erschrecke. Was habe ich getan?

Rita hat eine Geruchsallergie, auf künstliche Düfte und Zigarettenrauch reagiert sie besonders empfindlich. Jede Seife, jedes Waschmittel, selbst die Handcreme im Gästeklo ist deshalb geruchlos.

Der Millionär

Am nächsten Tag mache ich mich gleich auf den Weg zum Mission District, zu diesem »Spinnerturm«. Michael hat gesagt, ich kann den Millionär auch übers Internet finden, aber ich laufe lieber und suche ihn vor Ort. Bei Tageslicht gefällt mir die Audio Alley. Die Fabrikhäuser wurden in den Vierzigern aus Ziegelstein und Backstein gebaut. Ab und zu stoße ich auf kleine Kunstwerke, einen bemalten Zaun oder einen Hinterhof mit bunten Eisengebilden. Außer ein paar Mexikanern begegne ich niemandem, auch die wenigen Cafés sind leer, aber die Parkplätze sind alle besetzt. Unter dem strahlend blauen Himmel ziehen sich schwarze Seilkabel dahin, die zum Cable-Car-Sammelplatz führen, wo sie ein ganzes Kabelnetz bilden. Am Himmel kreuzen sich die Wege und auf der Erde fahren wir ihnen in Bussen hinterher.

An der Ecke Mariposa und Alabama treffe ich Ronald. Er befestigt ein Schild an einer Hauswand und lässt traurig den Kopf hängen. Fassungslos erzählt er, dass gestern Nacht jemand seinen Rosmarin gestohlen hat. »Wer stiehlt denn Pflanzen! In was für einer

Zeit leben wir nur?«, ruft er verzweifelt und schüttelt sein weißes Haar.

Vor dem »Spinnerhaus« übt ein Junge Skateboard-flips, ansonsten ist niemand auf der Straße. Spinner.com befindet sich im obersten Stockwerk. Im Fahrstuhl, einem alten Frachtaufzug, steht ein Sofa mit Sofatisch, auf dem diverse Musikmagazine liegen. Es ist so gemütlich, dass ich am liebsten noch ein paar Mal hoch- und runterfahren würde. Über einen langen Flur komme ich zu spinner.com. Den Firmeneingang bilden zwei gebogene Plastikwände, zwei Halbkreise, dunkelrot mit silbernem Zickzackmuster. Eine komische Installation. Dahinter liegt das Empfangszimmer, und durch eine Glaswand sehe ich das so genannte cubicle-land, das Land der Schreibtisch-Schachteln. Die Sekretärin ist beim Mittagessen. Der Security Guard sagt, ich kann hier warten, und bietet mir eine kalte Cola an. An der Wand hängen Schnappschüsse von verschiedenen Firmenfeiern, die, wie der Eingang, ein cooles, relaxtes Firmenimage wiedergeben. Ein junger Mann steht davor und sieht sich die Fotos an. Ich frage ihn, ob er hier arbeitet und weiß, was spinner.com ist. Er nickt freundlich und erklärt, spinner.com ist der größte und der erste Internet-Musik-Service. Sie senden wöchentlich 22 Millionen Lieder über ihre verschiedenen Internet-Radiokanäle in die Welt. Außerdem bieten sie auf ihrer Website Informationen über alle möglichen Bands an und sagen, wo man sich welche Lieder am günstigsten bestellen kann. Ich frage ihn, ob er einen zwanzigjährigen Millionär kennt. Da sagt er: »Jap, mein Boss.«

Ich glaube, wir haben uns missverstanden, und wiederhole meine Frage. Der Mann lächelt, nein, nein, es stimmt. Justin Frankel ist zwanzig, hat den MP3-Player Winamp erfunden und ihn vor einem Jahr für 70 Millionen Dollar an AOL verkauft. AOL hat daraufhin spinner.com und Justins Firma Nullsoft zusammengelegt. Der Mann deutet auf das cubicle-land hinter der Glaswand: »Da drin sitzt er. Er sagt, er ist zu jung für ein eigenes Chefbüro.«

Um Justin kennen zu lernen, muss ich zuerst mit seiner Pressesprecherin reden. Der Mann holt sie. Sie ist etwa Ende zwanzig, blond und freundlich. Sie nennt mir einige Internetadressen, wo ich mehr über Justin erfahren kann. Bevor wir einen Termin vereinbaren, will sie einen Presseausweis sehen. Ich versuche ihr zu erklären, dass ich ein Buch schreibe und keinen solchen Ausweis besitze. Sie lächelt, wieder sehr freundlich, AOL bestimme die Regeln, nicht sie. Kein Presseausweis, kein Interview.

Wir einigen uns darauf, dass der Verlag ihr eine Bescheinigung aus Deutschland schickt und sie sich dann bei mir meldet. Ich nutze die Zeit, um andere Firmen zu besuchen: listen.com, sonicnet.com, audiosoft.com, in jedem Haus gibt es mindestens eine. Von außen ist nichts weiter zu sehen als die leere Straße und Fabrikgebäude mit geschlossenen Garagentoren. Aber sobald man diese Gebäude betritt, gelangt man in schicke, helle Lofts und findet zahllose cubicle-lands, in denen es von eifrig tippenden Dotcomers nur so wimmelt.

Trotz des dramatischen Aktiensturzes gibt es noch immer so viele Dotcom-Firmen, dass die Firmenchefs auf alle möglichen Ideen kommen, um ihre Firma besonders attraktiv zu machen. Hier steht mitten im Raum ein Trampolin, woanders gibt es Tischfußball oder aufblasbare Sumo-Anzüge für Sumowrestlingfreaks oder aber eine Masseuse, die jeden Dienstag kommt. Überall finde ich schicke Küchen mit frischem Obst, Fruchtsäften, Müsliriegeln und anderen Snacks. Die Leute laufen barfuß oder in Socken herum, bringen ihre Hunde, Katzen, ja sogar einen Papagei mit ins Büro und laden ihre Freunde nach Feierabend ein. Arbeit macht Spaß, und wir sind jung, das ist die Devise. Mich überrascht die gute Laune, denn in den Zeitungen steht, dass täglich mehr und mehr Investoren ihre Gelder abziehen.

Auf meinen Rundgängen lande ich eines Vormittags im South Park, einem kleinem Park, der ganz versteckt hinter den Fabrikgebäuden am Ende einer Sackgasse liegt. Früher gehörte er den Drogenabhängigen, heute den Dotcomers und ihrer Mittagspause. Teure Autos und neue italienische Restaurants winden sich wie ein schicker Gürtel um die grüne Fläche. Man sitzt auf Jeansjacken oder auf den Schaukeln des kleinen Spielplatzes und isst Foccacia-Sandwiches.

Im Schatten eines Baumes liegt ein Junge, der das ganze Gesicht voller Piercings hat. Wir kommen ins Gespräch. Er heißt Woody Wicks und arbeitet bei clickwork.com. Er muss den ganzen Tag die E-Mails der Kunden beantworten, wobei er einfach nur Sätze abtippt, die im Voraus von jemand anderem formuliert wurden. »Das ist die Fließbandarbeit der heutigen Zeit.« Er sagt, die Leute, mit denen er arbeitet, sind »walking contradictions – wandelnde Widersprüche«, sie wählen liberal, reden über Umweltschutz, Tierrechte und dass man verhindern muss, dass die Welt nur noch von großen Konzernen beherrscht wird, aber sie investieren in Aktien, sitzen Tag und Nacht vor dem Bildschirm und gehorchen den großen Firmen aufs Wort. Er verabschiedet sich und geht zurück an die Arbeit. Aus seiner Hosentasche hängt eine Socke.

In San Francisco lebe ich wieder am Tag. Ich stehe jeden Morgen um zehn Uhr auf, hole mir bei Rostys meinen Café Latte im Styroporbecher mit Plastikdeckel und Trinkloch und für 50 Cents den *San Francisco Chronicle* aus dem Zeitungskasten. Ich liebe es, die zwei Quarters in den Schlitz zu werfen, die Klappe aufzumachen und die dicke Zeitung rauszuholen. Dann warte ich auf das cable car, mit dem ich die Union Street entlang nach Downtown fahre. Die Strecke ist eher kurz, aber weil das cable car an jeder Straßenecke hält, brauche ich dafür mindestens eine Stunde. Diese Stunde ist mir heilig. Ich lese die Zeitung, sehe die schicken Läden von Pacific Heights vorbeiziehen, das surrende Chinatown, wo das cable car immer ganz voll wird, die Hochhäuser des Financial District, wo die meisten Leute wieder aussteigen, bis ich schließlich im weiten, breiten Land der alten Fabriken angekommen bin.

Im cable car begegne ich täglich irgendwelchen Leuten, die mich in irgendwelche Gespräche verwickeln. Gestern zum Beispiel saß eine Frau mit grellpinkem Lippenstift neben mir und sagte: »My happier days were my working days. Now I have to try to keep busy (Mir ging es besser, als ich noch arbeitete. Jetzt muss ich täglich nach einer Beschäftigung suchen). Stick to work, young girl.« Daran muss ich immer wieder denken, die Arbeit ist ein guter Schutz vor Einsamkeit und vielleicht das beste Mittel gegen Sehnsucht.

Heute ist der Fahrer ein Chinese. Ich sitze ganz vorne auf dem Platz für Behinderte. Zwei alte Damen sitzen mir schräg gegenüber. Sie sehen ungepflegt aus. Ihr Haar ist verfilzt, auf den Schultern liegen Schuppen und ihre Jacken riechen nach Secondhand-Laden: muffig. Neben ihnen liest ein Mann die Gesamtausgabe von Aristophanes. Sein Haar und sein Bart sind grau, ich weiß nicht genau, wo der Bart anfängt und das Haar endet. Irgendwie ist alles zusammengewachsen.

Ein sehr dicker Mann betritt jetzt das cable car, sein Bauch hängt aus dem T-Shirt, tropft über die Hose. Und als er sich umdreht, sehe ich, dass die Hose nur die Hälfte des Hinterns bedeckt, sehe die Ritze und eine Warze. Es ist wirklich ein sehr ekliger Anblick. Er schnauft. Ich kann seinen Atem riechen. Ich drehe mich weg. Aus dem Augenwinkel sehe ich, wie er die ganze Zeit auf meinen Platz starrt. Er ist aber nicht alt und nicht behindert, also werde ich auch nicht aufstehen.

Nächster Halt. Eine zerbrechliche, alte Asiatin mit einem schweren Koffer steigt ein. Ich stehe auf, um ihr meinen Platz zu geben, aber der Dicke ist schneller. Als das cable car wieder losfährt, fällt die Frau fast um, ihre Hand erreicht die obere Stange nicht, und sie kann sich nirgendwo festhalten. Die alte Asiatin muss stehen, und der dicke Mann macht es sich auf meinem Platz bequem. Ich gehe angewidert nach hinten.

In der letzten Reihe sitzt eine Gruppe von etwa sechzehnjährigen Mädchen, baggy pants und hooded sweatshirts. Sie unterhalten sich über ihren Traum, zusammen ein Hotel zu kaufen und dort gemeinsam einzuziehen. Dann steigen sie aus, und ich setze mich hin. Ein Obdachloser kommt rein und nimmt neben einer wunderschönen schwarzen Frau Platz, die sich jetzt mit einem Papier Luft zufächert, denn der Obdachlose stinkt. Er stinkt so sehr, dass ich durch den Mund atme. Ich denke an Kuba und wie dort jeder seinen letzten Peso für Parfüm ausgibt.

Ein Schwarzer mit Goldkette und lustigem Gesicht fragt mich, woher ich meine Turnschuhe habe.

»Aus Berlin.«

»Oh, du kommst nicht von hier?«

»Nein.«

»Wie lange bist du schon hier?«

»Seit einer Woche.«

»Wie lange bleibst du?«

»Noch zwei Wochen.«

»Willst du hier leben?«

»Ich weiß nicht. Woher kommst du denn?«

»Ursprünglich aus Seattle. Aber ich warte darauf, dass mein Sohn achtzehn wird, dann will ich nach Florida ziehen.«

»Ich war nur einmal in Florida, eine Stunde auf dem Flughafen von Miami« (dabei ziehe ich an der Schnur, die über meinem Kopf hängt, weil ich an der nächsten Station aussteigen will).

»Ich fliege nie. Ich fahre nur an die Orte, die ich mit dem Greyhound-Bus erreiche. Wenn der Fahrer verrückt ist, kann ich immer noch aus dem Fenster springen und mich auf den Boden schmeißen. Like to be close to earth, you know!«

Er wünscht mir noch eine gute Reise, lobt nochmal meine Turnschuhe und hofft, mich eher sooner als later wieder zu sehen.

Die Pressesprecherin von Justin Frankel hat die Bescheinigung längst erhalten und ruft mich nicht zurück. Es ist sieben Uhr, und der Spinnerturm glüht in der Abendsonne. Um diese Zeit verlassen viele Angestellten ihre Büros. Ich gehe zu spinner.com hoch, setze mich ins Wartezimmer, nehme mir ein Heft und blättere. Die Sekretärin packt gerade ihr Handy, einen Lippenstift und einen Stapel Visitenkarten in ihre lacklederne Handtasche. Vielleicht geht sie später auf eine Dotcom-Party. Sie fragt mich, zu wem ich will. »Ich warte auf einen Freund, er kommt gleich raus«, spinne ich und blättere weiter. Sie nickt zufrieden, schaltet ihren Computer aus und holt ihren Mantel. Als sie weg ist und der Security Guard gerade nicht aufpasst, nutze ich die Gelegenheit und schleiche mich ins cubicle-land.

Justin ist der Sitzriese, dessen roter Schopf über die Quadrate ragt wie der Spinnerturm über die Dächer vom Mission District. Ich habe im Internet Artikel über ihn gefunden, die ihn als sehr groß und rothaarig beschrieben. Er muss es sein. Er lehnt in einem Drehstuhl, die Füße auf dem Schreibtisch, in Socken. Neben seinem iMac häufen sich Chinese-take-out-Schachteln, Chipstüten, Red Bull und Hunderte CDs. Es ist ein leises Lautsein hier, in einigen Ecken wird schnell und konzentriert getippt, in anderen ducken sich Köpfe hinter ihren Bildschirm und diskutieren flüsternd. Am Fenster spielt ein Mann Playstation, und in der Mitte des Raumes steht eine große Plastikpalme.

Ich laufe zielgerade auf ihn zu, stelle mich vor und erzähle kurz und knapp von meiner Reise. Er sieht mich misstrauisch an, nimmt die Füße vom Tisch und sagt, er hat bereits von mir und meiner Suche nach einem zwanzigjährigen Millionär gehört. Er gibt keine Interviews. Ich sage, das kann nicht sein, ich habe im

Internet verschiedene Artikel über ihn gefunden, die von Begegnungen mit ihm sprechen und ihn zitieren. Er zuckt mit den Schultern. Ich erkenne die Pressesprecherin, die sich zwei cubicles weiter mit einem Mann unterhält. Sie hat mich noch nicht gesehen.

»Hier ist kein guter Ort zum Reden«, sage ich, »wann können wir uns treffen?« Justin mustert mich von oben bis unten. Er zögert. »Heute Abend zum Essen?«, frage ich weiter. Er ist unschlüssig. »Italienisch?« Er schaut sich um. Im Büro geht alles seinen Gang. Die Pressesprecherin steht immer noch mit dem Rücken zu mir. Dann antwortet Justin kurz:

»Bei Jackson Fillmore, auf der Fillmore Street.«

»Pacific Heights? Oh, da wohne ich, wunderbar, um acht?«

»Um acht.«

Jackson Fillmore ist ein schickes Restaurant, wo auch Rita und Michael gerne essen gehen. Ein Teller Spaghetti kostet hier zwanzig Dollar.

Justin steigt aus einem Audi. Er sieht aus wie ein college boy: ausgelatschte Pumas, Gap-Jeans, Baseball-Kappe, schlaksiger Gang. Er ist etwa zwei Meter groß und duckt sich ständig, wie jemand, dem seine Größe unangenehm ist, der lieber ein paar Zentimeter kleiner – wie seine Freunde – wäre. Die Schultern hängend, den Rücken leicht nach vorn gebeugt, lässt er die Hände in den Hosentaschen, die ausgeleiert sind, was kaum auffällt, weil die Jeans locker sitzen, nicht zu eng, nicht zu weit, normal eben, wie ihre Farbe, ein mattes, mittleres Blau. Das hellrote Haar ist im Nacken kurz geschnitten, vorne fallen ihm zwei blondierte Locken ins Gesicht. Er hat Sommersprossen und einen Ziegenbart. Wir setzen uns ans Fenster.

Ich freue mich, dass er gekommen ist, und bin bester Laune. Justin scheint alles gleichgültig. Ich versuche, die Stimmung etwas aufzulockern, erzähle ihm von meiner Reise und von meiner Vergangenheit. Er hört gelangweilt zu und macht mir den Smalltalk sehr schwer. Als ich erwähne, dass ich ein Jahr in Madrid gewohnt habe, zeigt er zum ersten Mal Interesse. Er will auch nach Spanien ziehen. Er muss aber zuerst Spanisch lernen und ein paar Projekte beenden, er kann sich jetzt noch nicht freinehmen. Wir bestellen das Essen.

Justin grüßt den Kellner verlegen. Ich frage mich, ob er hier auch mit seiner Freundin essen geht und sich jetzt ertappt fühlt. Ich frage mich, ob er überhaupt eine Freundin hat. Auf den Fotos, die in seinem Büro hängen, sah ich ihn diverse Male Arm in Arm mit dem blonden, hübschen, sehr amerikanisch aussehenden Mädchen.

Es vergehen einige Minuten dieser typischen, unangenehmen Stille, wenn man spürt, dass man sich nicht viel zu sagen hat. Na ja, denke ich, man muss schließlich nicht mit jedem gleich die große Freundschaft schließen. Ich hole mein Notizbuch raus und stelle ihm meine Fragen.

Als Justin aufs College kam und dort Kurse in Computerwissenschaften belegte, wusste er bereits mehr als seine Lehrer. Er sagt, das ist nichts Besonderes, es gibt viele wie ihn. Den ersten Computer hat ihm sein Vater geschenkt, als er acht Jahre alt war. Er ist mit Videospielen und Bildschirm groß geworden. Wenn er nicht mit seinen Freunden durch die rote, steinige Wüste von Arizona kurvte, wo er geboren und aufgewachsen ist, saß er immer in seinem Zimmer am Computer. Mit sechzehn nahm er an einem Wettbewerb teil und baute eine »fork bomb«, ein Programm, das sich so lange selbst zerteilt, bis es das gesamte Computersystem überschwemmt und lahm legt. Innerhalb einer Stunde hatte er damit jeden Rechner im Raum infiziert. Selbst die Spezialisten von der Jury, die für das Wohlbefinden der Computer verantwortlich waren, konnten die Rechner nicht mehr retten. Justin gewann den

Preis. Schmunzelnd fügt er hinzu, dass im nächsten Jahr verkündet wurde: Wer schädliche Programme schreibt, wird sofort disqualifiziert.

Er stochert im Salat, sucht mit einer fast mathematischen Genauigkeit nach den Oliven, die er fein säuberlich am Rande des Tellers aufreiht. Dann beginnt er mit dem Essen. Das College langweilte ihn so sehr, dass er es bereits nach zwei Semestern verließ. Er sah keinen Sinn darin, in einem acht mal zwölf Fuß kleinen Zimmer mit einem Zimmernachbarn, den er nicht mochte, Hunderte Kilometer von seinen Eltern und Freunden entfernt leben zu müssen, zumal er sich das Programmieren sowieso alleine beibrachte.

Kurz nachdem er wieder zu Hause war, entwickelte er Winamp, seinen MP3-Player. MP3 ist das Speicherformat, in dem man Musikstücke durchs Internet verschicken und runterladen kann. Der MP3-Player ist sozusagen die Stereoanlage des Computers, auf der man dann die MP3-files abspielt. Damals, 1997, gab es aber noch keine Software, die sich wirklich mit einer Stereoanlage vergleichen ließ. Das nervte Justin. Er wollte ein Stereosystem für MP3s entwickeln, das genauso gut oder noch besser war als die Musikanlage neben seinem Bett und das es erlauben würde, »die MP3-tracks wie in einer Jukebox auf dem PC laufen zu lassen«.

Er verbrachte seine Tage und Nächte nur noch vor dem Computer. Ab und zu kam seine Mutter und erinnerte ihn, zu essen und zu lüften. Im April 1997 war es dann so weit: Winamp 1.0 wurde geboren. Justin stattete seine Software mit allen denkbaren Facetten aus. Mit eingebautem Schwankungsmesser, Track-Info, Name des Sängers und Liedes, Zeitangabe, sample rate, shuffle, repeat, position slider, bass equalizer usw. Dazu kreierte er ein System, mit dem man die Reihenfolge der Lieder auf einer CD ändern und seine eigene Reihenfolge bestimmen konnte.

Nach weiteren schlaflosen Nächten stand winamp.com im Netz

und der Welt ein neuer MP3-Player zur Verfügung. Wer wollte, spendierte zehn Dollar, wer nicht wollte, konnte ihn sich umsonst runterladen.

Das alles erzählt Justin trocken und gelangweilt. »Winamp war also der erste brauchbare MP3-Player!«, bewundere ich. Er zuckt mit den Schultern, etwa zur gleichen Zeit kamen auch andere auf den Markt. Aber ich weiß aus Zeitungsartikeln, dass Justins Software nach 18 Monaten über 15 Millionen Mal heruntergeladen wurde und täglich 40 000 Leute die Website besuchten. Sein Vater, ein Anwalt, riet ihm daraufhin, eine Firma zu gründen. Justin engagierte seine besten Freunde, etwa ein Dutzend Zwanzigjährige, die die Datenbanken der Verbraucher kontrollierten, die Website auf dem neuesten Stand hielten und coole Designs entwarfen. »Ohne sie wäre Winamp niemals zustande gekommen«, sagt er zu mir und schiebt den leeren Salatteller zur Seite. Diese Freunde erwähnt er immer wieder und dass man in diesem Beruf auf gute Freunde angewiesen ist. Sie nannten sich »Nullsoft«, er lächelt, eine höhnische Anspielung auf Microsoft. All dies geschah in Arizona, in seinem Zimmer, im Haus seiner Eltern, wo er, wenn AOL nicht gekommen wäre, noch heute leben würde, weil er die weite Wüste über alles liebt.

Dank Winamp gehörte Justin plötzlich zur Elite der jungen Computerfreaks und zum Underground des Internets, zu genau den Leuten, die Internet-Giganten wie AOL verachten, weil sie sagen, dass diese den Markt mit schlechten, veralteten Systemen und hohen Preisen monopolisieren.

Justins Erfindung (er sagt, es war nicht nur seine und nur eine von vielen) löste eine Lawine aus, die die gesamte Musikindustrie veränderte. Die Tatsache, dass man Musik endlich übers Internet hören und bearbeiten konnte, öffnete neue Türen. Jetzt entwickelten Leute wie der berühmte Napster-Junge Websites, auf denen Millionen von Liedern gespeichert und ausgetauscht wurden und die sich jeder, der einen MP3-Player und einen CD-Brenner besaß, von seinem Computer runterladen und auf CD brennen konnte. Man brauchte für Musik nichts mehr zu bezahlen, man konnte endlich an Lieder rankommen, die man schon seit Jahren suchte und in keinem Laden fand. Dass diese Geschichte nun juristische Probleme mit sich brachte, ist bekannt. Die Plattenfirmen begannen die Erfinder zu verklagen.

Auch Justin entwickelte ein »illegales« Programm: »gnutella«, mit dem man, ähnlich wie bei Napster, gegenseitig Musikstücke und auch Videofilme austauschen konnte. Aber AOL nahm gnutella nach dem Kauf aus dem Netz und untersagte Justin weitere »illegale« Aktivitäten. Dafür wurde Justin, so las ich es in den Artikeln, heftig kritisiert. Es hieß, Justin hat sich verkauft, er ist nicht mehr der coole Erfinder und Hacker, sondern ein braver Angestellter, der für Geld vom digitalen Untergrund zum Internet-Mainstream übergewechselt ist.

Als ich dieses Thema vorsichtig ansprechen will und das Wort Hacker benutze, unterbricht mich Justin. Er macht mich darauf aufmerksam, dass das Wort Hacker von den Medien falsch definiert wird. Ein Hacker wird beschuldigt, Viren zu versenden und private Informationen zu stehlen. Wenn ein Hacker in ein System einbricht, tut er das laut Justin nicht nur, um etwas zu stehlen, sondern auch, um das System zu verstehen, um Lücken zu finden. Denn sein Ziel ist es immer, ein neueres und besseres System zu kreieren. Justin sagt, dass es heutzutage viele Programme gibt, die billiger und leichter zu bedienen, aber der allgemeinen Öffentlichkeit gar nicht bekannt sind, weil ihnen die großen Firmen den Zugang zum Markt verwehren. Justin spricht von diesen Untergrund-Programmen mit großer Bewunderung, den hysterischen Dotcom-Wahn hingegen belächelt er verächtlich. Er geht am Wochenende nicht zu den berühmten, wilden Dotcom-Partys, die in den tollsten Lofts stattfinden, wo Champagner wie Wasser fließt.

Er fährt in seiner Freizeit Autorennen in den Hügeln von Palo Alto oder spielt mit seinen Freunden Minigolf.

Ich frage ihn, ob er sich selbst einen Hacker nennen würde? Seine kleinen Augen, die wie versteckt unter den Brauen liegen, scheinen noch kleiner zu werden. Er lenkt ab und bestellt mehr Brot. Dann sagt er, so ganz nebenbei, während er ungeduldig nach dem Kellner Ausschau hält: »Früher vielleicht, heute nicht mehr.« Wir schweigen. »AOL?«, frage ich leise. Er guckt mich vorwurfsvoll an. Ich habe das Gefühl, etwas Falsches gefragt zu haben, so wie: Wann hast du deine Freundin zum ersten Mal betrogen?

»Sie riefen an, luden mich zum Abendessen nach Seattle ein, legten mir einen Scheck über 70 Millionen Dollar auf den Tisch, wollten mich nach San Francisco holen, Nullsoft kaufen und mit Spinner vereinen. Und ich hab's gemacht.« Mehr sagt er nicht. Mit dem Brot ist auch sein Fisch gekommen, und er stochert wieder, diesmal nach den Gräten. Die Stimmung ist wie ein eingefrorener Bildschirm, reglos. 70 Millionen Dollar, denke ich, 70 Millionen! Meine Phantasie fährt Achterbahn, mein Gott, was würde ich mit so viel Geld alles tun? »Was hast du denn als Erstes mit dem Geld gemacht?«

Er hat seine Familie für eine Woche nach Tahiti in den Club Med eingeladen, sich den neuen Audi gekauft, und den »Rest« verwaltet sein Vater. Irgendwann wird er sich in Arizona ein Haus bauen, auf einem Hügel, mit Blick auf Sedona, seine Heimatstadt, aber das hätte er auch ohne die 70 Millionen getan. Er hebt den Kopf und sagt ernst: »Ich habe mein Leben lang Geld gehabt. Ich hatte nie Geldsorgen. Geld war einfach immer da. Und durch den AOL-Deal wird sich daran nichts ändern. Das ist alles.«

Ich gucke in mein Wasserglas. Ich habe vergessen, dem Kellner zu sagen, dass ich keine Eiswürfel mag. Justin will eine Fischgräte vom Tisch schnippen, sie klebt aber stur an seinem Finger. Dieses ganze Millionärgerede nervt ihn, platzt es plötzlich aus ihm heraus, es geht allen immer nur um sein Geld. Geld, Geld, Geld. Aber er programmiert nicht wegen des Geldes, sondern weil es ihm Spaß macht. Für wen und wie viel, ist ihm völlig egal. Ihm ist wichtig, was er entwirft. »Ich weiß jetzt, wer meine richtigen Freunde sind«, fährt er fort, und die hat er zu Spinner mitgenommen. Sie interessiert es nicht, ob er Millionär, Firmenchef oder sonst was ist. Dann schweigt er wieder, und ich trinke mein kaltes Wasser.

Das Gespräch entspannt sich, als ich ihn frage, was Winamp von den anderen MP3-Playern unterscheidet und woran er gerade arbeitet. Er taut auf, wird lebhaft, sobald er von den verschiedenen skins, den Designs, erzählt. Winamp bietet nicht nur verschiedene Sorten an, sondern jedem die Möglichkeit, sich seine eigene skin zu entwerfen. Das gilt auch für die plug-ins, die graphischen Soundwellen, die bewegten Bilder, die in allen Farben und Formen zum Takt der Musik über den Bildschirm tanzen. Man kann zum Beispiel seine eigenen Fotos einscannen und wie einen Film passend zu den Liedern abspielen. Er findet es wichtig, dass ein Programm dem Benutzer so viel Freiraum wie möglich für eigene Ideen lässt. Seine neueste Software heißt shoutcast, damit kann man seine eigene Radiostation im Internet eröffnen. Er schwärmt mir von ihr vor, erwähnt jedes Detail, erzählt frei, leidenschaftlich, guckt an mir vorbei und spricht, als wäre ich auch ein Programmierer, der seine Sprache versteht.

»Was ist dein größter Traum?«, frage ich ihn.

»Das fehlerfreie Programm. Leicht zu bedienen und so gut gesichert, dass es kein Hacker aufbrechen kann. Danach suchen wir alle«, sagt er und bestellt ein Erdbeereis.

Das Essen hat genau eine Stunde gedauert. Punkt neun will Justin gehen. Als wir an der Tür sind, sagt er zu mir, dass er jetzt ein Filmprojekt vorbereitet, bei dem es um die Ausbeutung der Medien geht und um Leute, die unschuldige Menschen für ihre Zwecke benutzen und der Öffentlichkeit falsch präsentieren. Er sieht mich dabei abfällig an, so wie Ronald einen Dotcomer ansehen würde, dem er zufällig vor seiner Haustür begegnet.

Die Geschichte mit Justin nimmt ein etwas eigenartiges Ende. Bevor er in seinen Audi steigt, sagt er, ich kann ihn jederzeit anrufen, falls ich noch Fragen habe. Plötzlich tut er ganz versöhnlich und freundschaftlich. Aber ich erreiche ihn nie mehr. Ich habe tatsächlich noch Fragen bezüglich seiner Programme. Aber er spielt das Telefon-Versteckspiel. Das erste Mal, als ich ihn anrufe und meinen Namen erwähne, legt er auf. Dann geht er nicht ran, weil er meine Nummer auf seinem Display erkennt. Und als ich ihn von einer Telefonzelle aus anrufe, reicht er den Hörer an seine Freundin weiter, die sagt, er ist nicht da. Im Hintergrund höre ich jedoch seine Stimme und Gelächter. Ich maile ihm, aber er antwortet nicht. Wahrscheinlich hält er mich für eine ausbeutende Journalistin, die von Computern nichts versteht und einen zwanzigjährigen Millionär aus der Internetwelt sucht, weil das einen guten Titel, eine gute Schlagzeile abgibt.

Ich frage mich, wie er sich verhalten hätte, wenn ich ihm in Madrid auf der Plaza Santa Ana in einer Bar begegnet wäre. Wahrscheinlich hätte ich nie erfahren, dass er ein Multimillionär ist.

Der HipHopper

Es ist zehn Uhr morgens, und ich helfe Ronald, die schweren Kostüme in sein Loft zu tragen. Um die Künstler der Französischen Revolution zu besprechen, müssen sich seine Schüler als Jakobiner verkleiden. Ronald sagt, die beste Art, eine Zeit zu begreifen, ist, in ihr drinzustecken. Während eine Spezialistin die Perücken pudert und Ronald die Rauchmaschine in Gang setzt, die für den symbolischen Kriegsnebel sorgen wird, spaziere ich schon wieder durch die Straßen und genieße den späten Sonntagmorgen. Es ist heiß wie im Hochsommer, nur die kühlen Schatten der Fabrikgebäude erinnern an den Monat April. Ich gehe so vor mich hin und denke an Justin. Ob er bei diesem Wetter ein Autorennen mit seinen Freunden macht oder vorm Computer sitzt und an shoutcast arbeitet? Vielleicht schmiert er sich gerade ein Nutellabrot zum Frühstück.

Plötzlich höre ich am anderen Ende der Straße laute Reggae-Musik. Vor einem hochgezogenen Garagentor stehen ein paar Leute um einen Grill und präparieren Schweinerippen mit Barbecuesoße. Sie winken mir zu, laden mich ein, nicht so schüchtern, die Tür ist offen, jeder kann mitfeiern. Im Inneren der Garage riecht es nach Klebstoff, überall hängen Masken aus Pappmaché, Fledermausflügel, Löwenköpfe, Elefantenohren. In der Mitte steht ein bunt bemaltes Auto, an dem jeder, der vorbeiläuft, ein bisschen rumschraubt. Der Besitzer, ein hagerer Hippie, stellt sich als Paradekünstler vor. Er hat auf jeder Parade einen festen Wagenplatz und zeigt mir das neueste Kostüm, den Roboter aus Müllresten, seine Interpretation eines Dotcomers. Er und die anderen sind die letzten Hippies im Mission District. Er reicht mir eine Liste. Ich soll auch den Antrag an den Bürgermeister unterschreiben und mithelfen, die Mieterhöhung zu verhindern.

An der Hauswand sitzen zwei Jungs, die Beine in die Sonne gestreckt, und rauchen genüsslich einen Joint. Ich schätze sie auf Mitte zwanzig. Der eine trägt das lange, dünne blonde Haar in einem langen Zopf und rollt nachdenklich ein Skateboard vor und zurück, während der andere, dessen kurzes Haar zerzaust ist, ein Feuerzeug schüttelt, das nicht zünden will. Dan, der Ruhigere von beiden, ist DJ. Brad ist Graphiker und momentan arbeitslos. Als ich erfahre, dass Dan auch HipHop auflegt, frage ich ihn, ob er nicht zufällig einen zwanzigjährigen HipHopper kennt. Da sagt er doch tatsächlich: »Jap, mein Nachbar.«

Erst neulich hat Dan mit ihm wieder ein paar Lieder aufgenommen. Der Junge hat noch keinen Plattenvertrag und bis jetzt nur kleine Auftritte im Viertel gehabt, aber er kann reimen. »Und wie! Und er hat lauter verrückte Ideen«, ergänzt Brad eifrig. Ich klatsche fröhlich in die Hände. Ich habe mich die letzten Tage immer wieder gefragt, wie ich es bloß anstellen soll, einen HipHopper zu finden. Mit dem Gedanken, als Mädchen allein auf ein Konzert zu gehen und fremde Typen anzusprechen, konnte ich mich nicht anfreunden. Und so, wie ich durch den Mission District gelaufen bin und bei jeder Dotcom-Firma angeklopft habe, kann ich schließlich nicht durchs Ghetto laufen. Ich frage die beiden, ob sie ein Treffen mit diesem Nachbarn arrangieren können. Kein Problem, sie haben ein Auto und bringen mich hin. Dan sagt besorgt, als spräche er von seinem kleinen Bruder: »Ich hoffe nur, er ist zu Hause.«

Eine halbe Stunde später sitze ich in ihrem Auto auf dem Weg nach Oakland, eine Stadt, die etwas kleiner als San Francisco und ganz nah ist. Wir halten in West Oakland an, in der gleichen Straße, in der Huey Newton, einer der führenden Black Panthers, 1989 erschossen wurde. Die heruntergekommenen Häuser, die schlendernden Schwarzen und die Sonne, die alles verschönert, erinnern mich an Havanna. Dan erzählt, dass in manchen Kellerräumen der Häuser die Black Panthers ihre ersten Versammlungen abhielten, Angriffe planten und zum Kampf gegen den Rassismus aufriefen. Dreimal pro Tag karren hier Busse die Touristen durch, und jeder Führer erzählt die Geschichte ein bisschen anders. Manche meinen, die Panthers waren eine Gruppe gewalttätiger Terroristen, andere nennen sie Freiheitskämpfer und beschuldigen das FBI, und wieder andere versuchen unparteiisch zu bleiben. »Fakt ist«, kommentiert Brad, »es hat sich nicht viel geändert, die Schwarzen werden noch genauso missachtet wie vor 30 Jahren. Aber es gibt eine neue Panther-Bewegung in Washington.« Ich frage sie, ob es schwierig ist, als Weiße hier zu wohnen. Nein, sie leben hier seit einem Jahr und wurden weder überfallen noch blöd angemacht, sie sind friedliche Kiffer und werden als solche akzeptiert.

Das Haus von Dan und Brad schwimmt in einem Meer von Pflanzen. Um von der Einfahrt zur Tür zu gelangen, muss ich Blätter wegschieben und darauf achten, keine Blumen zu zertreten. Brad ist Hobbygärtner. Während er grünen Tee aufsetzt, gehen Dan und ich zum besagten »Nachbarn«. Sein Haus hat eine Veranda und eine Fliegengittertür, die offen steht. Eine dicke schwarze Mama erscheint. Auf dem Arm hält sie ein Baby, das sie stillt. Dann kommt ein etwa vierzehnjähriges Mädchen heraus, das mich genervt und doch neugierig mustert. Sie fächert ihre frisch lackierten Fingernägel. Und dann kommen viele kleine Jungs, die fünf Brüder. Alle drängen sich um die Türschwelle und starren mich an. Etwas verunsichert erkläre ich der Mutter, wer ich bin und dass ich mit ihrem Sohn sprechen möchte. Sie ruft streng und laut: »Jason!« und fordert mich auf, im Wohnzimmer zu warten, wo ein älterer Bruder vor laufendem Fernseher schläft. Die kleinen Jungs folgen mir, einer versteckt sich hinter dem anderen. Jason kommt entschiedenen Schrittes die knarrende Treppe herunter, schiebt die Kinderschar zur Seite und führt mich auf die Veranda. In der einen Hand hält er ein beschriebenes Blatt Umweltpapier, mit der anderen reibt er sich die Augen. Die Mittagssonne blendet ihn, er scheint heute noch nicht draußen gewesen zu sein. Er versteht sofort, was ich von ihm will, und sagt, er zieht nur schnell seine Schuhe an. Zehn Minuten später kehrt er zurück, nach Aftershave duftend, in gebügeltem Hemd und frischer Hose.

Wir gehen ins Haus von Dan und Brad rüber. Dan führt uns die Treppe hoch in sein Zimmer, das bis unter die Decke mit Platten und Mischpulten voll gestopft ist. Die beiden unterhalten sich über einen neuen Beat, den Dan gefunden hat. Jason setzt sich auf einen Drehsessel, will aber sofort wieder aufstehen, als er merkt, dass es der einzige Stuhl im Raum ist. Ich schüttle den Kopf und setze mich ihm gegenüber auf die Bettkante. Dan sagt, wir können so lange chillen, wie wir wollen, und verlässt den Raum. Jason und ich werden beide ein bisschen verlegen. Er versucht, sich mir von seiner besten Seite zu zeigen, und ich versuche cool zu sein. Als ich mein Diktiergerät aufstelle, entspannt sich die Situation. Er prüft das Mikrophon, erkundigt sich, ob ich auch genug Batterien habe, und fängt gleich an zu erzählen. Während er spricht, schlagen seine Füße den Beat zur Melodie seiner Sätze. Ruhig und rhythmisch. Nur manchmal sprudeln die Gedanken so schnell aus ihm heraus, dass er kaum mit den Worten hinterherkommt.

Als Erstes stellt er sich vor: Jason wird Gramps (von grandpa) genannt. Er bekam diesen Namen, weil er immer der Jüngste in seiner Gang war. Er ist mit seinem Bruder, den Cousins und deren Freunden aufgewachsen, die alle vier bis sechs Jahre älter sind. Er sagt, er hat deshalb vieles zu früh erfahren: Sex, Kriminalität und Drogen. Für manche Dinge muss man ein bestimmtes Alter haben, um wirklich zu verstehen, was man eigentlich erlebt. Aber es war auch ein Vorteil, immer der Jüngste zu sein. Er hat viel von den Älteren gelernt, und wenn sie von der Polizei geschnappt wurden, war er zu jung für den Knast.

Am 4. Juli 1999 wurde einer seiner Cousins erschossen. Er betont das Datum. Der 4. Juli ist der Unabhängigkeitstag der Vereinigten Staaten, ihr Symbol für Freiheit und Gerechtigkeit. Erschossen. Der Klassiker: in einem drive-by. Sie laufen die Straße runter, ein Auto fährt vorbei, wird plötzlich ganz, ganz langsam, jemand kurbelt das Fenster runter und boom. Der Cousin verblutet in seinen Armen. »I hussle and grind«, sagt Gramps im gleichen Atemzug. Er verkauft Crack. Nicht, weil er will. Ihm bleibt nichts anderes übrig. Einen Job bekommt er nur schwer. Er ist vorbestraft. Das geht schnell hier. Du stehst mit Freunden an der Ecke, die Bullen halten an, sind schlecht gelaunt, durchsuchen dich, finden auf dem Boden eine aufgerauchte Tüte oder besser noch eine leere Sprühdose, das reicht sofort als Grund für die Verhaftung, einen Anwalt kannst du dir nicht leisten, und schon bist du vorbestraft. Drei solche Strafen, und du musst 25 Jahre sitzen. Das Gesetz heißt: Three strikes you out.

Seine Mutter hat acht Kinder. Die Hilfe, die ihnen der Staat gibt, reicht gerade für die Miete. Den Vater hat er nie gekannt, der ist gleich nach seiner Geburt abgehauen, abgehauen und durchgedreht, hat noch versucht, die Großmutter und das Haus anzuzünden. Dann kam einer, der sich plötzlich »Papa« nannte, ein Stiefvater, der Vater seiner jüngeren Geschwister. Gramps liebt sie über alles, aber ihr Daddy ist auch nur ein crackhead, hat die Mutter geschlagen und war eines Morgens einfach nicht mehr da. Im Grunde genommen ist die Einzige, die ihm immer den Rücken deckt, seine Mutter.

»Wir nennen uns Adalessons, meine Gruppe und ich.« Es geht ums Aufwachsen in West Oakland. Sie schreiben sich nicht mit o und c, wie man das Wort »adolescence« auf Englisch normalerweise schreibt, sondern mit a und s. Das ist wichtig, weil jeder einzelne Buchstabe eine Abkürzung ist, was dem ganzen Namen eine doppelte Bedeutung gibt: *A*bused *D*eck *A*lways *L*unitic *E*quals *S*uper *S*icotic *O*akland *N*iggas (Missbrauchte Immer Verrückte Gleich Super Durchgeknallte Oakland Niggas).

»Der Name ist wichtig«, wiederholt Gramps und wippt mit dem Kopf vor und zurück. Adoleszenz steht für Aufwachsen, für Aufwachen. »Wo ich herkomme«, sagt er, »da programmiert dich die Gesellschaft von Geburt an. Uns alle. Deine Art zu denken. Alle denken gleich. Das ist wie mit den Jordans. Irgendwann mal hat einer gesagt, die Jordans sind die coolsten Turnschuhe, dann wollen alle nur noch Jordans tragen, und wer keine hat, ist ein outcast.« Gramps trägt keine Markenkleidung, er kann sie nicht bezahlen. Für ihn ist wichtig, dass sich Schuhe lange halten. Aber er würde sich, wenn er das Geld hätte, auch die neusten Jordans kaufen. »Leider« ist er auch einer von denen, die sich davon beeinflussen lassen. Neunzehn Jahre lang programmiert, aber letztes Jahr ist er irgendwie aufgewacht. Seitdem versucht er, dagegen anzukämpfen, unabhängig zu denken und herauszufinden, wer er wirklich ist und was er mag.

Die Adalessons hat er mit seinem besten Freund gegründet. Der heißt BOB alias Big Old Bobby. Der ist so groß wie, Gramps überlegt einen Moment und sucht nach dem passenden Vergleich, wie ein Hausboot, er würde auch genauso laufen, immer von einer Seite zur anderen schaukeln. Sie haben sich in der zehnten Klasse kennen gelernt, als sie an einem Freitagnachmittag zusammen im Büro des Direktors saßen und auf ihre »Strafe« warteten. Gramps hatte eine Eidechse aus dem Bio-Lab geklaut (er sammelte sie damals in Gläsern) und ein Mitschüler hatte ihn verpetzt. Außerdem hatte er schlechte Noten und viel geschwänzt. Die beiden mussten drei Monate lang, bis zu den Sommerferien, jeden Freitag zusammen nachsitzen. Da fingen sie an zu reimen, gegen die Lehrer, über das schlechte Essen in der Cafeteria, über die schönen Mädchen in der Parallelklasse und immer wieder über »die Straße« und das Aufwachsen im Ghetto von Oakland. Seit 1994 machen er und BOB alles zusammen. Alleine schaffst du es hier nicht.

Von unten hören wir Brad in der Küche klappern, er räumt auf oder kocht. Gramps dreht sich im Stuhl, »was er da macht, das ist ein guter Beat«. Sein allererstes Lied schrieb er mit neun Jahren. Es erzählt die Geschichte von einem Frosch: Er chillt ganz entspannt auf seinem See, als ein Mädchen am Ufer ihre Füße wäscht. Als er sie sieht, ist er sofort verliebt. Für sie singt er nun jede Nacht, bis sie ihn küsst, und boom, da ist er in West Oakland aufgewacht.

Reptilien sind seine Lieblingstiere. Eidechsen! Frösche! Weil sie kaltes Blut haben. Er denkt, dass sein Blut auch kalt ist. Weil er anders fühlt als die anderen. Die hetzen den ganzen Tag, »I gotta do this, I gotta do that«. Aber ihn, ihn lässt das alles kalt, »I see beyond that (da seh ich drüber weg)«. Die Natur ist ihm heilig. Zusehen, wie aus einem Samen eine Pflanze wächst, das findet er wunderschön. Gramps mag »shiny clothes and shiny cars«, aber nicht so gerne wie Eidechsen oder eine Marihuanapflanze. Die ganzen Maschinen, die findet er ja toll, er könnte auch gar nicht ohne sie leben. Technologie ist eine gute Sache, aber sie wird uns eines Tages umbringen. So sieht er die Zukunft. Er glaubt nicht, dass sich die Menschen gegenseitig zerstören werden oder dass irgendeiner den Atomknopf drückt und »boom«, er wirft seine Arme in die Luft, »alle sterben«. Nein – es sei denn, so ein Irrer kommt an die Macht. Aber das wird nicht passieren. Die Umweltverschmutzung, die Abgase, das Abholzen, die Natur vergessen, das wird uns umbringen.

Neue Welt, neue Generation, davon hält er nicht viel. In all den Science-Fiction-Filmen hat er keinen einzigen Baum gesehen. Er spricht von der Zerstörung der Ozonschicht, kennt sich genauestens damit aus, von chemischen Formeln bis zu den verschiedensten Gasen. Als ich ihn frage, woher er das alles weiß, sagt er, dass er viel Fernsehen guckt, nachts, den Discovery Channel oder das Weltwunder-Programm, deshalb weiß er auch so viel über Tiere.

Gramps will in einer Welt leben, die grün ist, er will frische Luft atmen, auf einer großen Wiese nackt rumlaufen, Orangen pflücken und in seinen tribs chillen. Er lächelt und sein Goldzahn blitzt. Es sind Träume, die Realität ist immer anders, das weiß er schon. Er schaut den Ringen nach, die er beim Rauchen bläst, langsam schweben sie durch Dans Zimmer, bis sie sich zwischen den Platten in Luft auflösen.

Gestern hat er ein Lied geschrieben, *Deconstructing construction*. Wenn Menschen etwas konstruieren, müssen sie sich doch überlegen, wie sie die Dinge wieder dekonstruieren. Die Geräte, die sie herstellen, die haben ja keinen natürlichen Tod. Was soll mit all den alten Telefonen, Kühlschränken und Computern passieren? Man kann ja nicht davon ausgehen, dass sie von selbst wieder zu Staub werden. Wenn du eine Maschine baust, dann wird sie die nächsten 1000 Jahre nicht verschwinden. Also, bevor du eine neue konstruierst, musst du dir erst mal überlegen, wie du die alte wieder dekonstruierst, oder nicht?

»Jason!«, höre ich seine Mutter rufen. Gramps dreht sich zur Tür. Sie kommt die Treppe herauf, betritt Dans Zimmer aber nicht, sondern bleibt diskret auf der letzten Stufe stehen. Sie will wissen, wo sein Bruder Shawn ist.

»Bei Shaniqua, vielleicht.«

»Ich hab ihn zum Supermarkt geschickt.«

»Dann wird er wohl gleich wiederkommen.«

»Er braucht ganz schön lange«, sagt sie und poltert laut wieder die Treppe runter.

»Mütter«, bemerkt Gramps verlegen, »haben Angst, wollen nicht, dass ihre Kinder auf der Straße rumhängen.« Ich frage ihn, woher seine Familie kommt, und er lehnt sich wieder zurück. Seine Großmutter kommt aus England, sein Großvater aus Louisiana, der Vater seines Vaters war Kreole und dessen Frau Indianerin. »I am multiracial«, sagt er, »nicht schwarz, nicht weiß, nicht rot und nicht gepunktet. Ich bin ich, Gramps. So sollte das Leben sein. Jeder ist, was er ist. Nicht mehr, aber auch nicht weniger. Das Leben muss doch eine Chance haben, friedlich zu sein, und der einzige Weg zum Frieden ist: sich zurückzulehnen, fuck you sagen und eine Tüte rauchen.«

»I am multiracial and multitalented«, fügt er nach einer kurzen Pause hinzu. Dabei zieht er das »i« in die Länge, wie einen Ton auf dem Akkordeon. Er liebkost jeden Buchstaben, jeden Klang, jedes Wort. Er genießt das Sprechen, und es ist ein Genuss, ihm dabei zuzuhören.

»Ich bin multitalentiert. Ich rappe, ich schreibe Reime, Gedichte, Lieder für meine Schwester, die singt, ich male, ich kann Akrobatik, ich kann alles tun, was ich will. Ich bin ein Mensch, der keine Grenzen hat. Die einzige Hürde«, er tippt sich mit dem Finger an die Stirn, »ist dein Kopf.« Und er erzählt mir von seinen Projekten, von den vielen Ideen, die er später verwirklichen will.

Er hat sich zum Beispiel ein Videospiel ausgedacht, auch schon die einzelnen Figuren gemalt, mit Buntstiften, weil er ja leider keinen Computer hat. Ein Spiel wie »Streetfighter«, aber sein Spiel soll realer sein und viel mit Reisen zu tun haben: Der Spieler fängt in der Antarktis an und will gegen jemanden kämpfen, der in Indien sitzt. Dafür muss er von der Antarktis nach Indien kommen. Er darf nicht schummeln, nicht übers Wasser laufen, er muss schon richtig reisen. Das ist das Spiel. Und wenn er in Indien angekommen ist, ist der Meister dieses Levels der indische Guru, den er schon gemalt hat. Gramps will, dass die Umgebung, in der man kämpft, richtige Aufnahmen aus Indien sind, damit die Leute sehen, wie es dort aussieht, und wirklich das Gefühl haben, in Indien zu sein.

Er bemerkt die lange Asche an meiner Zigarette und reicht mir den Aschenbecher. Dann fährt er fort.

Er möchte auch ein interaktives Schauspielprogramm kreieren. Nicht auf der Bühne, sondern im richtigen Leben, im Alltag oder auf einer Insel. Zuerst lernt man die Schauspieler kennen, damit die Stimmung relaxed ist und man sich wohl fühlt. Dann fährt man mit ihnen zwei Wochen nach Jamaika, und dort spielen sie einem die ganze Zeit was vor. Er betont, dass der Gast immer zwei, drei Tage Ferien haben muss, Essen und Hotel im Preis mit drin. Eine Szene hat er schon geschrieben, die am Flughafen. Du fährst also in deiner Limo zum Flughafen und sitzt in der Wartehalle. Plötzlich geht eine Terroristenattacke los, aber die Leute, die sterben, sind die Schauspieler, sterben also nicht wirklich. Und sowieso würde er ganz groß auf die Anleitung schreiben, dass Leute mit Herz- oder Asthmaproblemen für dieses Spiel nicht zugelassen werden und starke Nerven brauchen. Er hat sich bereits erkundigt, ist zur City Hall gegangen und hat sich ein Buch mit Adressen von Sponsoren besorgt. Jetzt muss er nur noch ein Exposé schreiben. »Die Dinge bewegen sich vorwärts«, sagt er, »langsam, aber sicher«, auch mit seiner Band. Neulich sind sie in einer Sporthalle in Oakland aufgetreten. Es läuft, es geht voran. Aber es ist nicht leicht.

»Was würdest du mit 70 Millionen Dollar machen?«, frage ich ihn. Gramps lacht. Diese Frage gefällt ihm.

Erst mal würde er eine Nacht lang nur Spaß haben, seine Freunde einladen, in einem fetten Auto ganz langsam durch die Straßen fahren, mit lauter Musik, und alles vergessen. Und dann, nach ein paar Tagen, wenn er sich daran gewöhnt hat, Millionär zu sein, »denn das ist ja erst mal ein Schock, auch für die Freunde«, würde er seiner Mutter ein wunderschönes Haus kaufen. Dann würde er eine Weltreise machen, eine eigene Grasplantage anlegen, vielleicht auch einen kleinen Zoo gründen, sich die teuersten, schicksten, schönsten Klamotten und Autos kaufen, und dann, nachdem er seine Familie und auch seine Freunde für die nächsten Jahre versorgt hat, würde er das Geld hier in West Oakland investieren, für die Kinder, die so aufwachsen müssen wie er. Denn als er klein war, da hatte er immer so viele Fragen, was ist, wenn dies oder wenn jenes passiert? Er würde versuchen, alle diese vielen »Wenns«, die man als Kind hat, in »Danns« zu verwandeln. Dazu fällt ihm selbstverständlich auch wieder eine Reihe von Projekten und Ideen ein.

Nach drei Stunden beendet er das Gespräch, indem er sich wie ein alter Mann auf einem Schaukelstuhl zurücklehnt, die Hände im Schoß faltet und sagt: »Aufwachsen in Oakland, Kalifornien. Es liegt an dir. Du kannst rumsauen, im Knast landen, erschossen oder berühmt werden. Oder einfach ein Mensch sein. Und das allein ist schon sehr viel wert. Mein Traum ist die Musik. Ich liebe

Musik. Sie ist international. Ich kann einen Beat schreiben und ihn in Deutschland spielen, in Japan oder auf den Philippinen. Musik kann dich traurig machen oder glücklich. Sie kann Erinnerungen wecken. Musik schützt die Gesellschaft davor, verrückt zu werden.«

Jason hat einen Traum. Er möchte die Straße entlanglaufen und hören, wie ein kleiner Junge seine Reime singt, die er, Gramps, hier in Oakland zwischen acht Geschwistern und den lauten Rufen seiner Mutter geschrieben hat, die ihm eines Nachts einfach so eingefallen sind. Und dieser Junge in seinem Traum singt, als wäre das Lied sein eigenes.

Gramps und ich gehen in die Küche. Brad hat tatsächlich alles aufgeräumt. Aber es stört ihn nicht, dass Gramps jetzt ein Omelett mit Bananen macht, damit ich es probiere. Es ist sein Lieblingsessen, schmeckt zuerst etwas eigenartig, dann aber lecker. »Noch

besser wäre es, wenn wir frische Erdbeeren hätten«, sagt Jason träumerisch. Seine Mutter kommt wieder, Jasons Freundin ist am Telefon. Sie ist bei der Marine und ruft aus Hawaii an. Warum bei der Marine? Weil sie aus dem Ghetto raus wollte, weil die amerikanische Armee die Ausbildung bezahlt und weil sie Medizin studieren will. Gramps nennt sie: meine Verlobte. Vielleicht werden sie im nächsten Jahr heiraten. Er lächelt, »wenn ich noch am Leben bin«.

Dan und Brad begleiten mich zur U-Bahn. Es ist spät, als ich zu Hause ankomme. Rita schläft, sie hat das Licht im Flur für mich angelassen. Es weht ein Wind vom Meer. Ich wickle mich in meinen großen Schal ein, der wie eine Decke um meine Schultern liegt, und rauche eine Zigarette auf der Treppe. Der Tag bei Jason war so schön, dass ich wieder mal am liebsten länger bleiben würde. Morgen früh fliege ich nach Vietnam. Eine neue Suche, eine neue Stadt, die Reise geht weiter …

Der Insektenforscher

Auf dem Flug nach Hongkong suche ich mir in meinem Reiseführer billige Hoteladressen heraus und gucke nach Restaurants, denn ich will in Hanoi einen jungen Koch finden.

Aber auf dem Flug von Hongkong nach Hanoi bringt mich mein Nachbar auf eine bessere Idee. Kurz vor der Landung fängt das Flugzeug so sehr an zu wackeln, dass ich denke: Marie, jetzt kommt das Ende. Mein Nachbar schüttet mir versehentlich sein Wasser über den Schoß. Er ist Insektenforscher, Vietnamese, lebt aber in Kanada. Er sagt, er mag Hanoi nicht, es ist laut, nass und »stinky«. Während das Flugzeug Achterbahn fährt, erzähle ich ihm stockend von meiner Reise, und als ich den endgültigen Absturz befürchte, erzählt er mir, Kaugummi kauend und entspannt, von illegalen Moped-Rennen, die nachts in Hanoi stattfinden. Die Rennfahrer sind genau in meinem Alter. »Und wo kann ich die finden?«, frage ich, als wir endlich die Landebahn berühren und sogleich wieder abheben. »Sie fahren spätnachts um den Hoam-Kiem-See. Die Polizei versucht, das zu stoppen. Aber sie kriegen sie nicht.« Und mit seiner unerschütterlichen Ruhe fügt er hinzu, »du findest sie leicht. Die Rennfahrer sind überall.«

Nach einem weiteren heftigen Aufsetzen kommt das Flugzeug endlich zum Stillstand. Der Mann wünscht mir viel Glück, und wir verlieren uns im Koffergewusel.

Hanoi

Vy … Wie?

Hai packt die Schlange am Schwanz, dann schlägt er sie auf den Boden. Der flache Kopf klatscht auf die Kacheln. Sie verdreht sich, zuckt, züngelt und zischt. Hai reißt sie hoch und schlägt sie wieder auf die Kacheln, wieder und immer wieder, als wolle er die Kacheln auspeitschen. Die Schlange windet sich und faucht um ihr Leben. Noch einmal lässt Hai ihren Kopf auf den Boden klatschen, dann bleibt sie reglos liegen. Sie ist anderthalb Meter lang, vielleicht auch etwas länger. Blitzschnell dreht er sie auf den Rücken, stößt ihr ein dünnes, scharfes Messer direkt unter dem Kopf in den Leib und schlitzt sie bis zum Schwanzende auf. Mit seinen langen Fingernägeln fährt er in den Schnitt, zieht das Herz heraus und legt es behutsam in ein Schnapsglas. Das Herz sieht aus wie eine zerquetschte Kirsche. Es pocht noch. Hai gießt einen hochprozentigen Reisschnaps darauf. »Trink«, sagt er zu mir, »es ist das sicherste Gegengift.« Ich halte das Glas und starre seinen Inhalt wie hypnotisiert an. Das Blut steigt wie Rauch in der durchsichtigen Flüssigkeit auf. Immer noch pocht das Herz. Schließlich überwinde ich mich und nehme einen klitzekleinen Schluck. Er schmeckt bitter und brennt im Mund. Ich schüttle mich und reiche das Glas an Vy weiter. Vy trinkt nie Alkohol, aber auch er will sich dem Ritual nicht entziehen und führt das Glas an seine Lippen. Und immer noch pocht das Herz …

Das Schlangendorf Le Mat liegt etwa zwanzig Minuten außerhalb von Hanoi. Zwischen den unzähligen Restaurants, die sich hier

Tür an Tür reihen, hat Vy das O' Sin ausgesucht. Ich dachte, das ist ein englischer Name und bedeutet »Oh, Sünde«, was ja gut zu einem Schlangenrestaurant passen würde, aber es ist Vietnamesisch und heißt übersetzt: »Eine japanische Frau, die sehr viel Erfolg mit ihren Geschäften hat.«

Hai, der Besitzer, erklärte mir, dass dieser Name seinem Restaurant Glück bringt. Sein Familienbetrieb spezialisiert sich seit vielen Generationen auf Schlangenzucht, Schlangenweine und Schlangenmedizin. Dementsprechend stehen im Empfangszimmer verschiedene große und kleine, breite und dünne Flaschen und Gläser, in denen alle Sorten von Schlangen eingelegt sind. Eine ganze Wand voller verdrehter, glibschiger Schlangen mit starren Augen und offenen Mäulern, aus denen die gespaltenen Zungen raushängen.

Als ich das Restaurant betrat, erschrak ich. Doch dann ließ mich der Anblick nicht mehr los. Ich stand wie gebannt vor dieser Wand, bis mir Hai seinen langen Fingernagel in die Schulter bohrte, um mit mir das Essen auszusuchen.

Hai ist mir unheimlich. Er hat eine dunkle, sonnenverbrannte Haut, zerkaut beim Rauchen die Filter der Zigaretten und fängt mit seinen hin und her flitzenden, listigen Augen alles ein. Meine Bewegungen, meine Blicke, meine Gedanken, ich habe das Gefühl, dass Hai sie alle registriert.

Er führte mich in den umzäunten Innenhof, wo die lebenden Schlangen wie Lianen von den Ästen eines Baumes hingen, und pflückte eine grünlich schimmernde Schlange aus dem Wipfel. »Gefällt sie dir?«, fragte er, während sich die Schlange um seinen Unterarm kringelte, »es ist eine Ran Luc (eine Nachtbaumnatter), gut gegen Kopfschmerzen.« Ich nickte ängstlich. Einmal hat ihn so eine Ran Luc gebissen, er hat noch heute eine dicke Narbe am Handgelenk. Seine Schlangen sind giftig, je giftiger, desto teurer. Bevor man sie isst, muss man ein Gegengift trinken, einen starken Alkohol …

Jetzt trägt Hai die tote Ran Luc aus dem Esszimmer, so wie ein Bräutigam seine Braut über die Schwelle trägt, über die Arme gelegt, mit stolzer, siegessicherer Miene. Sein Sohn huscht herein, wischt das Blut von den Kacheln und verschwindet wieder.

Das Zimmer, in dem Vy und ich sitzen, hat getönte Fensterscheiben. Hinter ihnen flimmert die Nachmittagssonne, und die Straße verschwimmt wie ein unscharfes Bild. Außer dem Rauschen der Klimaanlage ist es völlig still. Hai hat mir gesagt, dass die Schlangenzucht absolute Stille erfordert, deshalb ist es im Schlangendorf so leer und so leise. Wenn Vy und ich auf dem Moped durch die überfüllten, lauten Straßen von Hanoi fahren, denke ich, ich befinde mich auf einem Kanu, das sich durch wilde Bäche kämpft. Hier ist es, als säßen wir auf einer verlassenen Lichtung tief unten auf dem Meeresgrund.

Hai kehrt mit zwei Flaschen vietnamesischem »Tiger Beer« zurück und erkundigt sich, ob der Raum auch kühl genug ist. Es ist eiskalt. Vy lehnt das Bier ab und bestellt eine Cola. Hai ist etwas verwundert, dass ich, die Frau, Bier trinke und rauche und Vy, der Mann, nicht trinkt und nicht raucht. In Vietnam gilt es als unfein, wenn eine Frau raucht. Rauchen ist dreckig und schlecht für die Haut. Die Männer sind alle Kettenraucher. Vy ist der einzige männliche Vietnamese, den ich kenne, der weder trinkt noch raucht. Und er lässt mich bei jeder Zigarette spüren, dass ich mir an ihm ein Beispiel nehmen sollte, indem er sich demonstrativ die Nase zuhält.

Wir sind die einzigen Gäste. Weil Vy nur sehr wenig Englisch und ich gar kein Vietnamesisch spreche, warten wir schweigend auf den ersten Gang. Vy hat seine Latschen ausgezogen und schaukelt auf dem Stuhl hin und her.

Vy wird ausgesprochen wie »Wie«. Als ich ihm zum ersten Mal begegnete, konnte ich nicht glauben, dass er einer dieser »egoistischen, gefährlichen, boshaften« Moped-Rennfahrer ist, von denen ganz Hanoi spricht. Vy sieht überhaupt nicht aus wie ein Rennfahrer. Jedenfalls nicht so, wie der Polizist die Rennfahrer beschrieben hatte. Er trägt keine Ray-Ban-Sonnenbrille, gelt sein Haar nicht zurück wie die Hongkong-Schauspieler, besitzt keine Honda Rebel (die Moped-Version der Harley-Davidson), geschweige denn eine Suzuki. Er benutzt die wackelige Honda Dream seiner Mutter – die ihm kein eigenes Moped kauft, weil sie nicht will, dass er Rennen fährt – und besiegt die Schnelleren mit seiner Slalomkunst. Seine Frisur ist einfach, ein Topfschnitt, vorne fallen die Haare flach über die Stirn, hinten sind sie kurz. Meistens trägt er ein T-Shirt, auf dem »Spirit« steht, ausgeblichene Hosen, die er unten aufrollt, und Plastiklatschen, in denen er lautlos dahingleitet. Auf der Straße wäre er mir niemals aufgefallen.

Der Polizist hatte mir sehr davon abgeraten, einen Rennfahrer zu suchen. Abgesehen davon, dass die Rennen illegal sind und ich mich strafbar machen kann, soll ich mit diesen »egoistischen, gefährlichen, boshaften Kreaturen, die ganz Hanoi vergiften«, besser nichts zu tun haben. Sie rauchen Heroin, sind mit chinesischen Messern und Böllern bewaffnet, fahren zu zweit, zu dritt, zu viert auf einem Moped, verschwenden das Geld ihrer Eltern und fordern den Tod und nicht das Leben heraus. Der Polizist, der eine Zigarette nach der anderen rauchte und dabei, genau wie Hai, die Filter zerkaute, hat es sich zu seinem persönlichen Ziel gemacht, diese teuflische Spezies auszurotten. Er erzählte mir stolz, dass er letzte Woche 40 Rennfahrer verhaftet hat, und er wird sie »alle, alle einfangen«. Er kämpft auch dafür, dass sie strenger bestraft werden. Momentan bekommt ein Rennfahrer, der ohne Führerschein gefahren ist, bis zu 22 Monate Gefängnis, sein Beifahrer bis zu 12 Monate. Vy erklärte mir später, dass nur wenige Rennfahrer ihre Strafen absitzen müssen, weil sie meistens Söhne wohlhabender und einflussreicher Familien sind.

Ich hatte den Polizisten lange vor Vy kennen gelernt, über Mr. Hoa, einen Geschäftsmann, der regelmäßig ins Golden Cox kam, die Backpacker- und Touristenkneipe von Hanoi. Er hatte mein Gespräch mit dem Barkeeper mitgehört. »Früher«, meinte der Barkeeper und mixte einen Singapur Sling für Mr. Hoa, »war alles anders. Die Polizei war nicht so streng, und die Rennfahrer fuhren vor Publikum um den Hoam-Kiem-See. Man konnte sie daran erkennen, dass sie weiße Tücher um den Kopf gebunden hatten, ein Zeichen dafür, dass sie den Tod nicht fürchteten. Aber heute, wo die Polizei überall Wachen aufstellt, ist es unmöglich, einen Rennfahrer zu finden.« Mr. Hoa fragte mich, warum ich einen Rennfahrer suche. Er trug einen weißen Anzug, schwärmte von Ho-Chi-Minh-Stadt und sagte, Hanoi und diese Rennfahrer, das sei alles viel zu provinziell. Er ist Chef einer Beratungsfirma in den zwei schicksten Hochhäusern der Stadt, den Hanoi Towers. Ich erzählte ihm von meiner Reise. Er reichte mir seine Visitenkarte und sagte, vielleicht kann er mir helfen.

Drei Tage später verabredeten wir uns in seinem Büro. Ein Rennfahrer sollte dort auf mich warten. Die Sekretärin führte mich in den Konferenzsaal. Ich fand drei ernste Gesichter vor: Einen besorgten Mr. Hoa, einen in Zivil gekleideten Polizisten und seinen kleinen Bruder, der ein einziges Mal an einem Rennen teilgenommen hatte und mit trauriger Miene schwor, es wäre der größte Fehler seines Lebens gewesen. Ich hatte Angst, dass mir der Polizist Schwierigkeiten machen würde, aber er blieb sehr freundlich, sprach mit tiefer Stimme, erwähnte immer wieder Heroin, chinesische Messer, tragische Todesfälle, Illegalität und sagte, ich soll lieber über tüchtige, strebsame Vietnamesen schreiben und mir die schönen Pagoden angucken. Währenddessen saß sein kleiner Bruder schweigsam am Tisch und pellte das goldene Papier einer Schachtel Vinataba-Zigaretten ab, bis nur noch die weiße Pappe übrig blieb, dann begann er die Schachtel langsam zu zerreißen.

Am Ende des Gespräches reichte mir der Polizist seine Visitenkarte. Ich soll ihn anrufen, falls ich doch einem Moped-Rennfahrer begegnete. Dann wollte er noch wissen, ob ich verheiratet bin. Ich nickte und verließ das Gebäude.

Diese ernsten Worte machten mich nur noch neugieriger. Ich wollte wissen, wer diese Rennfahrer waren. Alle hatten sie gesehen, alle konnten mir Geschichten erzählen, alle meinten, sie sind überall zu finden, aber keiner konnte mir einen vorstellen. Vielleicht trauten sie mir, einer Ausländerin, nicht. Vielleicht schämten sie sich. Vielleicht hatten sie Angst vor der Polizei, wer weiß.

In keiner Stadt war mir eine Suche so schwer gefallen wie in Hanoi. Ich hatte nächtelang an dem besagten Hoam-Kiem-See gewartet, war bis zum Morgengrauen durch die Straßen gelaufen und immer wieder erfolglos in mein Hotel zurückgekehrt. Der verschlafene Concierge schnurrte und murrte vor sich hin, weil er für mich den Rollladen wieder hochziehen musste, den er nach Mitternacht immer runterließ. Er wusste bereits, wer da klopfte. Er war genervt. Er ist immer genervt, wenn er irgendwas arbeiten muss. Thuy, so heißt er, schläft in Unterhemd und Shorts in der Eingangshalle zwischen den Erdhügeln (es wird gerade ein Seidenladen in der Empfangshalle gebaut) auf einer dünnen Matratze. »Und?«, fragte er mich jede Nacht. »Nichts«, antwortete ich und stieg die schmale Treppe zu meinem Zimmer hoch.

Ich hatte die Postkartenverkäufer am Hoam-Kiem-See gefragt, und sie hatten mir Stellen gezeigt, wo sich berühmte Unfälle zugetragen hatten und Rennfahrer tödlich verunglückt waren. Sie kannten vielleicht ein oder zwei Gesichter, aber keine Namen und keine Adressen. »Die Rennfahrer kommen, wenn sie kommen. Ohne Ankündigung«, sagte einer der Verkäufer zu mir und versprach, Ausschau zu halten. Aber jedes Mal, wenn ich dann zu ihm ging, sagte er nur, sie wären seit Tagen nicht mehr erschienen.

Ich erkundigte mich bei den Mädchen im Stoffladen, wo ich mir einen Schlafanzug hatte nähen lassen. Aber auch sie schüttelten nur ihre Köpfe. Nein, mit solchen Leuten würden sie nicht verkehren. Das sei keine gute Gesellschaft für junge Mädchen.

Ein Moped-Wächter* sagte mir, ich soll es in der Food Street versuchen, einer kleinen Gasse, in der man die ganze Nacht über Essen kaufen kann. Die Rennfahrer würden dort gegen vier Uhr morgens sticky rice essen und Tee trinken. Ich wartete. Vergeblich.

Langsam wurden die Rennfahrer für mich zu einer Legende, an die ich glaubte, nicht, weil ich sie mit eigenen Augen gesehen, sondern weil ich hin und wieder, mitten in der Nacht, entferntes Knattern und Sausen gehört hatte. Der Insektenforscher im Flugzeug hatte gesagt, sie seien überall. Aber überall war nirgendwo. Mir blieb nur noch eine letzte Hoffnung: Ich musste »die drei Italiener« finden.

Vor Beginn meiner Weltreise hatte ich mir für jede Stadt eine Adresse organisiert. Nur für Hanoi konnte ich keine finden. Bis ich Peter traf, der für den gleichen Regisseur die Filmausstattung machte, für den ich auch in Berlin gearbeitet hatte. Ich erzählte ihm von meinem Projekt, und er sagte: »In Hanoi kenne ich drei Italiener, die eine Pizzeria aufgemacht haben.« Er hatte keine Telefonnummer, keine E-Mail-Adresse, er kannte nur den Namen von einem der drei: Alex.

Ich machte mich also auf die Suche nach Alex. Laut Reiseführer gab es fünf Pizzerien in Hanoi. Als Erstes fragte ich in der Pizzeria am Hoam-Kiem-See, an der ich oft vorbeigelaufen war. Der Besitzer war Vietnamese und schüttelte unfreundlich den Kopf. Als Nächstes ging ich in die Pizzeria auf der Phu Hang Thung, der Schachtelstraße. Dort rief ein Mädchen »wait, wait«, lief aus dem Lokal und kam mit einem älteren Mann zurück, der nochmal

* In Hanoi gibt man sein Moped an einen Mann, der am Straßenrand steht und den man dafür bezahlt, auf das Moped aufzupassen.

»wait, wait« sagte und dann mit einem weiteren Mann zurückkam, der ein bisschen mehr Englisch sprach, mich anhörte und dann ebenfalls den Kopf schüttelte. In der dritten, vierten und fünften Pizzeria das gleiche Kopfschütteln. Nirgendwo kannte man einen Italiener.

Auf dem Weg zurück zum Hotel kam ich an einem Restaurant vorbei: La Dolce Vita. Es sah nicht aus wie eine Pizzeria, aber es hatte einen italienischen Namen. Hinter der Theke standen zwei vietnamesische Kellnerinnen. Sie mixten Limonade und unterhielten sich fröhlich. Die eine trug eine große Brille und fragte mich, was ich hier will. »Ich suche einen Italiener namens Alex«, sagte ich. »Alex!«, rief sie, »du bist also die lang vermisste Ehefrau von Alex?« Die beiden kicherten. Sie nahm das Telefon und sagte in den Hörer:

»Alex, hier ist ein Mädchen, das dich heiraten will. Ich bring sie sofort zu dir.« Binh, so hieß das Mädchen mit der Brille, griff unter die Theke, zog ein Schlüsselbund hervor und forderte mich auf, ihr zu folgen. Draußen setzte sie sich mit entschiedenem Schwung auf ihr Moped, lachte und rief mir zu, ich soll aufsitzen. Sie sprach ein schnelles, sicheres Englisch und lachte viel. Wir mochten einander sofort. Auf einer großen Straße hielten wir ruckartig vor einem Restaurant, das den schönen Namen Luna d'Autunno trug. »Ich muss wieder zurück«, sagte sie, »viel Spaß und komm mich mal besuchen.« Dann brauste sie davon.

Alex ist Mitte 30, trägt immer ein Seidenhemd und feine Sandalen aus Leder, die er unterm Tisch auszieht, überall vergisst und deshalb immer sucht. Er bot mir eine Limonade an, die er selbst zubereitete, weil sein Kellner das noch nicht so gut kann wie Binh. Er freute sich, Nachrichten aus Deutschland zu hören, und sobald ich Peter erwähnt hatte, behandelte er mich wie eine verlorene Verwandte.

»Ich dachte, ihr habt eine Pizzeria aufgemacht?«, fragte ich ihn,

»ich hab alle Pizzerien in Hanoi abgeklappert.« Alex grinste. Ja, das Luna d'Autunno sollte eine Pizzeria werden, aber Alex und Gino hatten Paolo getroffen, den besten Pizzabäcker von Hanoi, und der war es leid, immer nur Pizza zu backen, und wollte endlich auch mal andere Sachen kochen, so ist ein Restaurant daraus geworden. Gino ist der dritte Italiener. Ich nenne ihn Gino il padrino, weil er so dick, so ruhig, so autoritär wie ein richtiger Pate ist. Binh erzählte mir später, dass Gino einer der wenigen ausländischen Arbeitgeber ist, der sein Personal unterstützt und nicht ausbeutet. Einer Kollegin hat er sogar das Leben gerettet, weil er dem Vater, der sie missbrauchte, eine Tracht Prügel verpasste und ihn fortgejagt hat.

»Wie kommt es, dass ihr in Hanoi lebt?«, fragte ich Alex.

»Weil mein Freund Carletto ein unglücklicher Matrose ist«, antwortete er, machte eine ganze Karaffe Limonade, und wir setzten uns an einen Tisch im überdachten Innenhof. Alex und Gino lebten in Berlin. Alex arbeitete bei Peter im Atelier, Gino in einem Restaurant. Und sie hatten einen dritten Freund, Carletto, den unglücklichen Matrosen. Carletto hatte das traurige Schicksal, dass jedes Schiff, auf das er seinen Fuß setzte, entweder versank oder auf halber Strecke umkehren musste, weil irgendwas kaputtgegangen war. Aber Carletto liebte das Meer und wollte nicht aufgeben. Er beschloss, sein eigenes Schiff zu bauen und damit einmal um die ganze Welt zu segeln.

Und nach drei Jahren harter Arbeit war es endlich so weit. Carlettos Schiff war fertig. »Wir konnten den armen Carletto doch nicht alleine fahren lassen«, sagte Alex zu mir, »und außerdem hatten wir Berlin ein bisschen satt. Aber eine Schiffsreise mit Carletto, einmal um die ganze Welt, da weißt du nicht, wann und ob du jemals wiederkehrst.« Alex und Gino gaben alles auf, verkauften ihr ganzes Hab und Gut und kamen am Tag der Abreise mit nichts als einem Rucksack zu Carletto.

»Und plötzlich sagte Carletto, er fährt nicht mehr. Er hatte Angst, er stürzt sich und vor allem uns in ein großes Unglück. Was sollten wir machen?« Und so kauften sich Alex und Gino noch am selben Tag ein One-Way-Ticket nach China. Monatelang reisten sie durch Asien, bis sie in Hanoi landeten.

Sie mochten es hier, klein und fast ein bisschen dörflich, sie mochten das Chaos auf den Straßen, die vielen Seen, die vielen Bäume, und außerdem hatte Gino auf der Post eine schöne Frau gesehen (mit der er heute verheiratet ist). Gino kannte sich in der Gastronomie aus, und so beschlossen sie, das Dolce Vita zu eröffnen.

Etwa zur gleichen Zeit hatte Paolo in Norditalien ebenfalls das Reisefieber gepackt. Eine Cousine verbrachte gerade einige Monate in Ho-Chi-Minh-Stadt, und so beschloss er kurzerhand, sie zu besuchen. Aber Ho-Chi-Minh-Stadt war ihm zu groß. Er besorgte sich ein Moped und fuhr nach Norden, bis nach Hanoi. Hungrig von der langen Fahrt, setzte er sich in eine Pizzeria am Hoam-Kiem-See. Als der Besitzer erfuhr, dass Paolo ein echter Italiener war, bot er ihm sofort einen Job an. Paolo hatte kaum noch Geld und blieb.

Bald sprach sich unter den paar hundert ausländischen Bewohnern Hanois herum, dass am Hoam-Kiem-See ein neuer Koch die beste Pizza von Vietnam backte. Alex und Gino gingen hin und probierten. Paolos Pizza war gut. Dünn und rösch. Und so entstand das Luna d'Autunno, wo Paolo kochen kann, was er will.

Auch Paolo hat inzwischen eine Vietnamesin geheiratet. Nur Alex hat noch keine Frau. Aber er will hier gar nicht heiraten, er will wieder zurück nach China. Wann immer ich am Vormittag ins Luna komme, sitzt Alex ganz hinten an einem Tisch und nimmt Chinesisch-Unterricht.

Ich erzählte Alex von meinem Wunsch, einen Rennfahrer zu finden. Er grübelte. Ja, auch er hatte sie ein paar Mal gesehen, aber er kannte keinen. Er rief seinen Kellner Duck, der könnte mir vielleicht helfen. Duck ist die einzige männliche Bedienung im Luna d'Autunno, ein zwanzigjähriger, etwas verpeilter, sehr lustiger Kellner. Alex und Paolo wissen nicht genau, warum sie ihn eingestellt haben. Er ist faul, er lügt, er macht alles falsch, ihm fällt pro Tag mindestens ein Teller runter, aber er ist ihnen irgendwie ans Herz gewachsen. Duck sagte mir, sein bester Freund ist ein Rennfahrer, der deswegen sogar schon mal im Gefängnis war.

Am nächsten Tag fand das Treffen statt. Sein bester Freund trug eine goldene Kette, goldene Fingerringe, hatte die Haare nach hinten gegelt, eine Sonnenbrille im Nacken und fuhr eine schwarze Suzuki. Aber meine Fragen beantwortete er alle mit Nein. Nein, er fährt keine Rennen, nein, er weiß nichts über Rennfahrer, nein, er war auch nie im Gefängnis. Ich verstand nicht genau, warum wir uns dann getroffen hatten. Duck schien das nichts auszumachen, er saß fröhlich am Tisch und rauchte.

Nach dem erfolglosen Gespräch ging ich zu Binh ins Dolce Vita. Ich war verzweifelt. Auch sie kannte keinen Rennfahrer. Aber sie wollte mir helfen. Wir besuchten einen Freund von ihr, der in einer Karaoke-Bar arbeitete, und fuhren mit ihm die ganze Nacht im Regen durch Hanoi. Gegen drei Uhr morgens meinte der Freund, es hat keinen Sinn mehr, die Straßen sind zu glitschig. Wir versuchten es noch im New Century, der großen Disco von Hanoi, wo die Rennfahrer angeblich tanzen gingen. Ihr Freund suchte in der Menge nach bekannten Gesichtern. Aber nichts. Nichts. Nichts. Und wieder nichts. Auch diese Nacht kehrte ich erfolglos zum Hotel zurück. Und weckte den mürrischen Thuy mit meinem Klopfen.

Am nächsten Tag sprach ich mit Paolo über eine Schule, die er kannte, wo junge Köche ausgebildet werden. Da kam Gino il padrino ins Luna. Als er hörte, dass meine Suche nach einem Rennfahrer gescheitert war, verzog er ungläubig das Gesicht. »Binh konnte dir auch nicht helfen?«

»Sie hat alles versucht«, antwortete ich, »wir sind die ganze Nacht durch die Stadt gefahren, aber wir haben keine Rennfahrer gesehen.«

»Das kann nicht sein«, sagte Gino ernst, »das glaube ich nicht, dass niemand in meinem Restaurant einen Rennfahrer kennt. Die sind doch überall. Jeder Junge, der um die zwanzig ist und ein Moped hat, fährt Rennen.«

Er rief dem Kellner Duck zu, er soll ihm das Telefon bringen, und wählte die Nummer vom Dolce Vita.

»Binh?«, sagte er in den Hörer und aschte behutsam seine Zigarre ab, »wenn ich morgen früh um elf ins Dolce Vita komme, möchte ich, dass ein Rennfahrer an der Theke sitzt.«

Dann bestellte er drei Grappa und wollte nicht länger darüber reden. Am nächsten Tag saß um Punkt elf Vy im Dolce Vita.

Hai hat die Klimaanlage ausgeschaltet, und langsam verbreitet sich die feuchte Hitze im Raum. Als Vorspeise essen Vy und ich Schlangensuppe. Sie sieht aus wie Grießbrei, ist aus sticky rice gemacht, und in der dicken Pampe schwimmen knorpelige Stücke der Wirbelsäule. Sie schmeckt schleimig und süßlich. Ich mag sie nicht. Auch Vy rührt seine Suppe nicht an, er mag sowieso lieber scharfe Sachen. Hai trägt die zwei vollen Suppenschalen etwas beleidigt aus dem Zimmer. Ich verziehe den Mund, um Vy zu zeigen, dass ich die Suppe eklig fand. Er lacht und verzieht auch seinen Mund.

Ich brauchte eine Weile, um mich mit dem schwülen Klima und dem Gewusel auf den Straßen zurechtzufinden. Spazieren gehen, so wie ich es in Havanna, Buenos Aires oder San Francisco getan hatte, war hier unmöglich. Tagsüber sind die Bürgersteige rappelvoll, Geschirr wird gewaschen, Gegenstände werden repariert, es wird geschlafen, gegrillt, gekocht, gegessen, gewirtschaftet. Überall stehen Tische und Stühle, die so niedrig sind, dass man Angst hat, darüber zu stolpern. Hinzu kommt, dass Ausländer in Hanoi viel Aufmerksamkeit auf sich ziehen. Sobald ich die Straße betrat, war ich von Hunderten Verkäufern umzingelt, die mir auf Schritt und Tritt folgten, mir ihre Waren anboten, mich am Ärmel zerrten und mich beschimpften, wenn ich nichts kaufen wollte. Aber am meisten Angst hatte ich davor, die Straßen zu überqueren. Ich sah keinerlei Verkehrsordnung, nur ein Chaos von umherwuselnden Mopeds, Fahrrädern, Lastwagen, Bäuerinnen mit schweren Obstkörben und ab und zu ein Auto. Jedes Mal, wenn ich an einer Kreuzung stand, wusste ich nicht, in welche Richtung ich zuerst gucken sollte. Ich stand am Straßenrand wie am Ufer eines wilden Gewässers und hielt vergeblich Ausschau nach einer Brücke.

Alles war eine Herausforderung für mich. Jeden Morgen stand ich ratlos vor meinem Koffer und wusste nicht, was ich anziehen sollte. In dieser schweren, feuchten Hitze glichen Turnschuhe gefütterten Stiefeln. Jeans waren undenkbar. Die Baumwolle meiner T-Shirts kratzte wie rohe Wolle. Und ich kam mir neben all den zierlichen Gestalten unheimlich dick und schwerfällig und keuchend vor. Nie sah ich auf der Stirn einer Vietnamesin auch nur einen Tropfen Schweiß, ihr glattes, schwarzes Haar verlor niemals die Form. Ich hingegen war krebsrot, und die Haarsträhnen klebten mir auf der Stirn. Einmal kam ich an einem kleinen Laden vorbei. Im Schaufenster wehte ein helles Kleid aus dünnem Stoff in der Brise eines Ventilators. Als ich die Tür öffnen wollte, drückte die Verkäuferin die Tür von innen zu. Verwundert ließ ich den Griff los und trat zurück. Sie steckte schnell den Kopf durch den Spalt und rief: »Too thick, too thick!« und verriegelte die Tür.

Aber mit den drei Italienern, mit Binh und mit Vy begann eine neue Zeit für mich. Der Innenhof im Luna d'Autunno wurde meine kleine Oase, wo ich mich über Deutschland, über Fußball, Essen, Musik, über die sonderbaren Vietnamesen, über alles mir Vertraute unterhalten konnte. Binh wurde meine beste Freundin. Ich begleitete sie zum Stoffmarkt und zum Schneider, erzählte ihr von meinen Erlebnissen mit Vy und hörte mir ihre vielen Männergeschichten an. Denn Binh hat, im Gegensatz zu den meisten vietnamesischen Mädchen, alle sechs Monate einen neuen Freund. Sie sagt, sie sucht einen Mann, der niemals lügt. Sie war auch einmal mit dem Kellner Duck zusammen. Aber sie machte mit ihm Schluss, als sie erfuhr, dass er gleichzeitig eine andere Freundin hatte und sie nicht verlassen konnte, weil seine Mutter ihrer Mutter Geld schuldete.

Ich lernte auch, mit den Verkäufern umzugehen. Binh sagte mir, dass es ein Zauberwort gibt, das die meisten Touristen nicht kennen: Juam Kamun – Nein danke. Es wirkt Wunder! Ich sagte nur noch »Juam Kamun«. Die Verkäufer sahen mich dann verdutzt an, lächelten und ließen mich in Frieden. Was meine Kleidung betraf, kam ich irgendwann auf die Idee, die Vietnamesinnen einfach nachzuahmen. Viele Frauen tragen hier Schlafanzüge, ich hatte mir für drei Dollar auch einen nähen lassen und trug ihn nun auf der Straße. Es ist ein herrliches Gefühl, im Schlafanzug durch die Stadt zu laufen!

Und endlich verstand ich auch die eiserne Regel des Hanoi-Verkehrs. Einmal stand ich an einer Kreuzung und sah, wie einer vorbeifahrenden Frau der Hut herunterwehte. Sie hielt mitten im Verkehr ihr Moped an, stieg ab, hob den Hut auf, kehrte zum Moped zurück und fuhr weiter. Es kam zu keiner Kollision, keinem Unfall, nichts, die anderen Mopeds fuhren einfach um sie herum. Da begriff ich, ob auf dem Moped, Fahrrad oder zu Fuß, du musst immer nur nach vorne gucken, nur auf den achten, der direkt vor dir fährt, und dabei stur das tun, was du tun willst. Dann passiert dir nichts.

Jetzt bringt Hai Schlangenleber mit Eiern, Minze und Ingwer. Vy isst davon, aber auch dieses Gericht ist nicht so ganz mein Fall. Hai räumt mürrisch meinen Teller ab. Vy lacht und blättert in unserem kleinen Wörterbuch. Dann sagt er: »Maggie, you like surprise?« Vy nennt mich immer Maggie. »Yes, yes«, sage ich. Er steht auf, kommt zu mir rüber, legt mir die Hand auf die Augen und schiebt mir etwas in den Mund. Rong Dang Van (Goldener Drache), ein Kuchen aus grünen Bohnen, der in klitzekleinen Quadraten verpackt und meine absolute Lieblings-Süßigkeit ist.

Als wir uns kennen lernten, sprach Vy überhaupt kein Englisch, inzwischen kennt er genug Wörter, um sich mit mir zu verständigen. Wenn ich ihm etwas sage, das er nicht versteht, oder er mir etwas sagen will, das ich nicht verstehe, blättert er so lange im Wörterbuch, bis er das Schlüsselwort gefunden hat, oder aber, falls dies nichts nützt, malt er es mir auf. In den anderen Städten erfuhr ich die Geschichten meiner Freunde durch lange Unterhaltungen. Hier geht das nicht, Vy muss mir sein Leben zeigen. Und das macht er so: Wir fahren eine Weile ziellos auf dem Moped durch die Straßen. Ich habe keine Ahnung, was Vy durch den Kopf geht, und schaue mir Hanoi an. Irgendwann dreht er sich zu mir um und sagt: »Maggie, you like ...?« Ich antworte immer »yes, yes«, lasse mich überraschen und vertraue ihm meinen Tag an, wie ich ihm beim Rennen mein Leben anvertraue.

»Maggie, you like dog?« Und wir fuhren zu einem Hundefleischrestaurant. Es war die Nacht vor dem neuen Mondmonat. Die vietnamesischen Männer gehen dann immer Hundefleisch essen, weil es Glück und Kraft bringen soll.

»Maggie, you like fish?« Und wir gingen fischen, weil es ein schöner Tag war und Vy gerne fischt.

»Maggie, you like singing?« Und wir verbrachten den Nachmittag in einer Karaoke-Bar.

»Maggie, you like dance?« Und wir gingen ins New Century, den Club, wo ich auch mit Binh gewesen war, wo sie ganz plötzlich den Techno abbrechen, Tracy Chapman spielen und alle Paare Engtanz tanzen.

Einmal fragte er mich: »Maggie, you like boat?« Wir hatten gerade seine Freundin Nga abgeholt. Es war Nachmittag, und ich dachte, wir würden wieder Rennen fahren. Aber Vy erklärte: »No racing with Nga.« Nga ist ganz anders als Binh. Sie kommt aus einer wohlhabenden Familie und ist ein gut erzogenes, schüchternes Mädchen. Ich weiß nie genau, was sie denkt und was sie von dem, was ich ihr erzähle, wirklich versteht. Sie nickt immer und lächelt. Vy und Nga sind seit zehn Jahren zusammen. Sie werden heiraten. Binh und ich vermuten, dass die Ehe von den Eltern arrangiert ist.

Der Fahrtwind glitt durch mein Haar und über mein Gesicht wie kaltes Wasser, und ich dachte, dass diese Hitze nur auf dem Moped zu ertragen war. Wir fuhren aus der Stadt raus, vorbei an der Straße, wo die Hundefleischrestaurants sind, vorbei an dem verlassenen Sheraton Hotel, das vor einigen Jahren Bankrott gemacht hat und seitdem völlig leer steht, vorbei an der Straße, wo sie Mopedsitze verkaufen, und an der, wo man mit Fensterscheiben handelt. Wir fuhren immer weiter, bis wir ans nördlichste Ende des West-Sees gelangten. Der West-See ist mindestens zehnmal so groß wie ein Fußballfeld. Seine südlichste Spitze reicht bis in die Innenstadt von Hanoi. Wir kamen in eine Siedlung, eine der reicheren Gegenden von Hanoi. Die Häuser sind alte französische Kolonialvillen mit wunderschönen Gärten, die sich bis zum Seeufer erstrecken.

Hier wohnen Vys beste Freunde Tuan und Hoan. Tuan schweigt immer. Hoan redet sehr viel. Als Erstes sagte mir Hoan, dass er vier Freundinnen und fünf Häuser besitzt. Dann fragte er mich, ob ich nicht auch seine Freundin sein will, und als ich nein sagte, musste ich ihm versprechen, ihm das nächste Mal, wenn ich nach Vietnam komme, ein deutsches Mädchen mitzubringen.

Hoan führte mich stolz durch seine große, fast palastartige Villa und sagte, dass sein Vater ein hoher General ist. Auch er muss bald zur Armee gehen. Im Empfangszimmer stand ein nagelneuer Fernseher, der auf MTV geschaltet war, und drei geschnitzte Holzfiguren, die Hausgeister, die mir Vy als Mr. Happy, Mr. Eternity und Mr. Healthy vorstellte. Dann gingen wir runter in den Hof. Während die Jungs ein Schlauchboot aufpumpten, saßen Nga, Hoans Schwester und ich auf der Terrasse und schauten ihnen zu. Nga erzählte mir, dass sie nicht schwimmen kann und Angst hat, eine Bootsfahrt zu machen. Ich versuchte sie zu beruhigen und versicherte ihr, dass bestimmt nichts passieren wird. Als alles vorbereitet war, folgten wir Vy über einen kleinen bewachsenen Weg zum See, wo Hoan auf dem wackligen, bereits im Wasser liegenden Schlauchboot saß und die Ruder montierte. Nga stand am Ufer und beobachtete ihn mit Misstrauen. Es gab keinen Steg, nur Büsche, die an dieser Stelle ein Loch zum Wasser freihielten. Das Wasser war silbrig grau und sah aus wie geschmolzenes Blei.

Tuan und Vy halfen uns ins Boot. Hoan übernahm selbstverständlich das Rudern. Er hatte sein T-Shirt ausgezogen, und bei jeder Bewegung strafften sich seine Muskeln. Er holte eine Baseballkappe aus dem Plastikbeutel, setzte sie auf und sagte stolz: »Ich bin der beste und stärkste Kapitän in ganz Vietnam.« Hoan ist kräftig, aber eher schmächtig gebaut. Ich wollte ihn ärgern und antwortete: »Und der dünnste. Du heißt ab jetzt der dünne Kapitän.« Vy gefiel dieser Name, »the thin captain«, doch sagte Vy *tin* (Blech) anstatt *thin* (dünn), und so tauften wir Hoan den Blech-Kapitän.

Als wir eine Weile gerudert waren, reichte mir Hoan feierlich seine Kapitänskappe und sprang ins Wasser. Es machte ein dumpfes, hallendes Geräusch. Hoan tauchte und spritzte um sich. Vy und Tuan ergriffen die Ruder und steuerten das Boot in eine andere Richtung, damit Hoan nicht mehr aufsteigen konnte. Wir spielten dieses Fang-uns-doch-Spiel, bis wir weit, weit auf dem See waren und ich am Himmel eine pechschwarze Wolkendecke bemerkte. Die Sonne spiegelte sich nur noch fleckenweise auf dem Wasser. Ich rief den Blech-Kapitän. Müde vom vielen Schwimmen kletterte er ins Boot und bat mich um eine Zigarette. Wir trieben etwa eine Minute, als mit einem Mal die Sonne ganz verschwand und es hinter unseren Rücken zu donnern begann. Vy lächelte und fragte: »Maggie, you fear rain?« Ich schüttelte den Kopf, aber ich muss zugeben, ich hatte Angst in dem wackligen Schlauchboot, so weit draußen auf dem großen See.

Der Blech-Kapitän packte die Ruder, schaute in alle Richtungen, sagte entschlossen, der Weg nach Hause ist zu weit, wir müssen woanders Unterschlupf finden. Im gleichen Moment kam der Regen. Ein Regen, wie ich ihn nur in Vietnam erlebt habe, keine Tropfen, Wasserwände stürzen auf einen nieder, so plötzlich, so schnell, so heftig, dass man nichts mehr sieht und nichts mehr hört. Der tapfere Blech-Kapitän ruderte und ruderte. Vy und Tuan begannen das Wasser mit ihren Händen in schnellen Bewegungen aus dem Boot zu schöpfen. Nga vergrub den Kopf in ihrem Schoß. Endlich erreichten wir das andere Ufer, das Haus von Hoans Onkel. Wir rannten durch einen dunklen Garten und klopften an eine Glastür. Überrascht öffnete uns eine ältere Dame. Hoan erklärte ihr den Notfall, und wenige Sekunden später fand ich mich in ein Tuch gewickelt in einem fremden Wohnzimmer auf dem Fußboden, mit einer Tasse Tee neben Vy, Nga, Tuan, Hoan, seinem Onkel und seiner Tante wieder. Dann kam der Stromausfall. Wir saßen etwa eine halbe Stunde ohne Licht, der Regen prasselte gegen die Fensterscheiben wie ein Gast, der wütend ist, dass er nicht hineingelassen wird. Der Donner brüllte jähzornig, und ab und zu hörte ich Vys helle Stimme fragen, »Maggie, you o.k.?«

Im Dunkeln erfuhr ich, dass der Onkel Bonsai-Bäume züchtet und die Tante Hoan vorwirft, dass er zu viel Geld für Mopeds, Karaoke und Baseballkappen ausgibt.

Als das Licht anging, brachte die Tante neuen Tee, und Vy verschwand kurz. Er kehrte mit einem zerknitterten Zettel zurück, den er mir feierlich überreichte. Er sagte: »Germany« und wollte, dass ich ihm den deutschen Text übersetze. Ich konnte in der klitzekleinen Schrift nur entziffern, dass es ein abgedruckter Brief von Eva Braun an Adolf Hitler war.

Da fing ich an zu lachen und fragte Vy, ob er weiß, wer Eva Braun war. Er schüttelte den Kopf. Aber Hitler würde er doch kennen. Ja, ja, er nickte eifrig. Ich lachte wieder und erklärte: »Eva Braun is lover of Hitler.« Er kicherte. Ich fragte den Blech-Kapitän, wie dieser Brief hier gelandet war. Er zeigte mir eine kleine vietnamesische Zeitung und erklärte mit umständlichen Worten, dass es sich um ein altes kommunistisches Parteiblatt handelt, das dem Großvater gehört hatte.

Nga machte sich große Sorgen wegen ihrer Eltern. Es war inzwischen halb neun geworden und sie durfte nicht später als neun zu Hause sein. Vy durfte eigentlich auch nicht so lang wegbleiben, aber er tat es trotzdem immer. Wir bestellten ein Taxi und fuhren zu Hoans Elternhaus zurück. Am Eingang erwartete uns schon seine Schwester mit Regenmänteln und den typisch vietnamesischen spitzen Korbhüten. Der Regen hatte nicht nachgelassen. Hoan und Tuan wollten uns noch ins Zentrum begleiten, und so fuhren wir alle durch den peitschenden Regen, durch große Pfützen und Schlaglöcher nach Hanoi rein. Der Scheinwerfer unseres Mopeds ging irgendwann kaputt, aber es machte uns nichts aus. Wir sangen *Singing in the rain*, ließen die Mopeds die glatten Straßen entlangrutschen und schwangen unsere Beine vor und zurück. Ich fühlte mich frei und unbekümmert, wie ein Kind.

Als wir an einer Ampel hielten, entdeckte ich eine Schlange im Rinnstein. Ich zupfte Vy ängstlich am Ärmel. Er lächelte nur. Der Blech-Kapitän erklärte, dass die Schlangen im Regen immer hervorkriechen. Sie hausen in allen Winkeln der Stadt.

Wir setzten zuerst Nga zu Hause ab. Ihre Mutter wartete bereits mit ernstem Gesicht an der Tür. Nga huschte schnell ins Haus. Dann brachten mich die drei zu meinem Hotel. Auf dem kleinen Platz vor dem Hotel zeigte mir der Blech-Kapitän, wie er mit seiner Suzuki auf einem Rad fahren und sogar kleine Sprünge machen konnte. Als ich oben in meinem Zimmer war, fragte ich mich, ob die drei noch Rennen fahren würden.

Am nächsten Tag tauchte Vy nicht auf. Wir hatten uns für vier Uhr nachmittags verabredet. Ich saß bis fünf auf den Stufen des Hotels und wartete. Nebenan wusch die Frau vom Teestand ihr Geschirr ab. Sie hatte den Lappen um ein Stäbchen gewickelt und rührte im Topf. Dann kippte sie das dreckige Wasser auf die Straße. Ihr Mann lag ausgestreckt auf seinem Moped und massierte seinen Fuß. Thuy, der mürrische Concierge, kam raus und ließ sich seufzend neben mir nieder. »Heiß, heiß«, sagte er und zündete sich eine Zigarette an. »Ich ziehe nach Sibirien.« Ich schwieg und schaute ungeduldig auf die Straße.

»Jetzt hast du deinen Rennfahrer gefunden, he, Poll?«, fragte Thuy mit spitzer Zunge. Er nennt mich immer Poll. Ich blickte ihn verwundert an. Der Mann vom Teestand hatte ihm erzählt, dass er mich gestern mit drei Jungen gesehen hatte, von denen der eine auf einem Rad im Kreis gefahren war. »Aber der macht auch illegale Geschäfte«, flüsterte mir Thuy ins Ohr, »der verkauft Pornohefte.« Ich sah zu ihm rüber, er lag noch immer auf seinem Moped und massierte jetzt den anderen Fuß. Es wurde halb sechs, sechs, halb sieben, und Vy war immer noch nicht da. Thuy sagte nichts dazu, aber es störte mich, dass er alles wusste.

Um sieben rief mich Binh an, sie müsse dringend mit mir reden. Immer, wenn ein Problem auftaucht und Vy und ich uns nicht mehr verständigen können, gehen wir zu Binh. Jede Planung oder Planänderung läuft über sie. Vy ruft Binh im Dolce Vita an, weil er zum Beispiel für die Universität lernen muss und mich erst später treffen kann, dann ruft Binh bei mir im Hotel an und sagt Bescheid. Binhs Name bedeutet »friedlich«.

Als ich ins Dolce Vita kam, fand ich sie unterm Tresen. Sie hockte auf dem Boden und zeigte der anderen Kellnerin ein Kleid, das sie sich gerade hatte schneidern lassen. Es war diese Kellnerin, der Gino das Leben gerettet und die Vy ausfindig gemacht hatte.

»Was ist denn los?«, fragte ich beunruhigt. Binh brachte mir ein Glas Limonade und sagte ernst: »Vys Mutter erlaubt Vy nicht mehr, dich zu sehen.«

Ich war sprachlos. »Weil er gestern so spät nach Hause gekommen ist?«

»Weißt du«, antwortete sie, »Vy ist ihr einziger Sohn. Wenn etwas passiert, wenn die Polizei ihn beim Rennen erwischt und noch dazu mit einer Ausländerin, dann muss er lange ins Gefängnis. Außerdem kennt sie dich nicht. Sie weiß nicht, wer du bist, aus was für einer Familie du kommst und was du hier eigentlich machst.«

Vy hatte mich einmal mit zu sich nach Hause genommen und zum Abendessen eingeladen, »Maggie, you like eat my house?«, ohne mich vorher anzukündigen. Binh meinte, dass das der Mutter missfallen hat. Sie hatte keine Zeit gehabt, um sich auf meinen Besuch vorzubereiten, und es war niemand anwesend, der Englisch sprach, um mich vorzustellen und mir ihre vielen Fragen zu übersetzen.

»Für sie bist du ein wildfremdes, ausländisches Mädchen, das Vy zu schlechten Dingen verleitet und schuld ist, dass er jeden Abend spät nach Hause kommt. Sie traut dir nicht.« Und nach einer Pause fügte Binh neugierig hinzu: »Wo wart ihr gestern eigentlich, bei dem Gewitter? Vys Mutter hat bis zwei Uhr nachts wach gelegen und auf ihn gewartet.« Er ist also doch noch Rennen gefahren, dachte ich, denn ich war lange vor Mitternacht auf meinem Zimmer. Ich erzählte Binh von unserem Ausflug. Sie lächelte. Sie war noch nie auf dem West-See Boot gefahren.

»Mach dir keine Sorgen«, sagte sie dann, »wir werden seine Eltern besuchen und seiner Mutter ein Geschenk mitbringen, uns richtig vorstellen, so wie es sich gehört. Sie ist eine gute Frau, sie hat einfach nur Angst, und sie will wissen, wer du bist. Eine Ausländerin ist hier immer eine Besonderheit.« Sie nahm das Telefon, rief Vys Mutter an und verabredete, dass wir morgen zusammen zum Abendessen kommen würden.

Binh erschien um sechs Uhr in meinem Hotel. Ich saß wieder mal auf den Stufen und rauchte mit Thuy eine Zigarette. »Was habt ihr noch vor, Poll?«, fragte er. Binh mochte ihn nicht, weil er mir nie ihre Nachrichten ausrichtete. »Was geht dich das an?«, sagte sie zu ihm und machte mir ein Zeichen, ich solle aufspringen.

Wenn Binh Moped fährt, achtet sie grundsätzlich nicht auf die Straße. Sie rückt den Hut zurecht, schnürt sich den Schuh zu, sagt »Ups«, wenn sie über einen dicken Stein gefahren ist, lacht und schaut in den Rückspiegel, nur um mich beim Sprechen anzugucken. Wenn dann ein anderes Moped oder ein Fahrrad oder ein Lastwagen fast in sie reinfährt, reißt sie den Lenker so plötzlich und so weit zur Seite, dass ihr Moped beinahe umkippt. Aber bei Binh immer nur beinahe.

»Was für ein Geschenk soll ich der Mutter machen?«, fragte ich sie, während wir durch den dichten Verkehr wackelten, »einen schönen Blumenstrauß?« Da fing Binh an zu lachen: »Blumen? Dann denkt sie, du willst sie heiraten! Wir werden ihr ein schönes Stück Stoff kaufen.« Binh kannte einen Stoffladen, der auf dem Weg lag. Wir einigten uns auf einen hellrosa Seidenstoff, auf dem man, wenn man ihn gegen das Licht hielt, die Umrisse von Blüten erkennen konnte. »Hier hast du deine Blumen«, sagte Binh lächelnd.

In der Nähe vom Lenin-Park, auf der breiten Phu Kam Thien, erwartete uns der stille Tuan. Wir folgten ihm durch einen Spalt, der sich zwischen zwei Läden auftat, in eine Art Gassendorf. Ich nenne dieses Labyrinth von Wegen, die so schmal sind, dass genau zwei Mopeds nebeneinander Platz haben, Gassendorf, weil es wie ein eigenes Dorf ist, abgeschlossen vom Rest der Stadt. Es gibt viele solcher Gassendörfer in Hanoi. Auf den Stadtplänen sind sie nicht verzeichnet und von den größeren Straßen aus nicht zu sehen, sie liegen hinter Läden und Hausfassaden versteckt. Vy wohnt im Herzen eines solchen Dorfes, und der Weg zu seinem Haus ist so kompliziert, dass selbst Binh, die Hanoi gut kennt, einen Führer braucht. Tuan fuhr vor uns her, und ich fragte mich, warum Vy nicht selber gekommen war.

Plötzlich vernahm ich laute Männerstimmen, sie drangen aus dem gleichen Café, in dem Vy bei meinem ersten Besuch ein paar Jungs gegrüßt hatte und mir nicht sagen wollte, wer sie waren. »Halt mal an«, sagte ich zu Binh, »ich will da kurz reingucken.« Sie rief Tuan zu, er solle warten und bremsen.

Ich steckte vorsichtig den Kopf durch die Tür. Der Raum war hoch und dunkel. Hinten lehnte ein dicker Mann, vermutlich der Besitzer des Cafés, an einer Theke, auf der weiße Plastikbecher wie Zinnsoldaten in einer geraden Linie aufgereiht waren. Vorne bückten sich etwa dreißig junge und alte Männer um einen niedrigen Tisch, sie saßen auf kleinen Höckern, auf denen sie hin- und herwippten wie Schuljungs. In der Mitte des Tisches, umrundet von vielen Armen und Händen, stand ein durchsichtiges Glas, in dem sich etwas schnell bewegte, was die Männer anfeuerten. Ich konnte nicht erkennen, was es war, und schlich mich hinein. Mit einem Mal wurde es ganz still. Alle dreißig Köpfe drehten sich zu mir um und starrten mich an. Ich grinste etwas verlegen und trat näher an den Tisch. Da sprang Vy ganz erschrocken aus der Menge: »No, Maggie«, rief er und wollte mich rausziehen, doch ich blieb stur am Tisch stehen. Im Glas schwammen zwei kleine Kampffische, die sich gegenseitig zu töten versuchten. Daneben lag ein Haufen Dong-Scheine. Jeder Mann hielt einen weißen Plastikbecher, in dem er seinen eigenen Fisch aufbewahrte. Vy ließ nicht zu, dass ich das Ende des Kampfes sah. Er nahm seinen Becher, schubste mich aus der Tür und marschierte nach Hause.

Binh erklärte mir, dass diese Fischlokale wie illegale Spielkasinos sind, dass es sich für Frauen nicht gehört, dort reinzugehen, und dass Männer, die dort ihr Geld verspielen, einen schlechten Ruf haben. Ich versuchte Vy klar zu machen, dass ich nicht schlecht von ihm dachte, nur weil er ein kleiner Spieler war, im Gegenteil, ich fand es lustig. Aber Vy tat, als würde er mich nicht verstehen. Ich bin zwar eine Ausländerin, aber trotzdem eine Frau, und er schämte sich.

Bei Vy zu Hause war alles für meinen Besuch vorbereitet. Auf dem Tisch im Empfangszimmer standen bereits Gläser und eine Karaffe mit Orangensirup. Vys Großvater, Vys Onkel, Vys Cousin, Vys Mutter, Vys Schwester und Vys Vater sahen zu, wie wir uns die Schuhe auszogen.

Die Tür von Vys Haus ist ein Schiebegitter, das den ganzen Tag offen steht. Dahinter befindet sich eine schmale Diele, wo Mopeds, Fahrräder und Schuhe abgestellt werden. Durch die Diele kommt man dann in das Wohn- oder Empfangszimmer. Alle Häuser, die ich in Hanoi besuchte, haben diese Art von Empfangszimmer, in dem ein niedriger Tisch mit vier Stühlen aus dunklem Mahagoniholz steht und man als Gast die meiste Zeit verbringt. Dort setzten wir uns.

Binh übersetzte mir die einzelnen Namen der Familienmitglieder: Der Großvater hieß Ngai – Baum der Gesundheit, der Vater Thuy – Wasser, die Mutter Thanh – Musik, die Schwester Hung – mutig, und Vy kann entweder Schwanz, lang oder Held bedeuten.

Vys Vater begann in einer mir völlig unbekannten Sprache zu sprechen. Es klang wie Russisch, war es aber nicht. Ich sah ihn fragend an, und er antwortete: »Slowakia«, und dann sprach er nur noch Slowakisch mit mir, obwohl Binh ständig versuchte, ihm zu erklären, dass ich kein Wort verstand. Er hatte vor vielen Jahren in der Slowakei gearbeitet und suchte seit seiner Rückkehr verzweifelt nach einer Möglichkeit, diese Sprache zu üben. Ich erfuhr nur, das Vys Vater eine Firma hat, die Lastwagen und Autos vermietet und verschiedene Waren durch ganz Vietnam transportiert. Der Großvater hat die Firma gegründet und Vy wird sie, als ältester Enkel, übernehmen.

Binh verhielt sich den ganzen Abend über sehr zurückhaltend. Sie kommt aus einer armen Familie. Das wusste man hier. Vys Eltern waren Binh gegenüber nicht abweisend, aber ich nahm eine Distanz wahr. Sie leben in verschiedenen Welten. Auch Binh wurde befragt, nach ihren Eltern, nach ihren Geschwistern und nach ihrer Arbeit. Es ist ungewöhnlich (und, laut Binh, verpönt), wenn vietnamesische Mädchen in ausländischen Restaurants arbeiten. Binh führt ein völlig anderes Leben als Vy. Sie kann es sich nicht leisten zu studieren, sie muss ihre Familie ernähren. Sie muss sich ihre Zukunft selber aufbauen, während Vys Zukunft schon festgelegt ist. Sein Beruf, seine Ehe, alles ist schon vorausgeplant. Wenn er heiratet, werden er und Nga, dem Brauch entsprechend, hier mit seinen Eltern leben und in diesem verzweigten Gassendorf ihre Kinder großziehen. In diesem Sinn ist Binh vielleicht freier als Vy und moderner.

Vys Mutter rief zum Essen. Auf dem Tisch standen unzählige Schüsselchen und Teller. Die Schwester servierte. Aus dem großen Reiskocher, der in der Ecke auf dem Boden stand, schöpfte sie dampfenden weißen Reis. Dazu gab es Fischsuppe, frisches Gemüse, Minze, Mangold, Melisse, anderes Grünzeug, dessen Namen ich nicht kannte, Lotusblattsalat, kurz angebratenen Amarant, Bohnensprösslinge und Frühlingszwiebeln mit Ingwer, Thymian und Oregano, eine Rind-, eine Schwein-, eine Tofu- und eine Hühnerspeise und ihre Spezialität: geröstete Schmetterlingsrümpfe.

Vy schob mir einen Löffel in den Mund. Ich biss auf lauter kleine knackige Dinger, die einen süßen, weichen, honigähnlichen Geschmack hinterließen. Vy lächelte verschmitzt und fragte Binh, ob ich es mochte. Ich mochte es sehr. Aber wenn ich vorher gewusst hätte, dass es Schmetterlingsrümpfe waren, die ich da aß, hätte ich sie vielleicht nicht so genießen können.

Nach dem Essen blieben die Mutter, Binh und ich noch einen Moment allein am Tisch sitzen. Endlich überreichte ich der Mutter mein Geschenk. Sie freute sich und drückte mir liebevoll die Hand. Kurz darauf kam Vys Schwester mit einer Plastiktüte. Sie war gefüllt mit Rong Dang Van (Grüner-Bohnen-Kuchen). Vy musste seiner Mutter von meiner Rong-Dang-Van-Sucht erzählt haben, denn sie hatte vier große Schachteln kaufen lassen.

Dann kam Vy in die Küche und bat mich, ihm zu folgen. Es war das erste Mal, dass mir jemand in Hanoi sein Zimmer zeigte. Und Vy tat es nur, weil ich bei meinem ersten Besuch neugierig gefragt hatte, wo er denn wohnt. So verworren wie die Gassendörfer selbst ist auch die Architektur der Häuser. Als Gast sieht man nur die zur Straße hin offene Diele und das Empfangszimmer. Die Schlafzimmer liegen hinter langen Gängen, Treppen und Türen versteckt. Ich hatte Vys Haus für klein gehalten, aber nun konnte ich sehen, dass es vier Stockwerke gab.

Vys Zimmer lag ganz oben, unterm Dach. Es war kühl und ruhig hier. Wir setzten uns auf den Boden, und er zog den kleinen Karton herbei, in dem er seine Habseligkeiten aufbewahrt, Stück für Stück zeigte er sie mir: ein Miniklavier, das beim Aufklappen *Für Elise* spielt (der Vater hatte es ihm aus der Slowakei mitgebracht), ein Spielzeugmotorrad, das flitzen konnte, eine kaputte Armbanduhr, eine verstaubte Sonnenbrille, deren rechter Bügel fehlte, und eine Trillerpfeife. Aus dem Wandregal nahm er Bücher und legte sie behutsam auf sein Knie: Comichefte, zwei vietnamesische Liebesromane, Sherlock Holmes und ein Buch über Architektur, mit schönen, feinen Zeichnungen von den berühmtesten

Gebäuden in Vietnam. Dieses Buch blätterte er Seite für Seite mit mir durch. Er suchte sein Lieblingshaus. »My dream«, sagte er und deutete auf ein Haus mit einem Strohdach, das an einem Flussufer lag. »Fishing.« Ich nickte. »Fishfighting all day?« Das fand er überhaupt nicht lustig.

Alle hatten sich wieder im Empfangszimmer versammelt und tranken Eiskaffee. Auf der Gasse vor dem Haus surrte und brummte es. Vy telefonierte jetzt eifrig und beriet sich zwischendurch mit Tuan. Er führte irgendwas im Schilde, was er aber weder mir noch Binh verraten wollte. Dann rief ihn jemand von der Straße, ein Freund, den ich nicht kannte. Binh wurde auch hinausgerufen. Ich folgte ihnen bis zur Diele. Die Jungs wandten mir den Rücken zu, ich sah nur, wie das Gesicht von Binh mit einem Mal ganz ernst wurde und sie dem Jungen widerwillig ihren Mopedschlüssel reichte. Dann verschwand der Fremde mit Vy und Tuan.

»Was ist los?«, fragte ich sie. »Die Jungs müssen ein paar Leute abholen und brauchen mein Moped«, sagte sie zögerlich, »sie kommen gleich wieder.« Gleich war über eine Stunde, die Binh am Eingang sitzend und ungeduldig auf die Gasse schauend verbrachte. »Warum machst du dir solche Sorgen? Sie werden uns hier schon nicht sitzen lassen«, sagte ich zu ihr.

Sie hatte Angst, die Jungs würden Teile von ihrem Moped abschrauben und verkaufen. »Aber das würde Vy doch nicht zulassen. Wir sind Gäste in seinem Haus, seine Eltern sind hier«, sagte ich. Binh schüttelte lächelnd den Kopf. »Du bist naiv. Gast oder Freund ist egal. Diese Jungen, die ihre Zeit mit Rennfahren, Fischkämpfen, Trinken und oft auch mit Drogen verbringen, die brauchen immer Geld. Ihre Eltern sind reich, aber sie wollen ihnen für diese Sachen kein Geld geben. Was glaubst du, warum alle Leute in Hanoi ihre Mopeds nachts mit in die Häuser nehmen? Ich lasse meinen Roller nicht mal am Tag unbewacht.«

»Aber warum hast du ihn ihnen denn gegeben?«

»Eben darum, weil ich hier Gast bin und nein zu sagen sehr unhöflich wäre.«

Nun war auch ich besorgt und hielt mit Ausschau. Ich dachte, wie fremd mir diese Welt doch ist, wie wenig ich von all dem, was ich tagtäglich sehe, wirklich verstehe.

Binh erzählte, sie hätte sich dieses Moped von dem ersten eigenen Geld gekauft. Sie ist die Einzige in der Familie, die eines besitzt, und alle sind darauf angewiesen. Ich machte mir große Vorwürfe, sie in diese ganze Geschichte mit reingezogen zu haben.

Vy kam gut gelaunt zurück. Sein Freund hatte nichts vom Moped abgeschraubt und verkauft, die Sorge war umsonst gewesen, aber Binh wollte jetzt nur noch nach Hause. Ich war beruhigt, auf Vy konnte ich mich also doch verlassen.

Hai bringt geriebene Schlangenrippen mit Zwiebeln auf einem kleinen Teller, wie Puder sieht dieses Gericht aus, und Fleischbällchen, die mit Koriander gewürzt sind. Ich mag keinen Koriander und lege das Bällchen nach dem ersten Bissen wieder auf meinen Teller zurück. Vy taucht seine in Nouc Mam ein. Nouc Mam ist in Vietnam, was Sojasoße in China oder Japan ist, eine dunkle Flüssigkeit, die immer auf dem Tisch steht und zu allem gegessen wird. Sie wird aus gegorenem Fisch gemacht und riecht stark. Vy schiebt mir wieder ein Stück Rong Van Dang zu. Hai verlässt kopfschüttelnd den Raum.

An jenem Abend fuhren wir in eine Karaoke-Bar. Ein Bekannter von Vy feierte dort seinen zwanzigsten Geburtstag. Deshalb hatte Vy auch das Moped gebraucht, weil er und Tuan allen möglichen Leuten Bescheid sagen und die Feier organisieren mussten. Wir waren etwa dreißig Leute, unter ihnen nur zwei andere Mädchen, die kein Wort sprachen und Pflaster an den Schläfen trugen, ein Mittel gegen Kopfschmerzen. Die Karaoke-Bars unterteilen sich in kleine, schachtelartige Räume, in denen jede Gesellschaft allein und ungestört feiern kann. Ich kam mir in diesem Raum wie eingesperrt vor. Es gab kein Fenster. Die Tür blieb die ganze Zeit verschlossen. Um mich herum türmten sich Bierflaschen, Reisweingläser und schwankende, betrunkene Jungs. Es war eine wilde Sauferei. Vy hatte meinen Fotoapparat entdeckt und lief damit pausenlos durchs Zimmer. Der Blech-Kapitän sang ein Lied nach dem anderen und versuchte, eines der beiden Mädchen für sich zu gewinnen. Ich blieb in der Nähe des stillen Tuan.

Gegen zwei Uhr früh mussten wir gehen. Das Geburtstagskind, es hieß Chung, wollte aber noch durch die Straßen ziehen. Er fuhr eine Honda Rebel und lud mich ein, mitzufahren. Vy nickte fröhlich und fuhr schon vor. Aber ich wollte gar nicht bei diesem Jungen aufsitzen, ich kannte ihn nicht, traute ihm nicht. Er fuhr wie ein Wahnsinniger, legte scharfe Kurven ein, hob das Vorderrad in die Höhe, bremste bei Vollgas. Am Tag hatte es geregnet und die Straßen waren noch nass. Ich hatte Angst. Mit Vy zu fahren war etwas anderes, ich wusste, er würde immer anhalten, wenn ich darum bat, ich vertraute ihm, kannte ihn. Meine Halt- und Stopprufe spornten diesen Jungen nur an, noch schneller zu fahren, noch schärfere Kurven zu ziehen, noch dichter auf Bäume zuzusteuern. Vy hatten wir schon lange verloren. Auch Tuan und Hoan konnte ich nirgendwo mehr sehen. Ich raste mit diesem wildfremden Chung durch irgendwelche Straßen. Plötzlich hielt er abrupt an und zeigte mir einen dünnen Bindfaden, den die Polizei über die Straße gespannt hatte, eine Falle für die Rennfahrer. Er lachte, zerschnitt den Faden und fuhr grölend weiter.

Und dann kamen sie. Zuerst andere Rennfahrer, fremde Gesichter, die ich noch nie gesehen hatte, die wir zufällig an einer Ampel trafen, und wenige Minuten später ein Polizeijeep, auf dem bewaffnete Polizisten saßen. Chung jauchzte, gab Vollgas, bog in schmale, verwinkelte Gassen ein, entkam der Polizei und raste mit mir weiter durch die Nacht. Ich fluchte, rief, er soll anhalten und mich absteigen lassen. Aber er wollte nichts davon wissen. Endlich erreichten wir eine Bia Hoi (die vietnamesische Version des Biergartens). Dort saßen einige der anderen Jungs, die auch in der Karaoke-Bar gewesen waren. Aber weder Hoan noch Tuan noch Vy waren unter ihnen. Und keiner der Jungs hatte sie gesehen. Chung meinte, ich soll hier auf die drei warten, sie würden bestimmt gleich kommen. Ich fühlte mich von Minute zu Minute unwohler.

Die Jungs waren alle ziemlich betrunken. Der eine fragte mich, ob ich Heroin rauchen will und ob ich nicht Lust habe, mit ihm kurz ins Hotel zu gehen. Ich warf ihm einen bösen Blick zu, und alle lachten. Ich wusste, dass mir hier nichts Schlimmes passieren konnte, dass sie aber meine Unsicherheit spürten und sich einen Spaß daraus machten. Aber trotzdem wollte ich weg. Zwischendurch versuchte Chung immer wieder, seine Hand auf mein Bein zu legen. Ich war kurz davor, aufzustehen und zu gehen, als endlich der stille Tuan auftauchte. Wo waren Hoan und Vy? Er zuckte die Schultern. Er hatte sie beim Rennen verloren.

Die Jungs aßen Ziegenfleisch mit Sesamkernen und Zitrone. Mein Gegenüber reichte mir ein fettes Stück Fleisch, das er zuvor in eine superscharfe Soße getaucht hatte. Ich sagte nur: »Juam Kamun.« Sie lachten. Dann nahm er das Stück, hielt es heldenhaft in die Luft, tauchte es abermals in die Soße, schob es sich demonstrativ in den Mund und weigerte sich danach, etwas zu trinken. Tuan schien besorgt, er schaute immer wieder auf die Uhr. Die anderen Jungs prahlten von ihren Suzukis und Honda Rebels. Einer erzählte, dass die Polizei jetzt mit Handgranaten und Gewehren auf die Rennfahrer losgehen würde. Er säuberte sich die Zehen mit einem Streichholz. Ein anderer sagte, die Polizei verhaftet sowieso nur die Unschuldigen. Gestern hätten sie seinen kleinen Bruder mitgenommen, weil der mit seinem Freund zum Spaß auf dem Bürgersteig mit Stöcken gekämpft hatte.

Die Korbfrauen waren schon vorbeigezogen, und Vy war noch immer nicht zurück. Gegen vier Uhr kommen sie im Gänsemarsch aus den Dörfern, um auf dem Dong-Suang-Markt ihr Obst und Gemüse zu verkaufen. An einem Bambusstab, den sie auf der Schulter tragen, hängt auf jeder Seite jeweils ein Korb. Auch wenn diese bis zum Rand mit schweren Drachenfrüchten gefüllt sind, scheinen die Körbe kein Gewicht zu haben, so leicht und elegant bewegen sich diese Frauen.

Ich wusste nicht, warum ich an diesem Tisch sitzen blieb. Ich war unruhig, spürte, dass die anderen auf Vietnamesisch über mich sprachen und sich lustig machten. Aber ich wollte wissen, was mit Vy passiert war. Ich dachte an Binh und kam mir unheimlich naiv vor. Im Morgengrauen fuhren die Jungs schwankend und grölend nach Hause. Tuan und ich saßen schweigend am Tisch und warteten. Dann kam Vy. Seine Honda Dream war dreckig. Es schien mir, dass er gestürzt war. Seine Beine waren voller Kratzer und Schürfwunden. Tuan schwieg und kühlte Vys Wunden mit nassen Servietten. Vy erklärte mit langsamen Gesten, dass er und Hoan um ein Haar geschnappt worden sind. Hoan war schon nach Hause gefahren. Vy war müde, wich meinen Blicken aus, schien mit seinen Gedanken woanders. Heroin? Gino il padrino hatte mir erzählt, dass das Rauchen von Heroin in Vietnam so gewöhnlich ist wie Grasrauchen in Deutschland. Ich fragte mich, ob Vy auch Heroin geraucht hatte. Aber ich wusste, so was würde er mir niemals sagen.

Hai kehrt mit Frühlingsrollen zurück, ganz dünnen Röllchen, wie Zigaretten, aus feinem Reispapier, mit Fleisch und Grünzeug gefüllt. Die schmecken mir. Hai bleibt an der Tür stehen und sieht mir gespannt beim Kauen zu. Er macht mich ganz unsicher. Vy kippt auch über die Frühlingsrollen wieder viel Nouc Mam und genießt das Essen. Dann bringt Hai noch frittierte, knusprige

Schlangenhaut, die aussieht wie gebratener Speck, aber weniger fettig ist. Vy und ich essen den ganzen Teller auf. Hai lächelt.

Nach dieser Nacht im Bia Hoi hatte ich das erste Mal genug vom Rennfahren und verbrachte die nächsten Tage mit Binh.

Vy hatte erfahren, was seine Freunde zu mir gesagt hatten. Er wusste sogar, dass Chung im Laufe der Nacht immer wieder versucht hatte, seine Hand auf mein Bein zu legen. Ich war Vy deshalb nicht böse, aber er nahm diesen Vorfall sehr ernst. Er stand plötzlich im Luna d'Autunno, wo er sonst nie hinkam. Ich wollte gerade mit Gino il padrino, Alex, Paolo und ihren Frauen zu Mittag essen. Vy hatte ein Geschenk in der Hand und hielt den Kopf gesenkt. Ich setzte mich mit ihm an einen anderen Tisch. Er hatte mir ein schönes Haarband gekauft und sagte immer wieder: »I am sorry, my friends are bad people« und »Maggie, don't be angry«. Ich versuchte ihm zu erklären, dass ich nicht böse war und dass ich auch nicht schlecht von ihm dachte. Aber er schüttelte beschämt den Kopf und entschuldigte sich unentwegt für seine Freunde und dafür, dass er mich mit ihnen allein gelassen hatte.

Ich wollte schon seit langem in das berühmte Schlangendorf Le Mat und Schlange probieren, und so fragte ich Vy, ob er nicht Lust hätte, jetzt mit mir dorthin zu fahren. Schlange ist eine teure Delikatesse in Vietnam. Vy kommt nur selten ins Schlangendorf, eigentlich nur mit seinen Eltern und zu besonderen Anlässen. Gino il padrino lachte und meinte, niemand isst Schlange zum Mittagessen. Aber Vy schien das nicht zu stören. Mich auch nicht. Und so fuhren wir los.

Hai bringt Drachenfrucht zum Nachtisch. Vy bestellt sich noch Melonenkerne. Es ist eine Kunst, die Schale dieses dünnen, glatten Kernes zu öffnen und den kleinen inneren Kern herauszupulen. Vy ist ein Meister darin. Seitdem er einmal gesehen hat, wie schwer ich mich mit den Melonenkernen tat, schummelte und die Schale mitaß, pult er immer für mich mit. Während ich Vys Hände beim Pulen beobachte, fällt mir auf der Innenseite seines Handgelenks eine ganz kleine Tätowierung auf. Ein Pik-Zeichen.

Mit Gesten und gemalten Bildern erklärt er, dass er bei einem Kartenspiel verloren hatte und sich als Strafe dafür dieses Pik-Zeichen tätowieren lassen musste. »Wann war das?« – »Long, long ago.« Er legt den Zeigefinger auf den Mund und fügt hinzu: »No say to Nga, no say to my mother.«

Zum Abschied kaufe ich noch eine kleine Flasche mit einer eingelegten Baby-Kobra als Andenken. Dann fahren Vy und ich zurück nach Hanoi. Es muss etwa halb sieben sein, denn ich höre die »Müllglocken« schlagen. Eine kleine Frau mit Schubkarre, spitzem Korbhut und Mundschutz schlägt mit einer Eisenstange auf einen Blechteller, um anzukündigen, dass die Leute ihren Müll rausbringen sollen. Zu dieser Zeit sind auch die Teeterrassen voll, und man sieht die Liebespaare auf ihren Mopeds um den Hoam-Kiem-See fahren.

Wir überqueren die Brücke, die über den Roten Fluss führt. Am Straßenrand wird ein Damm gebaut, zu jeder Tageszeit sieht man dort Arbeiter. Wenn die Regenzeit kommt, schwillt der Fluss so stark an, dass er ganze Viertel mitreißt.

In Hanoi sehe ich immer und überall Wasser, Frauen, die auf dem Bordstein Geschirr waschen oder ihre Läden wischen, Männer, die Eimer auf der Straße entleeren. Jeder Boden ist feucht, und in jedem Raum steht ein Feudel in der Ecke. Hanoi und Wasser gehören für mich zusammen wie Vy und sein Moped.

Das erste Rennen, das ich mit Vy erlebte, fand am Nachmittag statt. Ich saß hinter Vy auf seiner Honda Dream und genoss den Fahrtwind. Wir trieben im Verkehr, der lebhaft dahinfloss. Ich dachte, das Moped ist der einzige Ort, wo man in dieser von Menschen wimmelnden Stadt alleine ist. Mopedfahren ist hier wie Spazierengehen.

Vys Rücken strahlte Ruhe aus, eine unerschütterliche, reglose, vollkommene Ruhe. Seit einer halben Stunde drehten wir immer wieder die gleiche Runde. Zwischen dem West-See und dem Truch-Bach-See entlang fuhren wir auf die Hung-Voung-Allee, vorbei an den Mauern des Präsidentenpalastes, vorbei am Ho-Chi-Minh-Mausoleum, bogen an der einsäuligen Pagoda ab und kamen über die Hoang-Dieu-Allee am Armee-Museum vorbei wieder zu den Seen zurück. Vy meinte, dass auf dieser Strecke gegen fünf Uhr nachmittags die Rennen stattfinden.

Aber es deutete nichts auf ein Rennen hin, ich sah nur den normalen, chaotischen, wilden Hanoi-Verkehr, der rings um uns toste. Neben uns fuhr eine Familie, vorne der Vater, in der Mitte die sechs übereinander gestapelten Kinder, dahinter die Mutter. Vor uns eine junge Frau, wie die meisten vietnamesischen Frauen trug sie ein dreieckiges Tuch ums Gesicht, das nur Augen und Kinnspitze freiließ, und lange Handschuhe, um die weiße Haut vor Staub und Sonne zu schützen. Hinter uns hupte ein Arbeiter mit dunkler, narbiger Haut und Armeehelm. Ein Fahrrad, das mit Luftballons und bunten Bällen beladen war, wackelte an ihm vorbei. Ein Bauer, der auf seinem Moped eine Holzkiste mit gelben quiekenden Küken transportierte, kam direkt auf uns zu.

Vy unterhielt sich mit Hoan. Tuan hörte zu, sagte aber nichts. Die beiden fuhren neben uns auf Hoans Suzuki. Von dem silbrigen West-See stieg Dunst auf. Es war stickig, schwül. Die Luft hing schwer wie nasse Wäsche.

Die Ampel wurde rot. Wir blieben in der vierten Reihe stehen. Vor uns, hinter uns, überall erblickte ich fremde Jungs, alle etwa in meinem Alter. Sie waren wie aus dem Nichts aufgetaucht, saßen zu zweit, zu dritt, zu viert auf einem Moped, die Fahrer sahen geradeaus, die Hinterfahrer ließen cool die langen dünnen Arme schlackern. Sie wechselten kein Wort miteinander, es gab kein Zeichen, kein Zunicken, nichts. Vy streckte den Rücken. Die Ampel schaltete auf Grün. Donner.

Die Mopeds brüllen auf, und das Rennen beginnt. Plötzlich. Mitten am Tag. Die Leute erschrecken, versuchen auszuweichen, die Rennfahrer schlängeln sich durch den dichten Verkehr. Wer als Erster die leere Straße vor sich hat, kann voll aufdrehen. Vy ist der Slalomkönig, vorbei an den Familien, vorbei an den vermummten Frauen, vorbei an den beladenen Fahrrädern und in wenigen Sekunden sind wir die Ersten, neben uns eine schwarze Suzuki, der Fahrer, die Sonnenbrille im Nacken, versucht uns zu überholen, Vy fährt schneller und schneller, 80, 90, 100, wir schneiden durch die schwüle Luft wie ein schnelles Messer, ich halte mich an Vy fest, schließe die Augen, eine Kurve, ich spüre den Boden dicht an meinem Fuß, ich öffne die Augen, der Typ mit der Sonnenbrille liegt knapp vor uns. Vorsicht! Ein Mädchen schiebt ahnungslos ihr Fahrrad über die Straße, auf den Gepäckträger hat sie ein großes Stück Eis gebunden. Vy zieht den Lenker scharf nach links, der Typ auf der Suzuki jetzt hinter uns, Vy wechselt die Route, fährt auf die Nguyen Thaỉ Hoc zu, hinter uns kreischen die anderen Mopeds, wo sind Hoan und Tuan? Die schwarze Suzuki fliegt an uns vorbei, wir hinterher, vorbei am Lenin-Park, vorbei an der iranischen Botschaft mit dem spitzen Dach, vorbei am Vietnam-Korea-Freundschafts-Hospital, jetzt droht eine Honda Rebel, ein Typ mit Baseballkappe, wir liegen genau zwischen ihm und der Suzuki, Vy erhöht auf 110, mehr gibt die Honda Dream nicht her, vorbei an einem Haus, das auf Holzstäben gebaut wurde, vorbei an der japanischen Botschaft, die wie ein Raumschiff aussieht, Staub peitscht mein Gesicht, ich suche Schutz hinter Vys Rücken, wieder spüre ich eine Kurve, den heißen Boden an meinem Knöchel, ich blicke auf, sehe die Honda Rebel einen Meter vor uns, Laternen sausen vorbei, Bushaltestellen, Betonklötze, die Vy gestern als »International Buildings« bezeichnete, mitten auf der Spur pennt ein Rikscha-Fahrer, mein Bein streift beinahe seinen Wagen, vorbei am Bahnhof, wo nachts die Transvestiten stehen, vorbei am Fischministerium, vorbei am dunklen Glasbunker der US-Botschaft, Vy liegt vorn, doch da, an der Ecke, ein Polizist – die Polizei ist der wahre Feind, jetzt heißt es, schneller als die Polizei zu sein. Die Ampel wird rot. Vy schiebt das Bike mit seinen Füßen an den stehenden Mopeds vorbei, dicht hinter uns der Polizist, der geschickt das Gleiche tut, Vy ist schon in der ersten Reihe, Grün, und wups und um die Ecke, wo sind die anderen Rennfahrer?, und wups und um die Ecke, und wups und wups und wups und um die Ecke, in einer kleinen Gasse lässt Vy das Tempo auslaufen, bis wir vor einem Suppenstand anhalten, Vy absteigt, eine Schale Suppe kauft und sein Gesicht eintaucht, während der Polizist vorbeibraust.

Das ganze Rennen dauert etwa fünf Minuten. Jeden Tag das gleiche Spiel, du fährst und fährst und plötzlich stehst du in einer Reihe von Jungs und dir ist klar, dass sie ein Rennen fahren werden, du spürst es in der Luft wie ein Gewitter, sie kennen einander nicht, sie haben keinen festen Treffpunkt, es gibt auch keine Preise, sie stehen zufällig an der gleichen Ampel und wollen rennen, und sie rennen so lange, bis die Polizei auftaucht, dann verschwinden sie in irgendwelchen Gassen, so plötzlich, wie sie erschienen sind. Wer sich nicht erwischen lässt, hat gewonnen.

Vy schlürfte seine Suppe. Er kicherte, als er mein zerzaustes Haar sah. Ich schüttelte meine Beine, die noch ganz verspannt waren, und bemerkte, dass sich die Sohle von meiner einen Plastiksandale gelöst hatte. Lächelnd zeigte ich Vy, dass ich die Sandalen jetzt wegwerfen musste. Aber Vy schüttelte entschieden den Kopf. »No, Maggie, no.« Er deutete auf einen kleinen Mann, der gebückt am Straßenrand saß und eine Blechkiste neben sich stehen hatte. Das war ein Schuster, wie ich jetzt erfuhr. Vy rollte das Moped zu ihm hin und reichte ihm meine Sandale. Ich beobachtete fasziniert, wie der Schuster binnen weniger Minuten meinen Schuh reparierte. Aus dem kleinen Kasten kramte er eine große Nadel, die wie ein Schraubenzieher aussah, und einen Faden, der so dick wie Draht war. Mit einem Messer zog er einen Schlitz durch den Absatz, dann fädelte er geschickt den Faden ein und nähte Stich für Stich meinen Schuh.

Dann stiegen Vy und ich auf die glühend heiße Honda Dream und fuhren weiter …

Die kleine Katastrophe

Am Flughafen in Hanoi herrscht totales Chaos, und als ich endlich an die Reihe komme, droht meine Buchung den Betrieb vollends lahm zu legen. Die Beamtin wühlt durch die vielen Seiten meines Tickets, versteht nichts mehr und fragt mich schließlich, wo ich eigentlich hin möchte. »Nach Hongkong? Nach Istanbul?« »Nein«, antworte ich, »nach Tbilissi.«

»Tbilissi?«, wiederholt sie und sieht mich verwundert an. Sie weiß nicht, wo das liegt. Ich bin das schon gewohnt, überall werde ich gefragt, wohin fährst du? Nach Tbilissi? Georgien? Wo liegt das denn? Mir ging es ähnlich, als ich am ersten Schultag in New York ein schwarzhaariges Mädchen am Tisch sitzen sah, das ein goldenes Kleid trug. Sie hieß Tatia und war aus Tiflis, nannte die Stadt aber Tbilissi. Sie erklärte mir, das ist die Hauptstadt von Georgien, ein Land, das nördlich der Türkei und südlich Russlands liegt, zur einen Seite vom Schwarzen Meer und zur anderen von den Bergketten des Kaukasus umrahmt. Sie sagte, ihr Land ist berühmt für seine Weine, sein sanftes Klima, seine Dichter und seine Kunst. Bald lernte ich auch Tatias Freundin Ketuta kennen, und die beiden wurden meine besten Freundinnen in New York. Es wird gesagt, die Georgier gehören zu den ältesten Völkern der Welt.

Ich sage der Frau am Schalter, wo Georgien liegt. Sie nickt, reißt irgendwelche Seiten aus dem Ticket und sagt, ich kann fliegen. Im Flugzeug überlege ich, was mich wohl in Georgien erwartet. Tatia und Ketuta müssen diesen Sommer leider in New York bleiben. Die beiden schrieben in ihren E-Mails, ich soll mir keine Sorgen machen, sie haben all ihren Freunden Bescheid gesagt. Trotzdem bin ich ein bisschen traurig, ich hatte mich so gefreut, sie zu sehen.

Auf dem Flug von Hongkong nach Istanbul sitze ich neben einem wunderschönen Chinesen. Sein Gesicht ist so zart wie eine Bleistiftzeichnung. Als er aufwacht, tupft er mit einer Serviette ein bisschen Wasser an seine Schläfen und sieht sofort wie frisch geduscht aus. Später bietet er mir einen Kaugummi an und ich ihm eines meiner fünf Kissen. Mehr sprechen wir nicht.

In Istanbul fehlt dann das Ticket für den Weiterflug nach Tbilissi. Ich bin mit Cathay Pacific von Hanoi nach Hongkong und von Hongkong nach Istanbul geflogen und brauche nun das Turkish-Airline-Ticket nach Tbilissi. Und das ist verschwunden. Der Schein ist aus Versehen in Hanoi abgerissen worden. Der Mann am Schalter kann im Computer sehen, dass ich gebucht bin, ich habe auch 1000 andere Belege, auf denen steht, dass ich das Ticket gekauft habe, aber ohne diesen Schein kann ich nicht fliegen! Und die Maschine wartet. Und das Flugzeug ist voll. Und ich denke, mein Gott, was mach ich jetzt, um drei Uhr morgens, allein in Istanbul?

Ich mache ein riesiges Theater. Der Mann am Schalter hat Mitleid und will mich fliegen lassen, aber ich muss mir ein neues Ticket kaufen. Ich kann später über Frau Martha Ficke in Berlin eine Rückerstattung beantragen. Ich renne durch den leeren, nächtlichen Flughafen zum Nachtschalter des Reisebüros, wo eine verschlafene Frau für ein Ticket nach Tbilissi 500 Dollar verlangt. Ich habe nicht so viel Geld und beginne zu handeln. Der Mann vom Schalter kommt mit einem kleinen Wagen angefahren und fragt, ob ich das Ticket schon habe, die Maschine kann nicht länger warten. Er hilft mir, den Preis auf 100 Dollar zu drücken, packt mich auf seinen Wagen und rast zum Gate, wo man mich eilig durch den Gang schiebt und hinter mir die Tür zuknallt.

Die Passagiere, die fast eine Stunde warten mussten, empfangen mich mit lautem Rufen und Beifall: Die meisten von ihnen sind Georgier und bester Laune, sie freuen sich auf zu Hause. Als das Flugzeug in die Höhe steigt, singen sie georgische Lieder.

Tbilissi

Es war einmal oder es war einmal nicht ...
erster Satz eines georgischen Märchens

„შეთქმულნი“

Makka dreht die Musik ganz laut auf, kurbelt das Fenster runter und ruft in die Nacht: »Welcome to Georgia!« Irakli ist ihr bester Freund und Balletttänzer, er hat eine Glatze und auf der Glatze ein Pflaster. Er steuert den Lada.

Ich bin noch ganz benommen von Makkas stürmischer Begrüßung. Ich kenne sie nur flüchtig aus New York. Sie besuchte dort eine Kunstschule und war mit Tatia befreundet. Ketuta konnte Makka nicht leiden.

»Tatia hat erzählt«, sagt Makka und zündet drei Zigaretten gleichzeitig an, »du hast dich in einen Kubaner verliebt. Ich habe New York verlassen! Der größte Fehler meines Lebens! Ich bin für die Liebe nach Georgien zurückgekehrt. Und jetzt? Ach! Die Liebe ist vergänglich, und wir haben schwere Zeiten hier. Ich habe eine Modezeitung gegründet, aber keiner kann sie kaufen, weil keiner Geld hat. Hier kannst du arbeiten, so viel du willst, du wirst doch nicht bezahlt. Korruption! Nichts als Korruption! Die Politiker sind schlimmer als die Mafia!« Sie reicht uns die Zigaretten. Irakli nickt.

»Wo fahren wir hin?«, frage ich und versuche im Licht der Scheinwerfer etwas von der Stadt zu erkennen. Ab und zu blitzt eine Kirche auf. Makka lacht und hält ihre Hand in den Fahrtwind: »Du weißt ja noch gar nichts! Du wirst im Atelier von Ketutas Vater wohnen«, und verächtlich fügt sie hinzu, »im Künstlergarten!« Dann dreht sie sich zu Irakli: »Mein Gott, sie hat ja nichts zu essen! Wir müssen einkaufen!« Irakli bremst scharf. »Wie spät ist es? Fünf? Big Ben!« Ich versuche den beiden zu erklären, dass ich gar keinen Hunger habe und sehr müde bin, aber sie wollen davon nichts wissen. Wir halten vor dem Supermarkt Big Ben, der Tag und Nacht geöffnet hat. Irakli und ich warten im Auto und Makka kauft Fladenbrot, Gurken, Tomaten, Schafskäse und eine Flasche Khvanch Kara, einen süßen georgischen Rotwein. Dann fahren wir zum Künstlergarten.

Makka führt mich an der Hand durch den dunklen Garten und flüstert mir zu, dass neben mir eine berühmte, aber »grauenvolle« Schauspielerin wohnt. Das Atelier gefällt mir sofort: Der Boden ist mit Farbklecksen übersät und das Zimmer herrlich chaotisch. Auf dem Tisch liegen Skistiefel, daneben ein Werkzeugkasten, ein Aschenbecher und ein aufgeschlagenes Buch über Leonardo da Vinci. An der Wand hängen ein Frauenrock aus dem achtzehnten Jahrhundert, der obere Teil einer griechischen Säule und unzählige Theaterposter. Ketutas Vater ist Maler und Bühnenbildner, seine Produktionen sind um die ganze Welt gereist: *King Lear* in Moskau, *Der Sturm* in Tokio, *Drei Schwestern* in Buenos Aires, *Don Juan* in Paris. Dazwischen und überall Fotos von Ketuta, und als ich ihr Gesicht sehe, werde ich wieder ein bisschen traurig. Wir wollten immer zusammen nach Georgien fahren, jetzt bin ich hier, und sie ist in NewYork.

Makka öffnet den Wein, schaltet das Radio und das Licht an, singt und trinkt und feiert meine Ankunft. Mir wird auf einmal ganz komisch zumute. Irakli bemerkt mein Schweigen und sagt zu Makka, dass sie jetzt besser gehen, ich sehe müde aus. Makka reicht mir den Wein: »Wir haben noch nicht angestoßen! Auf Tbilissi! Auf einen wunderschönen Monat in diesem, na ja, sagen wir, besonderen Land! Und auf die tratschenden Georgier! Du wirst schon sehen, alle wissen alles über jeden, und alle wissen, dass du hier bist!« Ich trinke den Wein, obwohl ich Durst habe und lieber Wasser trinken würde. Der süße Geschmack klebt mir im Hals und lässt sich nicht herunterschlucken.

Als die beiden fort sind, sinke ich auf das Bett in dem kleinen Schlafzimmer, wo ein noch größeres Chaos herrscht. Ich denke, ich bin hinter der Bühne: Das Bett ist umrundet von Theaterrequisiten. Der Nachttisch ist ein alter Koffer. Auf dem Koffer steht eine Vase, darin ist ein Ast, an den ein Tuch mit vielen Knoten gebunden ist. Davon hat Ketuta immer erzählt. Eine georgische Tradition: Man geht in den Wald und bindet ein Tuch an einen Baum, dann verknotet man darin seine Wünsche, und manchmal, wenn man ganz fest daran glaubt, gehen sie in Erfüllung. Ich nehme die Spitze des Tuches und mache auch einen Knoten.

Die Gastgebertradition

Als ich am nächsten Tag gegen Mittag aufwache, sitzen Makka und Irakli schon im Garten, an dem Tisch unter der Laube, und unterhalten sich mit der »grauenvollen« Nachbarin. Sie sind gekommen, um mich zum Frühstück einzuladen und mit mir eine kleine Stadtrundfahrt durch Tbilissi zu machen. In Georgien bin ich nicht die Fremde, die allein durch die Straßen spaziert, in Georgien bin ich Gast. Makka verbietet mir regelrecht, ohne Begleitung herumzulaufen, es ist gefährlich für eine Frau, besonders wenn man weder Georgisch noch Russisch spricht. Es gibt in Tbilissi wenig Tourismus. Die meisten Ausländer, die herkommen, sind eingeladene Gäste. Und der Gast ist hier wahrhaftig der König. Er wird beschenkt, bewirtet, unterhalten, herumgeführt, keine Minute unbewacht gelassen und immer eingeladen. Das ist eine uralte georgische Tradition.

Makka schwärmt wieder von New York und erklärt, wie schlimm es momentan in Georgien ist. Aber als wir am Flussufer der Kura vorbeifahren, hält sie inne. Wir steigen aus dem Wagen und sie zeigt auf eine Statue. Der steinerne Mann auf seinem steinernen Pferd war einmal König von Georgien und hieß Wachtang Gorgassali. »Er hat Tbilissi vor 1600 Jahren gegründet«, erzählt Makka stolz, »er war auf der Jagd und erlegte mit Pfeil und Bogen einen Fasan, der in eine heiße Quelle stürzte und gar gekocht wieder auftauchte. Daraufhin verlegte Wachtang seinen Regierungssitz von Mzcheta nach Tbilissi. Auf Georgisch bedeutet ›tbili‹ warm und ›Tbilissi‹ warme Quelle.« Sie bleibt einen Moment schweigend stehen und hält ihr Gesicht genüsslich in den warmen Wind.

Irakli deutet auf eine Kirche, die gegenüber auf einer Felsspitze thront, die 700 Jahre alte Metechi-Kirche. Er erzählt, wie diese immer wieder überfallen wurde, von Barbaren, von Mongolen, von Persern, von Türken. »Aber auf der östlichen Tempelmauer«, sagt er noch stolzer als Makka, »kannst du eine Inschrift lesen: König Irakli hat diese Festung vor dem Feind gerettet.« Überall sehe ich Statuen und Kirchen, schöne, uralte Kirchen aus dunklem Stein. Jede scheint ihre eigene Legende zu haben, und ich denke, wenn es irgendwo in der Welt Geister gibt, dann hier.

Wir steigen wieder ins Auto und fahren in die Altstadt, durch enge, gewundene Gässchen, in denen ich mich ins Mittelalter zurückversetzt fühle. Irakli sagt, die Häuser sind zum Teil 2000 Jahre alt. Er hält neben einer steilen, ungepflasterten Sackgasse. Sie endet an einer Treppe, die den Berg hinaufführt und sich irgendwo im Gestrüpp verliert. Dem letzten Haus dieser Gasse fehlt die vordere Wand. Es sieht aus wie eine Theaterkulisse. Ich kann den Tisch und das Bett sehen. Makka sagt, die Regierung gibt lieber ihr Geld für hässliche Betonbauten aus, anstatt die Altstadt zu renovieren. »Die Leute, die da wohnen«, sie zeigt auf das Haus, »die müssen im Winter zu Gott beten, dass sie nicht erfrieren.«

Beim Essen überrollt mich Makka mit 1000 Plänen, die sie für die kommenden Wochen vorbereitet hat, eine Fahrt nach Batumi

MHM-816

ans Meer, ein Ausflug in die Berge, diverse Museen, Essen bei ihren Eltern. Heute Abend werden wir ins Theater gehen. »Sukho hat dich eingeladen«, sagt sie. Sukho ist Regisseur, ein Freund von Ketuta. Makka warnt mich, Sukho sei ein grauenvoller Regisseur, sein Lieblingsdramatiker, »dieser Lascha«, ein grauenvoller Jungautor, den ganz Tbilissi mit Shakespeare vergleicht, und meine Nachbarin, die in seinem neuen Stück mitspielt, sei ganz besonders grauenvoll. Irakli lächelt liebevoll und sagt, es ist nicht ganz so schlimm.

Die Aufführung findet in einem ehemaligen Weinkeller, dem Marjanishvili-Theater, statt. Das Stück ist eine Neubearbeitung von *Frankenstein*. Das Publikum lacht unentwegt, und meine Nachbarin sieht sehr lustig aus, wie sie mit ihrem großen Körper und der langen Nase gebückt über die Bühne humpelt und ständig stolpert. Ich wünschte, ich könnte verstehen, was sie sagt.

Nach der Vorstellung treffe ich Sukho, den Regisseur, in der Kantine. Er weiß von Ketuta schon alles über meine Reise und fragt höflich und in gutem Englisch, ob er mich heute Abend zum Essen ausführen darf. Alle kommen mit, die Schauspieler, zwei Freunde von Sukho, Makka und Irakli. Wir essen in einem wunderschönen Restaurant mit Springbrunnen und Blick auf das Flussufer. Nach diesem Essen übernimmt Sukho die Rolle des Gastgebers. Als Makka und Irakli gegangen sind, erzählt er mir, dass er ganz erschrocken war, als er hörte, dass Makka meine Gastgeberin werden soll. Denn Makka findet alles in Georgien grauenvoll, wo sie auftaucht, schimpft sie. Dank ihrer Lästereien ist sie jetzt das unbeliebteste Mädchen der Stadt. Irakli ist ihr einziger Freund. Ich erfahre, dass sie angeblich nach Georgien zurückkam, weil sie hoffte, ihr Geliebter, dem das hiesige McDonald's gehört, werde sie heiraten. Aber der machte ihr keinen Antrag. Seitdem sucht Makka verzweifelt einen Bräutigam und »belästigt alle reichen Männer«.

Sukhos Geschichten

David Sakvarelidze (oder kurz: Sukho, ausgesprochen wie Zsucho) und ich verbringen den nächsten Tag im Rustaweli-Theater, dem Staatstheater. Er stellt mir vom Pförtner bis zum Intendanten jeden einzelnen Mitarbeiter vor, sogar die Köchin in der Kantine, die mich zum Mittagessen einlädt. Zum Abschluss dürfen Sukho und ich auf den Balkon des Theaters, der über die breite Rustaweli-Allee blickt. Ein Balkon, wie ihn nur Könige betreten! Mit Glastüren, Mosaikboden, Säulen und verziertem Geländer. Das ist eine absolute Ausnahme, denn der denkmalgeschützte Balkon darf nur zu ganz besonderen Anlässen benutzt werden. Aber ich bin ja ein Gast, eine Freundin von Sukho, den hier alle mögen, und, wichtiger noch, eine Freundin von Ketuta, deren Vater ein Star an diesem Theater ist. Ich beuge mich über die Brüstung, schaue auf die Straße und komme mir wie eine Prinzessin vor, die dem Volk ihre Hochzeit ankündigt. Ich winke irgendwelchen Passanten zu. Sie lachen und winken zurück. Sukho wirft die Arme in die Luft und ruft: »Viva Georgia!«

Sukho ist rundlich und klein, erzählt leidenschaftlich gerne Anekdoten, liebt große blonde Models, London und Moskau. Und Georgien! Er ist einer der wenigen georgischen Regisseure, die ihre Stücke mithilfe privater Sponsoren und ohne staatliche Subventionen finanzieren, einer der wenigen, die etwas verdienen und die Schauspieler bezahlen können. Er ist Mitte 30 und hat bereits in vielen großen europäischen Städten gearbeitet. Er will Georgien in der ganzen Welt berühmt machen. Seine Familie gehört seit Generationen zu den angesehensten von Tbilissi. Weil sie alle so schön singen. Ketuta hat mir oft von den Abenden in Sukhos Wohnung erzählt. Sie war ein kleines Mädchen und wohnte schräg gegenüber, und immer wenn sie Sukhos Großväter, Sukhos Vater und Sukhos Onkel singen hörte, schlich sie sich heimlich aus dem Haus und stellte sich vor Sukhos Tür, um dem schönen Gesang zu lauschen. Es sind mehrstimmige Lieder, die nur von Männern gesungen, manchmal von einer kleinen Gitarre begleitet und nur zu Hause aufgeführt werden. Die wichtigsten Persönlichkeiten der Stadt fühlten und fühlen sich noch heute geehrt, wenn sie Gäste von Sukhos Familie sein dürfen. Je mehr Zeit ich mit Sukho und seinen Freunden verbringe, desto mehr frage ich mich, was ich eigentlich in der Schule gelernt habe. Ob Künstler oder nicht, alle können singen, Gedichte rezitieren, zeichnen, verschiedene Musikinstrumente spielen und mehrere Sprachen sprechen. Und sie alle scheinen die wichtigsten Werke der Weltliteratur nicht nur gelesen zu haben, sondern auch auswendig zu können. Besonders beliebt sind hier die deutschen Dichter, Philosophen und Komponisten, und in den vielen Gesprächen gerate ich immer wieder in große Verlegenheit, weil ich so viel weniger weiß als sie.

Und sie alle können so schön erzählen. Es ist, als sei das ganze Leben eine einzige Erzählung. Wenn sie über andere Leute sprechen, und das tun sie oft, dann meistens in Form von kleinen Geschichten.

Ich glaube, ich habe mich noch nie so viel unterhalten wie in Tbilissi. Hier findet das Leben nicht, wie in Vietnam, auf der Straße statt, sondern bei Tischgesellschaften. Ich brauche eine Weile, bis ich mich in den Unterhaltungen zurechtfinde, die ganze Stadt scheint einander zu kennen und über einander zu reden. Ich erfahre über meine Nachbarin mehr aus den Anekdoten von Sukho als von ihr selbst und umgekehrt. Und durch Sukho lerne ich so viele Leute kennen, dass ich eine Liste anfertige, auf der ich sie mit Namen und Beruf vermerke. Das hilft mir allerdings nur wenig, denn sie heißen alle ähnlich und sind fast alle Künstler. Sukho nimmt mich zu Galerieeröffnungen, Filmveranstaltungen, Theateraufführungen, Konzerten mit, und immer heißt es, das ist Gio, der beste Fotograf, das ist Sesili, der fabelhafteste Pianist, das ist Gogi, der größte Architekt, das ist Nodar, der interessanteste Künstler, das ist Teona, die Frau von Gio, dem berühmtesten Filmemacher, das ist Gogi, der allerbeste Maler, das ist Zurab, der wichtigste Journalist, das ist Dato, der wunderbarste Schriftsteller, das ist Saliko, der erfolgreichste Schauspieler, das ist Dato, der talentierteste Komponist, und wieder ein Gio, der beste Musiker, und wieder ein Dato, ein noch besserer Musiker. Am schönsten und schwierigsten sind ihre Nachnamen: Amaglobli, Ioselinai, Chogoshvili, Kakabadze, Gegechkozi, Gogiberidze ... Danach gehen wir immer in ein Café oder zu einem Freund nach Hause, wo mir Sukho dann ihre Geschichten erzählt: »Der Dunkelhäutige, den du so mochtest, mit der ledernen Kappe und der großen Narbe im Gesicht, war Koto Kubaneishivili, ein Dichter, der seine Gedichte und Slogans auf T-Shirts druckt und sie im ganzen Land verbreitet. Früher war er ein gefürchteter Straßengangster, ein bezahlter Killer. Einmal sollte er jemanden umbringen, der wehrte sich aber und stieß Koto ein Messer ins Gesicht. Das war 1989, am gleichen Tag fand in Tbilissi die große Demonstration für die Unabhängigkeit Georgiens statt. Russische Panzer rückten an, es war wie im Krieg, und Koto rannte blutend mit diesem Messer im Gesicht durch die vollen Straßen, vergeblich um Hilfe schreiend. Dass er überlebt hat, ist ein Wunder. Seitdem ist er Dichter. Mein Freund Lascha kennt ihn gut.«

Lascha, Lascha, Lascha, immer wieder taucht in diesen Unterhaltungen der Name Lascha auf. Lascha ist Sukhos Neuentdeckung und sein enger Freund. Ein zwanzig Jahre alter Dramatiker, der mit seinem Theaterstück *Otari* über Nacht berühmt wurde.

Als wir gestern bei Dato Turashvili saßen, einem Schriftsteller, der beim Sprechen mit den Händen fuchtelt wie ein Ertrinkender, unterhielt man sich über den neuen Parlamentssprecher. Das erinnerte Sukho an eine Anekdote mit Lascha: »Als Präsident Schewardnadse kurz vor den Wahlen stand, lud er Lascha zu einer Parlamentsrede ein, weil ein beliebter junger Dramatiker immer gute Werbung ist. Aber Lascha vergaß hinzugehen. Er lag zu Hause im Bett und schlief. Sein Großvater schaute sich die Rede im Fernsehen an, und plötzlich hörte er Schewardnadse sagen: ›Unter uns befindet sich der talentierteste Dramatiker der neuen Generation, Lascha Bugadse …‹, und die Kamera schweifte vergeblich durchs Publikum. Am nächsten Tag rief Lascha panisch an und bat mich, den Parlamentssprecher anzurufen und ihm zu sagen, dass er, Lascha, da gewesen ist, aber die Kamera ihn nicht gefunden hätte. Der Parlamentssprecher hat zum Glück alles geregelt.«

Leider kann ich Lascha nicht kennen lernen. Er befindet sich gerade auf seiner ersten Auslandsreise. Er fährt zusammen mit 80 Schriftstellern aus 40 Ländern durch Europa, Russland und den Balkan. Aber er ruft Sukho dreimal täglich auf dem Handy an und sagt, er vermisst Georgien.

Ich wollte mehr über Lascha wissen und fragte, was für ein Stück *Otari* ist. Daraufhin lehnten sich Sukho, Dato Turashvili und Rati, der Dichter, der auch dabeisaß, in ihren Stühlen zurück und grübelten.

»Es ist nicht so leicht zu erklären«, sagte Sukho. »Es geht um eine Familie, 1993, kurz nach dem Bürgerkrieg in Tbilissi. Der Vater ist Taxifahrer und heißt Otari. Er hat einen Sohn, der zu Beginn des Stückes den Eltern seine neue Freundin vorstellt: eine Kuh. Zuerst ist Otari empört, ein Mensch mit einer Kuh? Doch dann beginnt auch Otari ein Verhältnis mit dieser Kuh – der Freundin seines Sohnes. Otaris Frau ist hochschwanger. Sie bringt ein Mädchen zur Welt. Das Mädchen ist kurz nach der Geburt bereits vier Jahre alt und reift innerhalb weniger Tage zu einer Frau heran. Im Verlauf des Stückes wird das Familienleben immer mehr zur Hölle. Otaris Frau schiebt die ganze Schuld auf ihre Kinder und will die sonderbare Tochter umbringen. Darüber bricht ein heftiger Streit zwischen ihr und ihrer Schwiegermutter aus. Otaris Frau frisst dann die Schwiegermutter einfach auf und wird sofort wieder mit ihr schwanger. Otari bringt seinen Sohn um, weil der die Kuh nicht teilen will. Am Ende frisst die eifersüchtige Ehefrau auch ihren Mann Otari auf.«

Rati, der Dichter, der das ganze Stück auswendig kennt, rezitiert den Schlussmonolog von Otaris Frau:

»Die Natur ist sonderbar. Niemand sollte das jemals vergessen. Jeder Mann und jede Frau soll tun, was ich getan habe. Es bringt Glück. Anstatt Kinder zu zeugen und einen fremden Menschen in die Welt zu setzen, sollen wir uns gegenseitig immer wieder gebären. Es soll nur noch uns und immer wieder uns auf dieser Welt geben, Jahrtausende lang. Man redet immer über die Natur, die Natur, die Natur. Fresst euch gegenseitig auf, solange ihr noch könnt. Die Unsterblichkeit liegt in unseren Bäuchen!«

Rati und Lascha

Tbilissi liegt im Trialeti-Gebirge wie zwischen den Schenkeln einer Frau, in einem lang gestreckten Tal, entlang der Kura. Auf beiden Seiten der Bergketten erheben sich dunkle Kirchen und Festungen wie Schatten in den Himmel. Viele Völker kamen durch diese Landenge, Perser, Iraker, Tartaren, Mauren. Immer wieder wurde Georgien angegriffen und immer wieder wollten die Moslems aus den umliegenden Ländern das griechisch-orthodoxe Christentum aus Georgien vertreiben. »Es gibt eine Geschichte«, erzählt Sukho, »von einem iranischen König: Als er Tbilissi besetzt hatte, stellte er am Kura-Ufer eine Statue der Jungfrau Maria auf und ließ jeden Georgier frei, der dieser Statue ins Gesicht spuckte. Denen, die sich weigerten, wurde der Kopf abgeschlagen. Es heißt, dass an jenem Tage viele Tausend Köpfe in die Kura rollten. Die christliche Religion ist hier eine Art nationaler Stolz, verstehst du?«

Es ist ein strahlender Julitag, ab und zu weht ein leichter Wind. Sukho und ich sind auf dem Weg zu einer Lesung und fahren die breite Rustaweli-Allee entlang. Sie ist von Bäumen und imponierenden Gebäuden gesäumt, um sie herum schlängeln sich kleine Straßen bergauf und bergab. Rustaweli ist, wie Sukho so schön sagt, der größte der großen georgischen Dichter. Das epische Gedicht *Der Mann im Pantherfell* kennt jeder Georgier auswendig. Sukho fragt mich, welches deutsche Gedicht alle Deutschen auswendig kennen. Vielleicht *Die Lorelei*? Oder *Der Erlkönig*? Oder gar keines? Ich weiß es nicht.

Unser Taxi fährt einen holprigen Hügel hoch und hält vor einem Schild mit der Aufschrift *Crêperie*. »Es ist die einzige Crêperie in Tbilissi«, sagt Sukho stolz, »aber die georgischen Gerichte schmecken besser. Es ist unser Stammcafé. Lascha, Rati, Dato, alle lesen hier.«

Direkt nebenan wohnt Laschas Vater, ein berühmter Maler. Ich glaube, ich habe noch nie einen Maler gesehen, der so viel malt. Als Sukho und ich ihn neulich besuchten, musste er erst mal sämtliche Gemälde aus dem Flur räumen, damit wir überhaupt in die Wohnung kamen. Er malt mindestens 50 Bilder in der Woche, riesengroße, prunkvolle Bilder. Er sagte, seine Kunst ist »neoromantisch und neosymbolisch«, aber die Interpretation ist völlig neu. Er erzählte mir voller Stolz, dass sein Sohn Lascha nicht nur sehr gut schreibt, sondern auch wunderschön malt, und schenkte mir zum Abschied ein Bild von Lascha, eine Schwarz-Weiß-Zeichnung von einer Szene aus Shakespeares *Zwei Herren aus Verona*. Kaum zu glauben, dass Lascha erst dreizehn war, als er das gezeichnet hat.

Lascha wohnt bei seiner Mutter. Die Eltern sind geschieden. Sukho erzählt mir, dass die Mutter nach der gescheiterten Ehe einen Mafiaboss geheiratet hatte, der ihr ganzes Vermögen stahl.

Danach soll sie monatelang kein Wort mehr gesprochen haben. Auch sie besuchten wir. Hier herrschte eine völlig andere Atmosphäre als bei Laschas Vater, viel melancholischer, stiller. Die Mutter empfing uns mit Honigeis. Sie war zierlich und schmal und sagte mit einer leisen Stimme: »Mein Sohn ist sehr talentiert, aber leider zu dick.« Sie hat alles versucht, Lascha zum Sport zu überreden. Ihre letzte Hoffnung war ein strenger Skilehrer aus dem Kaukasus. Lascha blieb dort einen Monat. Als sie ihn abholte, fand sie ihn auf einer Bank neben dem Skilehrer, in der einen Hand ein Stück Kuchen und in der anderen seinen Stift.

Eine schmale Treppe führt in die Crêperie hinunter, in der es genau zwei Tische gibt und eine lange Bank an der Wand. Da sitzen sie alle, Gogi, Dato Efegnidze, Dato Turashvili, Achiko, Lelako, Salome, Teona und Ninia. Nur Lascha fehlt. Ganz hinten sitzt eine Gruppe älterer Frauen, die Freundinnen der Besitzerin. Sie haben Rati, den Dichter, der heute lesen wird, in ihre mütterliche Mitte genommen und schieben ihm lauter Teller und Schüsseln mit Essen zu. Für die Lesung bekommen die Schriftsteller die Mahlzeiten umsonst. Aber Rati kann nichts mehr essen und versucht sich von den vielen Gabeln zu befreien. Die Frauen rufen: »Lascha! Lascha! Wo ist Lascha? Er würde niemals unser Essen ablehnen!«

»Weißt du«, sagt Laschas Freundin Ninia zu mir, »Lascha trinkt nicht, raucht nicht, tanzt nicht, er isst.« Sie lacht. Auf ihrem Schoß sitzt ihr dreijähriger Sohn. Lascha ist nicht sein Vater, aber der Kleine liebt ihn abgöttisch. Ich treffe hier viele Mädchen, die mit zwanzig schon geschiedene Mütter sind. Sukho sagt, das ist normal in Tbilissi. Die Mädchen heiraten mit siebzehn, und mit zwanzig lassen sie sich wieder scheiden. »Lascha beschäftigt sich in seiner Arbeit viel mit dem Thema Familie«, erklärt Sukho. »Während meine Generation Bürgerkrieg auf den Straßen von Tbilissi machte, mit Knarren und Maschinengewehren rumlief, saß die

Generation von Lascha zu Hause und durfte nicht weg. Wir waren gespannt auf die neuen Theaterstücke und Gedichte dieser Generation, erwarteten Themen wie Krieg, Tod oder Politik. Aber sie schrieben nicht über den Krieg auf der Straße, sondern über den Krieg in der Familie.«

Nachdem wir gegessen und uns lange unterhalten haben, zieht sich Rati einen Stuhl von den Tischen weg, schlägt ein dünnes, kleines Büchlein auf und liest. Er bewegt dabei seine rechte Hand, als dirigiere er ein Orchester. Der Klang der georgischen Sprache ist so seltsam, mir so fremd, mit nichts zu vergleichen. Hart und gleichzeitig unendlich weich, immer wieder diese Is am Ende der Wörter, die mich ans Italienische erinnern, dazwischen diese Z-K-H-Laute, wie der Name Sukho, den ich nie richtig aussprechen kann, und dann denke ich plötzlich, jetzt klingt es wie Griechisch. Es ist schön, Rati zuzusehen. Er liest beinahe mit geschlossenen Augen. Die anderen sind ganz still, fast reglos. Man spürt, dass jeder wirklich zuhört, dass Ratis Worte durch die Ohren direkt in die Körper fließen, dass sie ankommen und nicht im Raum verloren gehen. Es scheint mir fast, als halte Rati eine Predigt. Und die anderen glauben ihm aufs Wort. Ich bedauere so sehr, dass ich kein Georgisch spreche. Ich habe das Gefühl, dieses Land ohne seine Sprache gar nicht wirklich verstehen zu können.

Nach der Lesung lädt mich Rati zu sich nach Hause ein. Sukho muss noch was erledigen, wir werden ihn und die anderen später wieder treffen. Es dämmert. Der Abendhimmel hebt sich golden gegen das schwarze Gebirge ab. In der Ferne leuchtet der Mond. Bald wacht der Geist von Wachtang Gorgassali auf, reitet zu den warmen Quellen und grüßt Irakli, der vor seiner Kirche die Nachtwache antritt.

Rati öffnet eine Flasche Wein und zündet eine Kerze an. Wir setzen uns an einen schönen alten Holztisch und unterhalten uns über Lascha. Rati und er sind beste Freunde. »Als ich Lascha zum ersten Mal sah, weinte er«, erzählt Rati. »Wir waren beide sechs Jahre alt, es war der erste Schultag, und die Eltern waren gerade gegangen. Ich hab ihn getröstet. Und von diesem Moment an saßen wir während der ganzen Schulzeit immer in einer Bank. Wir haben alles zusammen erlebt und alles miteinander geteilt, vor allem in dieser schwierigen Zeit vor und nach der Auflösung der Sowjetunion. Ich weiß es noch genau, April 1989, da fand die große Demonstration in Tbilissi für die Unabhängigkeit Georgiens statt. Lascha und ich waren zehn Jahre alt und wollten unbedingt dabei sein, alle waren dabei, meine Brüder, Freunde, Bekannte. Aber die Eltern verboten es uns. Die Russen kamen mit Panzern, schossen und sprühten Tränengas in die Menge. Hunderte kamen ums Leben. Eine große Tragödie in Tbilissi, weil jeder von uns mindestens einen Freund oder Verwandten verloren hat.

Lascha und ich wollten uns an den Russen rächen. In der griechisch-orthodoxen Religion wird der Tod eines Menschen 40 Tage lang betrauert. Am 41. Tag geht man zum Friedhof, verabschiedet sich von der Seele, die dann zum Himmel aufsteigt, und feiert ein großes Fest. Lascha und ich mussten damals noch unsere roten Pioniertücher tragen. Wenn jemand das Tuch nicht trug, konnte er in ernste Schwierigkeiten geraten. Ich meine, dein Tuch zu vergessen war, wie deinen Kopf zu vergessen.

Lascha und ich warteten 40 Tage bis Mitte Mai, kurz vor den Sommerferien. Am 41. Tag gingen wir zum Flussufer und verbrannten unsere Tücher. Die anderen Klassenkameraden hatten von unserem Plan gehört. Unsere gesamte Klasse kam und warf ihre Tücher ins Feuer. Zur Strafe mussten wir den ganzen nächsten Tag in der Schule an der Wand stehen. Sonst passierte uns zum Glück nichts. Die Lehrer waren mit den Abiturienten beschäftigt, denn die hatten die Flagge der Sowjetunion vom Schultor geholt und zerschnitten.« Rati taucht den Finger in das flüssige Wachs der Kerze, rollt es zwischen Daumen und Zeigefinger zu einer Kugel zusammen, lächelt und hebt mit der anderen Hand das Glas: »Gaumardshos! Auf Lascha!«

Dann erzählt er weiter: »Lascha hat schon immer gewusst, dass er Schriftsteller werden will. Am ersten Schultag sagte er, ich heiße Lascha und bin Schriftsteller. Ich dagegen hatte die Wahl zwischen Fußballer oder Dichter. Mit siebzehn spielte ich im Nationalteam. Frag nicht, warum ich abgebrochen und mich fürs Schreiben, also gegen das Geld, entschieden habe. Ich kann es dir nicht sagen. Mein erstes Gedicht schrieb ich mit zwölf Jahren, es kam einfach so in meinen Kopf geflogen, ohne dass ich es wollte. Es handelt von einem Fenster, von Dingen, die vor dem Fenster stattfinden, die ich beobachte, und schließlich stellt sich raus, dass eigentlich gar nichts vor dem Fenster stattfindet, dass ich es bin, der stattfindet, ich, der alle diese Dinge sieht.«

Bis vor einem Jahr saßen Lascha und Rati immer zu Hause. Schrieben, lasen, hörten klassische Musik zusammen oder machten lange Spaziergänge am Flussufer. Sie hatten beide keine Freundin und glaubten, sie würden nie ein Mädchen bekommen. Weil Lascha so dick und Rati so schüchtern war.

»Das hat sich alles schlagartig geändert«, sagt Rati und schüttelt den Kopf, als könne er es immer noch nicht glauben. »Sukho hielt an der Universität ein Seminar und war auf der Suche nach neuen Stücken. Als er Laschas Stück *Otari* las, wollte er es sofort inszenieren. Wenige Wochen später lud er Lascha zu einem großen Literatur-Festival in Batumi ein. Lascha wollte nicht alleine fahren, und ich fuhr mit.«

Ich weiß von Sukho und den anderen, dass Laschas Theaterstück und Ratis Gedichte in Batumi für Schlagzeilen gesorgt haben, vor allem wegen ihres kritischen Blicks auf die georgische Gesellschaft. Diese neunzehnjährigen unbekannten Gestalten, die laut Dato Turashvili aussahen »wie zwei rumänische Touristen«, wurden zur Neuentdeckung des Sommers und sofort im ganzen

Land berühmt. Als sie nach Tbilissi zurückkehrten, waren sie begehrt und umworben wie Filmstars.

Rati lehnt sich zurück und trinkt nachdenklich seinen Wein. Rati ist immer der Erste, dem Lascha seine Theaterstücke zeigt, und Lascha der Erste, dem Rati seine Gedichte vorliest. Ich frage ihn, ob sie sich gegenseitig kritisieren. Da schüttelt Rati ganz energisch den Kopf: »Unsere zwei Lieblingsbeschäftigungen sind tratschen und uns gegenseitig loben. Hey, du bist ein Genie! Nein, du bist das Genie!«

Ratis Handy klingelt. Es ist seine Freundin Lelako, sie fragt, ob wir nicht zu ihr kommen wollen. Ihre Eltern sind in ihr Sommerhaus gefahren, und sie hat sturmfreie Bude. Wir trinken noch den Wein aus und machen uns auf den Weg. Im Treppenhaus hält mich Rati am Ärmel fest und sagt: »Warte, da fällt mir noch eine kleine Anekdote ein. Einmal kam ich zu Lascha nach Hause. Er war in seinem Zimmer. Ich öffnete die Tür, und er stand mit dem Rücken zu mir, hörte sehr laut Gustav Mahler und dirigierte dazu. Ich schloss die Tür hinter mir, stellte mich neben ihn und dirigierte auch. So standen wir etwa eine Stunde nebeneinander. Das ist unsere Freundschaft.«

Bei Lelako

Lelakos Wohnung ist das »Liebesnest« von Tbilissi. Wenn ihre Eltern in das Landhaus fahren, übernachten hier viele Paare. Die meisten georgischen Eltern erlauben ihren Kindern nicht, bei dem Freund oder der Freundin zu schlafen. Sie sollen damit bis zur Ehe warten. Deshalb heiraten viele schon so früh.

Ein rot-erdbrauner Farbton dominiert dieses Nest, an den Wänden und auf den Böden hängen und liegen georgische und persische Teppiche. Lelako sitzt auf dem Sofa und unterhält sich mit Ninia, Laschas Freundin, über Folteropfer. Sie hat gerade ihr Psychologiestudium abgeschlossen und arbeitet mit Menschen, die von der Polizei gefoltert worden sind. Sie erzählt einen ziemlich erschreckenden Fall: »Ein Mann meldete der Polizei, dass sein Auto gestohlen wurde. Zwei Tage später kamen drei Beamte zu ihm nach Hause und verlangten, dass er ein Dokument unterschreibt, auf dem stand, dass er das Auto selbst gestohlen hat. Sie wollten Geld von ihm.« Lelako wendet sich an mich und sagt: »Die Polizei macht das immer so, sie suchen sich einen raus und hängen ihm irgendwas an, was er gar nicht getan hat, nur um Geld zu bekommen. Aber dieser Mann weigerte sich. Daraufhin verprügelten ihn die Beamten, und als das nichts half, zwangen sie ihn, eine ganze Packung Salz zu essen, während sie vor ihm literweise Wasser tranken.«

Das ist einer der Gründe, warum ich nicht alleine spazieren gehen soll. Von Ausländern verlangt die Polizei oft Dokumente, die angeblich für den Aufenthalt notwendig sind, aber gar nicht existieren, und wenn man nicht sofort zahlt, drohen sie mit einer Gefängnisstrafe.

»Und Schewardnadse gammelt vor sich hin wie alter Käse«, sagt Lelako, »er will nur schön auf seinem Posten bleiben und Geld einsammeln. Was mit unserem Land geschieht, ist ihm egal. Politiker verschwinden von der Bildfläche, Journalisten werden gekidnappt, die Mafia macht ihre Geschäfte, die Polizei macht ihre Geschäfte, die Armee macht ihre Geschäfte, die ausländischen Investoren machen ihre Geschäfte, und am Ende bleibt kein Geld für das Volk übrig und alle müssen zur Therapie.«

Es klopft an der Tür. Salome kommt. Sie sieht aus, als hätte sie gerade geweint. Ich frage sie, was passiert ist, aber sie schüttelt nur den Kopf und will nicht darüber reden. Salome ist ein sehr geheimnisvolles Mädchen, das sehr wenig erzählt. Oft schweigt sie den

ganzen Abend und sieht gedankenverloren in die Ferne. Rati nennt Salome seine »Muse«.

Sie ist schlank und elegant wie eine Gazelle. Ihre Haut ist wie mit Gold bestäubt. Das pechschwarze Haar hat sie selbst kurz geschnitten, das macht meine Freundin Ketuta auch immer. Sie steht vor dem Spiegel und schneidet einfach drauflos. Am Ende ist jede Haarsträhne unterschiedlich lang, und das Haar sieht aus wie ein bezauberndes Kunstwerk.

Das Telefon klingelt. Sukho ist bei Dato Turashvili und will, dass wir vorbeikommen. Wir fahren hin, und danach gehen wir noch in ein Café, sitzen lange draußen an einem runden Tisch, bis ich gegen vier Uhr morgens mit Sukho und Dato Turashvili vor meinem Garten stehe. Sie lauschen am Tor. Meine Nachbarin, die Schauspielerin, spielt mit ihren Freunden Karten an dem Tisch unter der Laube. Sie unterhalten sich über Sukho und Lascha.

Ich grüße meine Nachbarin, gehe in mein Zimmer, schließe die Tür und denke, endlich bin ich allein. Aber ich kann dieses Alleinsein seit meiner Ankunft nicht mehr genießen. Ich laufe unruhig im Raum auf und ab, versuche zu schreiben, kann mich nicht konzentrieren, höre die Stimmen im Garten und denke, hier kommt nie einer allein, hier hat jeder mindestens einen besten Freund, einen, der ihn immer begleitet, dem er alles anvertraut, den er schon ewig kennt und ewig kennen wird. Rati nennt Lascha auch nicht seinen Freund, sondern seinen Bruder. Ich wollte die Reise alleine machen, sage ich mir immer wieder, aber hier, in Tbilissi, fällt mir das Alleinsein schwerer denn je.

Gios Computer

Am nächsten Tag lädt mich Salome zu ihrer »Familie« ein, ihren allerengsten Freunden. Wir steigen vor einem grauen Plattenbau aus dem Taxi. Salomes Freunde wohnen im siebenten Stock. Im Treppenhaus surrt ein scharfes Neonlicht, und Salome zeigt mir Schusslöcher in den Wänden, die noch vom Bürgerkrieg stammen.

Gio öffnet die Tür, und ein warmer Kaffeegeruch strömt mir entgegen. Er spricht perfekt Deutsch und stellt mich den anderen vor. In dieser Wohnung leben: Gios Eltern, Gios Großmutter, Gios Freundin Nino, die die Cousine von Salome ist, Gios Schwester Maya und ihr Mann Nika, der Gios bester Freund ist, ihr sechsjähriger Sohn Maxime und Gio. Salome kommt jeden Tag hierher. Sie gehört zur »Familie«.

Während Gios Mutter im Wohnzimmer sitzt und taubstummen Kindern Klavierunterricht gibt, der Vater Fernsehen sieht, die Großmutter in der Küche herumklappert und der kleine Maxime mit seinen Freunden durch die Wohnung rennt, verbringen Salomes Freunde den ganzen Tag in einem winzigen Zimmer und machen Kunst. Gio ist Fotograf, Nino ist Modedesignerin, Maya ist Malerin und Nika komponiert elektronische Musik. Er hat auch die Musik zu Laschas Theaterstück *Otari* komponiert. Salome macht bei allem mit, singt Nikas Lieder, steht Modell für Ninos Kleider oder für Gios Fotografien und inspiriert alle mit ihrer schweigenden Schönheit.

Sie alle leben von 600 Lari, 300 Mark, im Monat, der Rente von Gios Vater (die er oft gar nicht bekommt). Gio und Nika verdienen kaum Geld, manchmal komponiert Nika die Musik zu einer Eisreklame oder Gio macht ein Werbeplakat für eine Weinfirma. Aber sie sind Künstler und werden für ihre Arbeit meistens nicht bezahlt. Trotzdem arbeiten sie Tag und Nacht.

Ich folge Gio durch den Flur in das von mir so genannte Künstler-Zimmer. Der Raum ist schmal und länglich geschnitten, nicht größer als fünfzehn Quadratmeter, Bücherregale füllen von der Decke bis zum Fußboden jeden Zentimeter der Wände aus. Es gibt hier alle Bücher, die man sich nur vorstellen kann, in allen möglichen Sprachen, über Fotografie, Biologie, Philosophie, Psychologie, Mythologie, Mathematik, Physik, Geschichte und natürlich die Gesamtwerke aller großen Schriftsteller. Durch eine kleine Balkontür strahlt der blaue Himmel und weht frischer Wind. Es ist ein Gemälde, wie diese engen Freunde hier sitzen, Kaffee schlürfen, rauchen, grübeln, kreieren, in einem Raum, der von Bücherregalen wie von Bergen umschlungen wird. Und oben an der Decke schwebt der Künstlergeist, der ihnen ihre Ideen leise ins Ohr flüstert.

In der Mitte des Zimmers thront der Computer, der ihre Arbeit zusammenhält und dabei selbst ein Kunstwerk ist. Gio hat den Computer auf der Straße und das Diskettenlaufwerk neben einer Mülltonne gefunden. Er nahm ihn mit nach Hause, schraubte die rechte Wand vom Computer und die linke Wand vom Diskettenlaufwerk ab, zog die Kabel raus und verknotete sie miteinander zu einem bunten Knäuel. Auf dem Kopf dieses Wunderwerks sitzt eine große Sirene, eine Polizeisirene, die Gio montiert hat und die alle zwei Stunden aufheult, wenn der Computer zu heiß wird. Dann lassen alle alles stehen und liegen, die Mutter springt vom Flügel auf, der Vater vom Fernseher, die Großmutter kommt aus der Küche, der kleine Maxime mit seinen Freunden, Maya lässt ihr Bild liegen, Nino ihre Kleider, alle kommen angerannt und fächern dem Computer Luft zu, damit er abkühlt.

Die Nacht zu meinem Geburtstag

Als ich am nächsten Tag zu Lelako komme, sitzt Salome traurig auf dem Sofa. Ich bin überrascht, sie zu sehen, denn sie wollte heute eigentlich nach Paris fahren. Die Tatsache, dass sie hier ist, bedeutet, dass sie ihren Freund, den Prinz von Batumi, verlassen hat. Sie haben sich seit zwei Monaten nicht mehr gesehen, und sie hat gestern zu mir gesagt, wenn sie heute nicht fährt, ist es aus.

Batumi ist die Sommerresidenz der Tbilissi-Gesellschaft und die große Touristenattraktion für alle Georgier. Der Ministerpräsident von Batumi zählt zu den mächtigsten und reichsten Männern Georgiens. Er war früher ein »warlord«, ernannte sich dann selbst zum Fürsten und herrscht seit Jahren mit eiserner Hand über die Schwarzmeerküste. Sein Sohn, der Prinz von Batumi, soll einer der schönsten Jungen des Landes sein. Makka ist angeblich unsterblich in ihn verliebt, wie so viele andere georgische Mädchen. Er darf seit ein paar Jahren nicht mehr nach Tbilissi, weil der Vater seinen Sohn dort nicht beschützen kann und Angst hat, dass man ihn erschießt.

Salome lernte den Prinzen in jenem Sommer kennen, als Lascha in Batumi seine erste Lesung hatte. Er lud Salome und ihre Freunde auf seine Yacht ein, führte sie zum Essen aus und fuhr sie in seinem Jaguar durch die Stadt. Er zeigte Interesse für ihre Kunst und begann Salomes Freunde finanziell zu unterstützen. Bald fuhr Salome einmal im Monat zu ihm nach Batumi oder mit ihm nach Paris, London oder Rom. Er beschenkte sie unentwegt: Handys, Beeper, Stereoanlage, Schmuck und teure Kleider. Er wollte sie heiraten, Salome sollte die Prinzessin von Batumi werden.

Aber jetzt erzählt Salome mit ihrer schönen tiefen Stimme, dass sie ihr Leben nicht in einem goldenen Käfig verbringen will, Tag und Nacht von Bodyguards bewacht, und sie will auch nicht schon mit 21 heiraten! »So viele georgische Mädchen heiraten in meinem Alter, bekommen Kinder, und dann, ein Jahr später, zerkracht die Ehe. Das will ich nicht. Ich liebe ihn, aber ich glaube, dass ich nicht die Richtige für ihn bin. Er würde mir gar nicht erlauben zu arbeiten. Mein Beruf wäre, einzig und allein Ehefrau zu sein.«

Lelako will Salome aufmuntern und schlägt vor, dass wir alle in das Sommerhaus ihrer Eltern fahren und dort ein Barbecue machen. Wir rufen die Jungs an, Rati, Gogi und Achiko, und sie holen uns mit dem Auto ab. Das Haus liegt eine halbe Stunde außerhalb von Tbilissi hoch oben in den Bergen. Als wir ankommen, senkt sich der Nachmittag über die Täler. Lelakos Eltern bereiten das Essen vor. Salome und Lelako setzen sich auf die Terrasse, ich spiele mit Rati und Achiko im Garten Fußball. Aber ich achte gar nicht auf den Ball. Ich habe in ein paar Stunden Geburtstag und spüre, wie die Traurigkeit meinen Hals emporkriecht. Ich vermisse meine Familie und meine Freunde.

Der Vater von Lelako ernennt Gogi zum Tamadar. Diese Tradition gehört zu den ältesten in Georgien: Der Tamadar ist Tafelmeister, er hält die Trinksprüche und ist für das Wohlbefinden aller Gäste verantwortlich. Er sorgt für die Stimmung am Tisch. Rati erzählt mir, dass Lascha oft zum Tamadar ernannt wird, weil er ein guter Redner ist und viel Humor hat. Gogi war noch nie in seinem Leben Tamadar und eignet sich eigentlich überhaupt nicht dazu. Er ist Musiker, eher schüchtern und ernst. Aber Lelakos Vater hat sich in den Kopf gesetzt, Gogi heute das Tamadar-Handwerk beizubringen. Er sagt ihm leise ins Ohr, worauf man am besten anstoßen kann, und ermutigt Gogi, es laut zu wiederholen.

Die Stunde zwölf rückt immer näher, der arme Gogi tut sich schwer, Salome rührt das Essen gar nicht an, Lelako streitet mit Rati, und ich werde immer schwermütiger. Um zwölf kann ich mich nicht mehr beherrschen und fange an zu weinen. Ich weiß gar nicht, was mit mir geschieht, die Einsamkeit der ganzen Reise, ja, alle Trauer, die ich in mir trage, strömt auf einmal über meine Wangen. Als ich aufblicke, bemerke ich, dass auch Salome weint, und als ich sehe, wie Lelako sie umarmt, werde ich noch trauriger, und plötzlich fängt auch Lelako an zu weinen, und Rati und Lelakos Eltern schluchzen, und Gogi, der nun alles retten soll, hebt mit unsicherer Hand das Glas und sagt: »Auf den schlimmsten Geburtstag deines Lebens!« Lelakos Vater schüttelt den Kopf, flüstert Gogi etwas ins Ohr, und der sagt dann: »Lasst uns auf die Tränen trinken, auf diese schönen, kleinen, salzigen Tropfen. Es ist so schön, miteinander zu weinen!« Rati klatscht und rezitiert georgische Gedichte. Und nun hebt Gogi immer wieder das Glas, trinkt auf die Familie, auf die Freunde, auf die Liebe, auf die Toten, die Menschen, die ein jeder an dieser Tafel verloren hat. Er kippt, wie es der Brauch ist, ein bisschen Rotwein aufs Brot, isst es und trinkt dann aufs Leben.

Ich stehe vom Tisch auf und laufe zum Rande des Gartens. Von hier hat man einen wunderschönen Blick auf Tbilissi. Der georgische Wein ist wie ein Zaubertrank, er lässt sich nicht schnell trinken und hat eine seltsame Wirkung. Ich glaube nüchtern zu sein, ich fühle und denke ganz klar, und doch erscheint alles so märchenhaft, wie sich das Tal im Mondschein dehnt und die funkelnden Häuser wie Schätze birgt, wie der Wind in den Bäumen raschelt, als sei er einer der vielen Geister und belausche uns. Wie schön es ist! Ich will nicht mehr traurig sein. Nicht hier. Und plötzlich höre ich fernen Männergesang, irgendwo wird gesungen, von irgendwoher trägt der Wind tiefe Stimmen durch die Nacht. Als ich zum Tisch zurückkehre, sind Sukho und Dato Turashvili gerade angekommen. Sie lachen, weil wir alle weinen.

Das Konzert von Joe Zawinul

Seitdem ich hier bin, redet Sukho über den achten Juli, den »großen« Tag, an dem der »genialste Jazzpianist unserer Zeit«, Joe Zawinul, in Tbilissi ein Konzert geben wird. *Weather report* ist für Sukho das »phantastischste, phantasievollste, himmlischste Jazzalbum des letzten Jahrhunderts« und Joe Zawinul eines seiner drei großen Idole. Seit seiner Kindheit sammelt er die gleichen Synthesizer, die auch Joe Zawinul benutzt, in seinem Zimmer hängen ein Dutzend Plakate, Fotos und Zeitungsausschnitte von Joe Zawinul und von seinen anderen beiden Idolen, den Theaterregisseuren Peter Brooke und Luc Bondy.

Selbstverständlich wird Sukho Joe Zawinuls Gastgeber sein, das steht schon seit einem halben Jahr fest. An besagtem achten Juli sehe ich ihn den ganzen Tag nicht. Er hat seinen besten Freund Dato Turashvili beauftragt, sich »gut« um mich zu kümmern und dafür zu sorgen, dass ich ins Konzert und zum anschließenden Essen komme.

Ich sitze draußen im Garten am Tisch unter der Laube und unterhalte mich mit meiner Nachbarin, der Schauspielerin Nato. Sie erzählt mir, dass das Haus zuerst einem General gehörte, dann einem Arzt, dann einem Kindergarten und dann von der sowjetischen Regierung den Künstlern geschenkt wurde.

»Einen Garten«, sagt Nato und streift sich ihr langes Haar aus dem Gesicht, »gab es damals nicht. Das hier war einfach nur ein Stück Erde mit einer Mauer drum herum. Aber eines Tages, als unsere Väter gerade begonnen hatten, ihre Ateliers zu nutzen, kam Paradchanov mit einer kleinen Überraschung vorbei. Er breitete eine große Wolldecke auf dem Boden aus und in die Mitte legte er eine halbe Wassermelone, in deren Fruchtfleisch er zehn rote, blühende Rosen steckte. Er forderte alle Künstler auf, sich um die Melone zu setzen, streute eine Hand voll Samen auf die Decke und sagte: ›Dieser hässliche Platz wird in zehn Jahren der schönste Garten der Welt sein, es werden ein Kirschbaum, ein Feigenbaum und ein Pfirsichbaum darin blühen und Weintraubenreben werden ihn überdachen. Und siehst du, er hat Recht gehabt. Nur leider ist Paradchanov gestorben, bevor die Bäume ihre ersten Früchte trugen. Ich glaube, sein Geist lebt hier. Wenn ich nachts alleine im Garten sitze, spüre ich ihn ganz nah bei mir.‹«

Dato kommt, um mich zum Konzert abzuholen. Es findet im Kulturpalast statt, einem Bau aus den Siebzigern mit einer runden Kuppel. Dato und ich sitzen in der zehnten Reihe, vor uns sitzt Robert Sturua, der Theaterpapst von Georgien, der alle großen Shakespeare-Stücke am Rustaweli-Theater inszeniert, für den Ketutas Vater die Bühnenbilder baut und gegen den Sukho und Lascha Revolution machen. Hinter uns sitzt der Dichter Koto Kubaneishivili, der früher ein Straßengangster war, eine berühmte Malerin ist neben ihm, und Dato flüstert, dass die beiden ein Verhältnis haben, von dem niemand wissen soll, aber alle wissen.

Am Ende des Konzerts haben die georgischen Veranstalter ein kleines Geschenk für Joe Zawinul vorbereitet: Der beste Männerchor des Landes wird ein altes georgisches Volkslied singen, zu dem Joe Zawinul eine Jazzmelodie improvisieren soll. Dato flüstert, Sukho hätte ihm gesagt, dass Joe Zawinul keine Probe mit dem Chor machen wollte, damit es eine echte Improvisation ist. Und das wird nun zum absoluten Desaster. Es erscheinen zehn Männer, alle mit Glatze und Schnurrbart. Sie kommen, einer nach dem anderen, auf die Bühne und stellen sich in einer geraden Reihe am Rand auf. Dort bleiben sie reglos stehen, wie versteinert, die Köpfe zum Publikum gerichtet, und singen stur ihr Volkslied, während Joe Zawinul verzweifelt versucht, Blickkontakt mit ihnen aufzunehmen, mit ihnen zusammenzuspielen, zwischen ihnen und seinem Synthesizer hin- und herrennt und keine seiner Melodien zu ihrem Gesang passt. Die Männer singen und singen und ignorieren den Jazzgott, und ihr Lied scheint endlos. Irgendwann gibt Joe Zawinul auf, sitzt mit gesenktem Kopf, ganz still, auf dem Klavierhocker und hört einfach nur zu.

Dato rutscht unruhig auf seinem Sessel hin und her, schlägt die Hände vors Gesicht und wiederholt nur: »Was für eine Schande! Was für eine Schande!« Robert Sturua knurrt. Koto Kubaneishivili flüstert mit seiner Geliebten. Und Sukho, der in der ersten Reihe sitzt, erzählt später, dass er am liebsten aufgesprungen wäre und diesen »Holzköpfen« auf ihre »Glatzen« gehämmert und geschrien hätte, der größte Musiker der Welt will mit euch Musik machen und ihr verweigert es ihm! Noch Tage danach wird man sich in Tbilissi für diesen Vorfall schämen.

Nach dem Konzert geht hinter der Bühne ein riesiges Theater los. Alle wollen ein Autogramm haben und alle wollen zu Sukhos Essen mitkommen, aber es dürfen nur die 50 Gäste, die er persönlich eingeladen hat.

Meine Nachbarin Nato, ganz in Weiß gekleidet, fragt mich, ob ich mit ihr und ihren Freunden noch was trinken gehen will. Nein, ich gehe zu Sukho, kommt sie nicht? Nein, sie ist nicht eingeladen, aber es ist nicht so schlimm, »ich trage Joe Zawinul hier, in meinem Herzen«, und sie flattert in ihrem weißen Seidenschal davon, wie eine Fee, in die Nacht.

Das Festessen findet in Sukhos Wohnung statt. Alle Frauen der Familie haben ihre Kräfte vereint, und auf der L-förmigen Tafel, die sich durch das Wohnzimmer bis in den Flur zieht, steht so viel Essen, dass man für die Torten nur noch auf dem Klavier Platz gefunden hat. Salatteller leuchten neben Fleischplatten, Fischplatten, Käseplatten und Obsttürmen. Ein überwältigender Anblick. Das Essen ist eine seltsame Mischung aus Zutaten, ein bisschen wie die Georgier selbst: Auberginenmus mit Preiselbeeren und Nüssen, Salat aus Sauerkirschen, Brombeeren und Gurken, warmes Huhn in Nusssoße, Möhren mit Pflaumen und Honig, Auberginen mit

Granatapfelkernen, Bratkartoffeln mit Walnüssen, Bohnen mit Koriander, Zimt und gemahlenen Nelken, Frikadellen aus Maiskörnern, und natürlich Chatschapuri, das mit Käse gefüllte Weizenbrot, das ich so mag. Dazwischen ragen die vielen Flaschen empor, Borjomi, das georgische Mineralwasser, auf das sie so stolz sind, das so gesund ist und sehr salzig schmeckt, Apfelsaft, Bier und Khvanch Kara, der süße georgische Rotwein.

Sukho hat alle Größen der Stadt versammelt: den Parlamentssprecher, den Bürgermeister, den Besitzer der Fernseh- und Rundfunkanstalten, den Kulturminister, wichtige Kaufleute, berühmte Ärzte, Wissenschaftler, Musiker, Schriftsteller und Maler. Ich sitze neben der Tochter des Kulturministers, einem vierzehnjährigen hässlichen Mädchen, das mich immer wieder fragt: »What do you think of Prince William? I think he is the most handsome man in the world, I am in love with Prince William, I want to marry Prince William. What do you think of Prince William?«

Dato sitzt zu meiner Rechten und mir gegenüber die amerikanischen Musiker, die von der Gastfreundschaft und dem seltsamen Essen völlig überwältigt sind. Am meisten wundert sie der Tamadar, der alle fünf Minuten aufsteht und lange Reden hält, die ein anderer ins Englische übersetzt und die dadurch noch länger werden: »Und nun trinken wir auf die Freundschaft, denn Freunde sind wertvoller als alles Geld der Welt, auf die Freunde, die hier zusammengekommen sind, auf die Freunde, die ihr in Amerika zurückgelassen habt, die ihr vermisst, die ihr herbeisehnt, auf die Freunde, die ihr hier gefunden habt und die euch vermissen werden ... Und nun trinken wir auf die Gesundheit, mögen unsere Bäuche, unsere Herzen, unsere Rücken und unsere Lungen auf ewig gesund bleiben, denn sie sind die Grundsteine unseres Lebens ... Und nun trinken wir auf die Familie, auf eure Mütter, Väter, Brüder und Schwestern in Amerika ... Und nun trinken wir auf die Frauen, die dieser Tafel mit ihrer Schönheit den heiligen Glanz verleihen … Und nun trinken wir auf die Musik, die uns vereint hat, die alle Menschen auf der Welt vereint, Musik, die göttlichste aller Künste … Und nun auf die Liebe … Auf das Essen, auf den Wein, auf Georgien, auf Amerika, auf Weltfrieden, auf Humor, auf die Sonne, auf den Mond und auf das Firmament …« Und die Musiker müssen alle fünf Minuten das Glas heben und trinken und kommen gar nicht zum Essen, und plötzlich stellt sich Sukho auf einen Stuhl vor diese riesige Gesellschaft und bittet den Tamadar um die Erlaubnis, einen Toast zu sprechen:

»Es ist mir die größte Ehre, Joe Zawinul als meinen Gast empfangen zu dürfen. Aber ich möchte, dass ihr wisst, dass diese junge Frau, Marie, mein erster Gast war und ihr dieses Essen ebenso gewidmet ist wie ihm.«

Daraufhin klatschen alle, stoßen an, Dato klopft mir brüderlich auf die Schulter, die Musiker nicken mir zu, die Frauen aus der Küche winken, und Sukho schickt mir einen Handkuss. Dann kommen die Männer, der Vater, der Großvater und der Onkel, holen eine kleine Gitarre und singen ihre berühmten Lieder, und ihre Stimmen sind bezaubernd, magisch, himmlisch!

Um vier Uhr morgens muss die Band zum Flughafen. Alle begleiten sie. Ich fahre mit Dato Turashvili, dem fuchtelnden Schriftsteller. Er kennt den Weg zum Flughafen nicht, und wir verfahren uns. Das Benzin reicht nicht, und wir warten eine halbe Stunde an einer Landstraße vergeblich auf ein Auto. Irgendwann kommt ein kleiner Holzlastwagen, der frische Pfefferminze transportiert. Der Fahrer schenkt uns seinen Benzinkanister, weil er hört, dass ich Gast in Georgien bin. Als wir endlich zum Flughafen kommen, werden gerade die letzten Musikinstrumente verladen. Sukho schafft es, dass alle, wir sind etwa 30 Leute, Joe Zawinul durch den Sicherheitstrakt bis hin zur Flugzeugtreppe begleiten dürfen. Er steigt ein, wir winken und sehen das Flugzeug in die Nacht verschwinden.

Sukho, Dato und ein paar andere Männer sind noch nicht müde und wollen Katersuppe essen. Diese Suppe, Haschi genannt, besteht aus Brühe und Kuhhirn und schmeckt nach alten Eiern. Wenn man die ganze Nacht getrunken hat, soll sie die beste Vorbeugung gegen einen Kater sein. Oft geht man danach noch in die berühmten Schwefelbäder in der Altstadt, damit der Körper voll und ganz von der langen Nacht geheilt und gereinigt wird.

Während Sukho versucht, mich zu überreden, doch nur einen klitzekleinen Löffel von der Suppe zu probieren, bricht plötzlich im Gasthaus ein Streit los, der so laut wird, dass wir alle unsere Gespräche unterbrechen. Zwei betrunkene Männer fangen an, sich zu prügeln. Die Wirtin versucht sie zu beruhigen, aber darauf werden die beiden nur noch aggressiver. Ich frage Sukho, worüber sie sich streiten. Aber Sukho und die anderen sind auf einmal ganz still, ganz ernst. Sukho sagt nur, das ist die schlechte Seite Georgiens, die ich nicht unbedingt kennen lernen muss. Der Streit wird immer heftiger und die Wirtin droht mit der Polizei. Daraufhin bezahlt Sukho, und wir gehen. Im Auto frage ich weiter, aber alle drei schweigen ernsthaft. Erst ein paar Tage später erfahre ich, dass es in dem Streit um den Bürgerkrieg in Abchasien ging. Abchasien liegt oberhalb von Batumi, an der Grenze zu Russland, am Schwarzen Meer. Nach dem Ende der Sowjetunion wollten die Abchasier ihre Unabhängigkeit von Georgien, und mithilfe der Russen bekamen sie sie auch. Alle Georgier, die ich auf dieses Thema anspreche, reagieren ernst und traurig. Sie haben nicht nur Verwandte im Krieg verloren, sondern sie dürfen auch nie mehr dorthin, dabei galt die abchasische Landschaft als Juwel Georgiens. Dato Turashvili erzählt von einem, der früher für Interpol gearbeitet hat und über die von russischen Truppen bewachte Grenze schlich, um einen Freund zu befreien, den man dort gefangen hielt. Es klang wie ein James-Bond-Film, nur leider ohne Happy End: Der Mann kehrte allein und nur mit einem Bein zurück.

Georgien ist wirklich wie ein Märchen, denke ich. Märchenhaft schön und märchenhaft grausam. Über der malerischen Kura hängt die Legende der rollenden Köpfe, an den Kirchen klebt das Blut Hunderter Schlachten, hinter dem schönen Gesicht von Salome steckt eine unendliche Traurigkeit, so mancher Künstler, den ich süß finde, ist, wie mir Sukho später erklärt, heroinabhängig. Ich denke, ich bin in einem wunderschönen Schloss. Nur die eine Tür darf ich nicht aufmachen, denn dort bewahrt der König seine Leichen auf.

Auf Georgien!

An meinem letzten Abend lade ich alle Leute, die ich kennen gelernt habe, zu mir in den kleinen Garten ein. Ich bewirte sie, wie es sich für einen guten Gastgeber gehört, mit Obst, Süßspeisen, Wein, Saft und Nüssen. Ich freue mich, dass wirklich alle gekommen sind: Makka, Irakli, Sukho, Dato, Rati, Dato, Gogi, Achiko, Lelako, Ninia, Teona, Sofia, Salome, Gio, Nino, Nika, Nato und ihre Freunde Saliko, Gogi, Dato, Doy, Zurab und Dato.

Das Schönste in Georgien sind die Freundschaften. Jeder hat in dieser Runde mindestens einen besten Freund, mit dem er alles unternimmt, den er auf ewig haben wird. Deshalb habe ich mich oft etwas verlassen unter ihnen gefühlt, weil ich diese Freundschaften mit ansah und mir meine Freunde fehlten.

Aber an diesem Abend bin ich die Gastgeberin und denke nicht mehr daran. Ich erzähle Geschichten und bringe meine Gäste zum Lachen. Am liebsten würde ich jetzt die Zeit zurückdrehen und nochmal mit Makka anstoßen.

Die Passkontrolle

Als ich vor einem Monat in Tbilissi ankam, bezahlte ich 80 Dollar für ein Visum für 30 Tage Aufenthalt. Kurz vor meiner Abreise stelle ich fest, dass das Visum nur für 20 Tage ausgestellt ist. Dato Turashvili, der hektische Schriftsteller, erzählt mir von einem Engländer, der vergessen hatte, sein Visum zu verlängern, und dafür eine Nacht ins Gefängnis gesperrt wurde. Auch Sukho sagt, ich soll mit dem Grenzschutz nicht spaßen. Im Auswärtigen Amt will man 200 Dollar für eine Verlängerung haben, das ist mehr, als der Flug gekostet hat! Ich verlasse mich auf Makkas Rat, die sagt, ich soll einfach zum Flughafen gehen, hoffen, dass sie es nicht merken, und wenn, unschuldig lächeln und mit dem Beamten flirten.

Der Flug geht um vier Uhr morgens. Es gibt zwei Passkontrollhäuschen, in denen jeweils eine Frau sitzt. Das ist schon mal schlecht. Die eine ist jung und streng und scheint jedes Visum auswendig lernen zu wollen. Die andere ist älter, wirkt verschlafen, steht aber gerade auf und geht. Scheiße! Ich muss also zu der jungen Strengen. Und natürlich zeigt sie sofort aufs Verfallsdatum. Was? Das wusste ich nicht. Ich fasse mir erschrocken an die Stirn und schaue sie mit fragend traurigem Hundeblick an. Sie lässt zwei Beamte rufen, die mich abführen. Ich werde ans andere Ende des Flughafens, in ein kleines Zimmer gebracht. Die Beamten verlassen den Raum und verschließen die Tür.

Ein paar Minuten später kommt ein Mann in Uniform herein, legt seine Pistole auf den Tisch, nennt mich höflich Miss und fragt, was das Problem ist. Ich zeige ihm mein Visum und lüge, dass man mir in der deutschen Botschaft gesagt hätte, ich soll das am Flughafen klären.

»Sie haben gesagt, ich muss vielleicht eine kleine Strafe bezahlen.«

»Wie hoch, hat man gesagt, soll die Strafe sein, Miss?«

»30 Dollar.«

»O.k. Sie müssen jetzt sofort 30 Dollar bezahlen, Miss.«

Ich zücke einen Zwanziger und einen Zehner und lege sie neben die Pistole.

»Was war der Grund Ihrer Reise, Miss?«

»Ich habe Freunde besucht.«

»Hat es Ihnen bei uns gefallen, Miss?«

»Ja, sehr.«

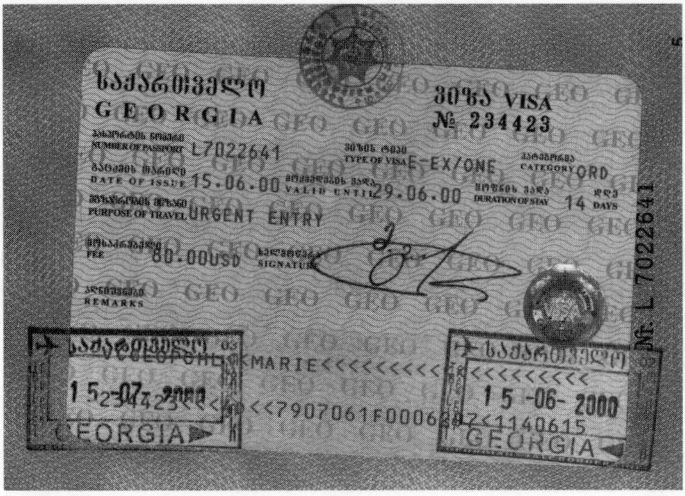

»Möchten Sie wiederkommen, Miss?«

»Ja, gerne.«

Der Mann nickt zufrieden, steckt das Geld in die Hosentasche, schließt die Tür auf und wünscht mir eine gute Reise.

In Tel Aviv am Flughafen wimmelt es von Sicherheitsleuten. Aber Melanies blondes, schön frisiertes Haar leuchtet zwischen den Uniformen wie eine Lichtkugel. Melanie ist die Schwester meiner Großmutter, eine kleine, zierliche, elegante Dame. Sie wirkt noch kleiner neben dem großen, dicken Jungen, der mir den Koffer abnimmt. Er heißt Kobby und ist ein Freund der Familie. Er erzählt mir, dass gerade eine Delegation von Politikern nach Washington geflogen ist, wo Clinton, Barak und Arafat Friedensverhandlungen führen. Deshalb ist der Flughafen heute besonders voll.

Kobby fährt uns mit seinem Auto zu Melanies Wohnung. Er sagt mir gleich alles, was ich über Israel wissen muss. Die meisten Israelis kleben Aufkleber an ihre Kotflügel, die aussagen, welche Partei sie wählen. Israel nimmt laut Statistik den vierten Platz auf der Weltrangliste für High Technology ein. In den Hotelhallen kann ich mir Coupons für Theaterkarten und Konzertkarten holen. Das Wochenende, den Shabbat, soll ich besser in Tel Aviv verbringen als in Jerusalem, weil hier mehr los ist. Tel Aviv ist überhaupt eine viel offenere, modernere Stadt, die Kobby viel lieber mag. Und – was meine Suche nach Zwanzigjährigen betrifft, muss ich in Israel ein paar Jahre dazurechnen, denn bis 22 sind hier alle bei der Armee. Kobby kann mir aber helfen, einen Armeestützpunkt zu besuchen. Er hat Kumbina. Dieses Wort soll ich mir unbedingt merken. Kumbina bedeutet Beziehungen: »Ohne Kumbina läuft nichts in Israel.« Kobby erzählt und erzählt, spricht schnell und gestikuliert dabei mit den Händen, wilder als ein Italiener. Als wir Tel Aviv erreichen, surrt es in meinem Kopf von Fakten und Informationen.

Ich halte mein Gesicht aus dem Fenster. Die Luft ist so dick, dass man sie wie Käse in Scheiben schneiden will. Die Alleen in Tel Aviv sind von Palmen und hellen, modernen Häusern gesäumt, sind voller Licht und Menschen. Was für ein Unterschied zu Tbilissi, denke ich, wo um diese Zeit die märchenhaften Straßen im Mondschein schlummern und die Geister ihre Runden drehen.

Als Melanie nach dem Zweiten Weltkrieg nach Israel auswanderte, war ihr Haus das letzte Haus am Stadtrand, dahinter lagen nur noch die Orangenhaine. Heute steht es mitten im Zentrum der Stadt. Ich bleibe über Shabbat bei ihr in Tel Aviv und verabrede mit Kobby, dass wir am Sonntag zusammen nach Jerusalem fahren. Er macht ein Praktikum im Parlament und muss unter der Woche jeden Morgen nach Jerusalem pendeln. Er will mich um neun Uhr abholen, kommt aber eine halbe Stunde zu spät. Melanie sagt, er kommt immer eine halbe Stunde zu spät, denn ihm passiert immer irgendetwas auf dem Weg, was ihn aufhält. Heute hat er einer Koreanerin das Leben gerettet. Sie stand weinend am Straßenrand, ihr wurde alles geklaut, Pass, Geld, Kreditkarten, Flugticket. Die koreanische Botschaft befindet sich in Jordanien, und den Vater kann sie nicht um Geld bitten, weil sie ohne seine Erlaubnis nach Israel gefahren ist. Kobby hat ihr 200 Schekel (50 Mark) gegeben und durch seine Kumbina einen Kibbuz organisiert, wo sie übernachten kann. Melanie sagt, Kobby ist der geborene Hilfsritter.

Nachdem Kobby mit stürmischen Handbewegungen die Geschichte der Koreanerin erzählt hat, machen wir uns in seinem kleinen Peugeot auf den Weg, verlassen die Meeresküste und fahren den Berg nach Jerusalem hinauf.

Jerusalem

Every thought is like a bell
with many echoes.
William Butler Yeats

Ich spüre die Stadt immer näher rücken. Mit den steigenden Kurven steigt auch der Druck in den Ohren. Die Luft wird immer trockener. Wir kommen an alten Panzerwagen vorbei, die am Straßenrand stehen und an den Unabhängigkeitskrieg von 1948 erinnern sollen, und an dem großen Friedhof Giv'at Scha'ul. Und dann sehe ich den sandfarbenen Jerusalem-Stein in den grellblauen Himmel ragen, in diesen wolkenlosen Himmel, der so sehr strahlt, dass er mich blendet, und mir ist, als fahren wir der Sonne entgegen. Gleich bin ich da, denke ich. Aber erst mal stecken wir im Stau.

Aus dem Radio erfahren wir, dass die Anhänger der ultra-orthodoxen jüdischen Shas-Partei wieder demonstrieren. Sie protestieren gegen die Friedensbemühungen in Camp David. »Wenn die nicht so auf die Siedlungen beharren würden, wären wir jetzt schon ein ganzes Stück näher am Frieden dran. Die Orthodoxen machen einem nur das Leben schwer, in der Politik und im Alltag.« Kobby regt sich auf: »Freitagabend, nach Sonnenuntergang, stößt man in Jerusalem überall auf Straßensperren. Sie wollen nicht, dass man mit dem Auto durch die Straßen fährt, wo sie Shabbat feiern. Ich meine, wenn du nicht Auto fahren willst, dann fahr doch nicht Auto. Was kümmert dich, was die anderen machen?«

Kobby schüttelt den Kopf und bietet mir einen Schluck von seiner warmen Diet Coke an. Er trinkt davon sechs Liter pro Tag. Er zeigt mir in der Mitte der Flasche ein kleines Fenster, einen Kreis:

»Wenn da ein Auto drauf ist, hat man ein Auto gewonnen. Meine ganze Familie trinkt jetzt Diet Coke, aber bei uns steht immer nur: Try Again.«

Eigentlich kam Kobby nur wegen Shas zur Politik. Er wollte Schiedsrichter werden, weil er Fußball liebt und als Spieler nicht schnell genug war. Mit Politik hatte er nichts am Hut.

Er hatte gerade seinen Armeedienst hinter sich und arbeitete als Kellner im Planet Hollywood. Dort erzählte ihm ein Kollege, der schwul war, dass er Shas wählte, die rechten Orthodoxen. Kobby war sehr verwundert, denn, wie er sagt, hasst Shas die Homosexuellen, »sie behaupten, die Schwulen sind Schlangen und sollen zu Tode gesteinigt werden«.

Aber dieser Kollege kam aus Abukabir, einem armen Viertel in Tel Aviv. Sein Vater war vor zwei Jahren gestorben. Seine Mutter arbeitete als Putzfrau. Der Kollege hatte noch zwei kleine Brüder, 10 und 12. Was sollte die Mutter mit ihnen machen, wenn sie nachmittags aus der Schule kamen und sie arbeiten musste? Die Leute von Shas boten der Mutter an, die Kinder nach der Schule abholen zu lassen, zum Religionsunterricht zu bringen, ihnen ein warmes Essen zu geben und sie abends nach Hause zu fahren. Kostenlos. Deshalb hatte der Kollege Shas gewählt.

Kobby war gerade am Sport Institute angenommen worden, aber nachdem er diese Geschichte gehört hatte, konnte er nächtelang nicht schlafen: So ist das also. Ein Schwuler muss Shas wählen, weil keine andere Partei seine Familie unterstützt. Er entschied sich, dieses politische System muss geändert werden, und begann politische Wissenschaften zu studieren.

Kobby begann bald, auf zwei Ebenen zu arbeiten, in der ›großen Politik‹ und in der ›kleinen Politik‹, in der Arbeiterpartei und in der Studentenorganisation. 1997 fand die erste große Studentendemonstration in Israel statt, es ging um das hohe Schulgeld, das die Studenten zahlen müssen. Vier Wochen lang blockierten sie die

Hauptstraßen zu den großen Universitäten in Haifa, Tel Aviv, Jerusalem und Ber Sheva. Die Polizei kannte die Namen der Studentenpräsidenten und verhaftete sie zuerst. »Wir standen da wie eine Herde Schafe ohne Hirten«, sagt Kobby und malt mit den Händen eine Herde ohne Hirten in die Luft. »Also ergriff ich einmal das Mikrophon und schrie: Ich heiße Kobby, ich wohne in Hulon, ich habe keine Angst vor euch und euren Gefängnissen. Wenn ihr mich verhaftet, wird der Nächste kommen und wieder der Nächste, bis ihr 30 000 Studenten verhaften müsst. Ich bewege mich keinen Schritt weiter, bis wir nicht 50 % Reduzierung des Schulgeldes bekommen.«

An diesem Tag lernte Kobby einen Mann namens Schacha kennen, einen Doktor der Ökonomie, ein Rechengenie. Er wurde Kobbys Meister: »Jeder Mensch braucht einen Meister im Leben.« Ihm erzählte Kobby von seinem Kollegen aus dem Planet Hollywood und dass er etwas unternehmen wollte, sich jedoch gegen die großen Politiker so machtlos fühlte. Schacha riet ihm, er soll sich nicht an die Politiker wenden, sondern das Problem direkt angehen. Wieder verbrachte Kobby schlaflose Nächte, bis er sich eines Morgens vor den Computer setzte und ein Projekt entwickelte. Er schrieb: »Ich will in Abukabir ein after-school-programme gründen, für Kinder zwischen neun und vierzehn Jahren. Die Lehrer sollen Studenten sein, sie unterrichten das, was ihnen am meisten Spaß macht, und sie erhalten für ihre Arbeit ein Stipendium.«

Kobby erzählt seine Geschichte wie ein Faltblatt. Knick für Knick nähert er sich seinem Ziel. Dazwischen trinkt er Diet Coke, hält die Flasche ins Licht, um etwas in dem Kreis erkennen zu können, und stellt sie enttäuscht wieder weg.

Er präsentierte dem Rektor seiner Universität das Projekt, und der willigte ein, das Stipendium für die Studenten zur Verfügung zu stellen. Kobby fand einen privaten Sponsor, der für das Essen, die Arbeitsmaterialien und den kleinen Bus bezahlte, der die Kinder von der Schule abholte und abends nach Hause fuhr.

Was für ein schönes Happy End, denke ich. Aber Kobbys Geschichte ist noch nicht ganz zu Ende und er öffnet eine zweite Flasche Diet Coke. Der nächste Schritt war, Studentenpräsident seiner Universität zu werden. Schon bevor er die Wahl gewann, machte er sich über die große Party Gedanken. Er ging zum Besitzer vom Planet Hollywood und sagte: »Ich will hier ein riesiges Fest veranstalten. Ich werde Präsident meiner Universität. Ich will Parlamentsabgeordnete der Arbeiterpartei einladen und der Ehrengast wird der Parteivorsitzende Ehud Barak sein.«

Die Politiker sind in Israel so berühmt wie die Königsfamilie in England. Ihr Leben und Tun wird täglich von allen Klatschblättern genauestens verfolgt. Wenn also Barak zu einer Party im Planet Hollywood geht, ist das die beste Werbung, die sich das Restaurant wünschen kann. Der Besitzer sagte, er schließt das Restaurant für Kobby, alle dürfen umsonst trinken und essen. Aber nur unter der Bedingung, dass Barak kommt. Wenn der bis Mitternacht nicht auftaucht, muss Kobby nachher alle Kosten übernehmen. Kobby schlug ein, obwohl er weder die Wahlen gewonnen hatte, noch Barak wusste, dass ihn ein ehrgeiziger Politikstudent in Tel Aviv zu einer Nacho- und Hot-Dog-Party im Planet Hollywood einladen will. Aber natürlich wurde Kobby zum Präsidenten gewählt. Die Feier fand statt und Barak kam. Und mit ihm noch 30 Parlamentskandidaten, 200 andere Politiker, unter ihnen der Bürgermeister von Hulon, und über 800 Studenten. Auf dieser Feier lernte Kobby den Minister kennen, der ihm das Praktikum im Parlament vermittelte.

Endlich hat sich der Stau gelegt und es geht wieder weiter. Stück für Stück die Jaffa-Straße entlang. Einen Hügel hinab, einen nächsten wieder hinauf, und Kobby setzt mich bei meiner Großcousine ab, bei der ich in Jerusalem übernachten werde. Er sagt, ich soll ihn später anrufen, und düst eilig davon.

Die Wohnung befindet sich in Westjerusalem. Es gibt in Jerusalem drei Stadtteile: Westjerusalem, die Altstadt mit der Klagemauer, der Grabeskirche und dem Felsendom und Ostjerusalem, wo hauptsächlich Palästinenser leben. Bis zum Sechstagekrieg von 1967 war Jerusalem eine geteilte Stadt, wie es damals auch Berlin war. Ostjerusalem und die Altstadt gehörten den Palästinensern, Westjerusalem den Juden. Heute gilt ganz Jerusalem als Hauptstadt Israels.

Die einzelnen Viertel sind eigentlich gar nicht so groß, wirken auf mich aber durch die vielen Hügel, die verwinkelten Gassen und den sandfarbenen Jerusalem-Stein, aus dem hier alle Häuser gebaut sind, wie ein endloses Labyrinth. Kobby hat gesagt, dass sich die Stadtteile wiederum in viele kleine Bezirke unterteilen, die mosaikartig unzählige verschiedene Welten beherbergen. Sie alle werden durch unterschiedliche politische Meinungen, religiöse Ansichten und Herkünfte voneinander getrennt. Jerusalem ist eine Stadt mit hundert sichtbaren und tausend unsichtbaren Mauern.

Besuch bei der Armee

Ich nenne Kobby nur noch Mr. Kobby Kumbina. Er hat sein Versprechen gehalten und für mich ein Treffen mit einer Soldatin organisiert. Er holt mich um elf Uhr zu Hause ab. An der Ecke der Straße sehe ich eine kleine Gruppe von Demonstranten, die wie Hippies aussehen. Kobby sagt mir, dass das keine Hippies, sondern religiöse Juden sind, die kiffen und wie Hippies leben. Sie kommen aus dem Norden, aus Kadita in der Nähe von Zefat. Der Staat hat ihnen das Wasser abgestellt, weil sie illegal wohnen. Sie sind wie die Hausbesetzer von Berlin, nur dass sie in Kadita einen ganzen Berg besetzen.

Hinten im Auto sitzt ein hübsches Mädchen, die rothaarige Shira. Sie beaufsichtigt die Presse und begleitet die verschiedenen Journalisten zu den Trainingslagern der Armee. Sie erklärt mir gleich, dass kein Wehrdienstleistender über seine politische Einstellung sprechen darf. Aber sie sagt, dass sie die Orthodoxen nicht mag und besonders die Siedler verachtet: »Die Leute aus den Siedlungen gehen nicht zur Armee, weil sie religiös sind, und wir müssen unser Leben riskieren, um sie zu beschützen.«

Das Trainingslager liegt südwestlich von Jerusalem, in der Nähe des Gazastreifens. Auf dem Weg passieren wir viele Melonenfelder und Steppe, ewige Steppe, dürre Gräser, kaum ein Haus. Trotz Klimaanlage glühen die Sitze. Ich sehe eine Tankstelle und bitte Kobby anzuhalten, damit ich mir einen kalten Aprikosensaft kaufen kann. Aber Kobby sagt, ich soll damit warten, bis wir am Stützpunkt sind: »In einer Soldatenkantine ist alles um die Hälfte reduziert!« Also nehme ich einen Schluck von Kobbys warmer Diet Coke, der Zucker klebt mir am Gaumen und der Schweiß im Nacken. Ich frage mich, ob die Sonne irgendwann einfach abdrückt und das Auto vor Hitze explodieren lässt.

Als wir das Lager erreichen, prüft ein junger Soldat unsere Pässe, dann öffnet er das Tor. Shira hat ein Interview mit einer Soldatin verabredet. Sie ist Shiras beste Freundin, und Shira nützt die Gelegenheit, sie zu besuchen. Kobby lächelt, zwinkert mir zu und sagt nur: »Kumbina.« Die Soldatin heißt Orit und unterrichtet Schießen. Das ist einer der »coolsten« Jobs für Mädchen in der Armee. Sie fährt jede Woche zu einem anderen Lager und erklärt den Scharfschützen alles über M-16, und Negev-Maschinengewehre.

Orit trägt als Lehrerin keine Armeeuniform, sondern ein graues T-Shirt, auf dem hinten ein Maschinengewehr und eine Schießscheibe gedruckt sind. Ihr M-16 hat sie so lässig über die Schulter gehängt, als wäre es eine Damenhandtasche.

Ich sehe mich um. Ein Lager, Zelte mit vielen aneinander gereihten Liegen, kleine Häuschen für die Offiziere, die auch nicht älter als 22 sind, Waschräume und um das Lager herum die wandernden Hügel mit dem dürren Gras. Die Kantine hat eine überdachte Terrasse. Ich komme mir vor wie in einem Westernfilm. Holzbalken, flimmernde Hitze, Männer, die ihre Beine auf Bänke legen, das Maschinengewehr neben sich, den Munitionsgürtel gelockert, die Zigarettenstummel gekonnt wegschnippen. Im Hintergrund läuft Popmusik aus einem kratzenden Radio.

Wir laufen eine Weile durch das Lager. Es ist Orits homebase, mindestens einmal im Monat kehrt sie hierher zurück. Sie zeigt mir das kleine Häuschen, in dem sie wohnt. Sie hat Poster von Brad Pitt in ihrem Zimmer aufgehängt und Fotos von ihren Freunden und ihren Familien.

Orit brüht Kaffee auf. Dann sitzen wir im Schatten, mit unseren Tassen in der Hand, und unterhalten uns gemütlich. Währenddessen schreibt sich Shira die Telefonnummer von einem Fallschirmspringer auf. Sie sagt später, das sind die hübschesten Jungs in der Armee, und fügt noch hinzu: »Das Beste an der Armee ist, du lernst Gleichaltrige aus dem ganzen Land kennen.«

Ich frage Orit, was sie nach der Armee gerne machen möchte. Sie zuckt mit den Schultern: »Mein Traum ist, in einer kleinen Wohnung in Tel Aviv zu leben, direkt neben einem schönen Café, wo ich jeden Morgen frühstücke, und daneben steht mein Fahrrad mit einem Korb und mein Hund.« Sie hält inne: »Aber vielleicht würde mich das langweilen. Ich weiß es nicht, manchmal glaube ich, wir machen uns was vor, als wäre es peinlich zu sagen, dass wir gar nichts Großes, sondern nur ein ganz normales Leben wollen.«

Dann fahren wir mit dem Bus zu dem Feld, wo die Soldaten schießen üben. Wir halten vor einer überdachten Betonhütte. Ich setze mich auf die Bank neben Kobby, der unruhig mit den Füßen zappelt und vor Hitze schnauft. Wir bekommen Ohrstöpsel, dann geht es los. Sie liegen auf dem Boden und schießen auf 100 Meter. Es stinkt verfault. Ich wusste nicht, dass Schießen stinkt. Die Patronenhülsen landen dicht neben meinen Füßen. Orit prüft, wie gut die Jungs geschossen haben. Ich denke, wie alltäglich und normal alles aussieht. Im gleichen Moment endet der Friedensprozess in Camp David – wieder erfolglos.

Fuad und Auni

Ich warte auf Fuad und genieße die gutmütige Nachmittagssonne. Ich bin verliebt in das Licht in Jerusalem. Von dem Café der Cinémateque hat man einen wunderschönen Blick auf die Mauern der Altstadt, den Zionsberg und die davor liegende Ben-Hinnom-Schlucht. Ich könnte ewig hier sitzen und zusehen, wie sich das Licht von Stunde zu Stunde verändert. Immerzu wechselt der sandfarbene Jerusalem-Stein seine Farbe, bräunlich, gelb und rosa. Jetzt glänzen die Steine der alten Stadtmauer wie Gold, am Mittag waren sie noch fast weiß.

Kobby hat mir gesagt, dass ich auch nach Bethlehem fahren soll, wenn ich schon in Jerusalem bin, aber auf keinen Fall alleine. Man weiß nie, wann es zu Auseinandersetzungen kommen kann, und in Bethlehem wird oft geschossen. Er würde mich begleiten, aber Bethlehem befindet sich im Gebiet der Palästinenser, und er will da nicht so gerne mit einem Auto mit israelischem Kennzeichen hin. Aber Kumbina, Kumbina, er hat Fuad gefunden. Fuad ist ein Freund von der Freundin eines Freundes von Kobby aus dem Parlament, der sich bereit erklärt, mich durch Bethlehem zu führen. Als ich mit Fuad telefoniere und ihn frage, woran ich ihn erkennen kann, sagt er: »Ich bin ein gut aussehender, zwei Meter großer Mann, der bei Siemens arbeitet und ein blaues Hemd trägt.«

Und genau so sieht er aus. Er ist 21 Jahre alt, spricht perfekt Hebräisch, Englisch und Arabisch, wohnt bei seinen Eltern in Bethlehem und arbeitet in Jerusalem, wie viele Palästinenser.

Wir nehmen ein Taxi und fahren aus der Stadt hinaus, nach Süden. Die Fahrt dauert nur zehn Minuten. Der Fahrer bringt uns bis zum Checkpoint, weiter will er nicht, er hat Angst vor Steinen. Wir gehen durch die Kontrolle, die Soldaten werfen einen kurzen Blick auf uns und wenden sich wieder ihren Gesprächen zu. Fuad und ich gehen immer geradeaus. Hin und wieder begegnen wir heimkehrenden arabischen Arbeitern. Ich dachte, Bethlehem würde von Touristen nur so wimmeln, aber es ist sechs Uhr abends und leer. Fuad telefoniert auf dem Handy. Die Häuser sind auch hier aus dem gleichen Jerusalem-Stein gebaut, aber es scheint mir, als habe Gott den tiefen Zug einer Rothändle-Zigarette über ihre Mauern geblasen.

»Was willst du hier eigentlich sehen?«, fragt er mich, das Handy in der Hand. »Den Ort, wo Jesus geboren ist«, antworte ich. »Die Geburtskirche?«, fragt er weiter, »die hat jetzt wahrscheinlich schon zu.«

Und da bekomme ich plötzlich Angst. Es ist weit und breit keine Bushaltestelle, kein Taxi, kein Auto, kaum ein Mensch zu sehen. Ich werde misstrauisch. Muss Fuad vielleicht gleich weg, und ich dann so leicht bekleidet, in der kommenden Dunkelheit, die Autobahn allein zurück? Vorbei am Checkpoint, vorbei an der Mauer von Gilo, der Stelle, die wegen Randalen immer in den Nachrichten gezeigt wird? Ein lautes Hupen reißt mich aus diesen Gedanken. Ein dunkelgrüner VW bremst scharf. »Komm«, ruft Fuad, der schon halb eingestiegen ist, »das ist mein Freund Awknee.«

Awknee wird Auni ausgesprochen, und ich finde, es sieht schöner aus, wenn man seinen Namen auch so schreibt.

Er trägt eine große Sonnenbrille, hat eine Schüssel Reispudding auf dem Schoß, isst, lenkt und telefoniert gleichzeitig. Er war gerade auf dem Weg nach Hause, um sich ein bisschen auszuruhen, als Fuad ihn angerufen und gebeten hat, ihm bei der Führung zu helfen. Sie sind beste Freunde, das heißt, ob Lust oder keine Lust, Zeit oder keine Zeit, Auni kommt, wenn Fuad Hilfe braucht. Auni fährt mit Vollgas zur Geburtskirche. Dort ist es schon etwas belebter. Drei Nonnen huschen an uns vorbei. Um die Kirche drängen sich mächtige Klostergebäude, im Norden das der Franziskaner, im Südosten das der Griechisch-Orthodoxen und im Südwesten ein armenisches Kloster. »Sie alle streiten sich seit Jahrhunderten um den Besitz der Heiligtümer«, bemerkt Fuad lächelnd.

Neben dem zwei Meter großen Fuad und dem dagegen winzigen Auni, der beim Gehen leicht hüpft, die letzten Reispuddingreste aus seiner Schüssel fischt und immer wieder auf einem seiner drei Handys telefoniert, besichtige ich nun den Ort, wo Jesus geboren wurde. Der Priester kennt die beiden und macht eine Ausnahme, denn eigentlich ist die Kirche schon geschlossen. Wir gehen eine Treppe hinunter. Die heilige Stätte befindet sich unter der Kirche, in einer Grotte. Sie ist mit einem roten Samtband abgesperrt, wie im Theater, mit Marmor ausgelegt und von Kerzen erleuchtet. Ich versuche, mir das Stroh, die Wiege, die Jungfrau Maria vorzustellen. Aber es passt nicht hierher. Es ist alles so eingerahmt, so museal.

Vielleicht war es ja wie im Monty-Python-Film *Das Leben des Brian*, wo die drei Könige in den falschen Stall kommen und ein normales Baby für den Messias halten, während der wahre Jesus nebenan liegt. Oder es wird vielleicht eines Tages entdeckt, dass Jesus ganz woanders, in der Nähe von Tel Aviv geboren wurde. Dann würden sich die Priester seit Jahrtausenden um wertlose Dinge und Orte streiten.

Wir gehen zurück zum Auto, laufen über die Pflastersteine des

Platzes vor der Kirche, vorbei an kleinen Gassen, die hier wie Venen zum Herz führen, umhüllt von mildem Abendlicht. Auni fragt mich kurz: »Du willst doch noch nicht nach Hause?« Dann bekommt er einen Anruf, und mit Vollgas, er fährt nur mit Vollgas, fahren wir zu der Schwester seines Schwagers, deren Kind sich gerade am Herd verbrannt hat und dringend einen Verband braucht. Dann zu Aunis Bruder, bei dem er Papiere abholt. Dann in ihr gemeinsames Büro, wo er die Papiere hinbringt. Dann zu einer Basketballhalle, die gerade neu eröffnet wird, in der Fuads Geschwister Basketball spielen. Dann zu Fuad nach Hause, schnell was essen. Dann treffen wir einen Amerikaner mit dickem Landrover, holen noch andere Freunde von Fuad und Auni ab und landen schließlich, gegen Mitternacht, im Memory Club, einer kleinen Kellerdisco mit gemütlichen Sitzkissen und runder Tanzfläche.

Wir trinken Tee und rauchen Wasserpfeife. Der Amerikaner ist auch 21, aber er hat nur noch sehr wenige Haare. Überhaupt ist er auffallend hässlich, dick und hat ein rotes, aufgedunsenes Gesicht. Er schimpft auf die Israelis, sagt, sie sind unfreundlich und kaltherzig und nicht so gastfreundlich wie die Palästinenser. Ich erwidere, dass ich noch keine solchen Erfahrungen gemacht habe. Daraufhin sagt der Amerikaner: »Das kommt, weil du ein hübsches Mädchen bist.«

Da bricht auf einmal eine heftige Diskussion zwischen dem Amerikaner und einem Freund von Auni über Doris, die Prostituierte von Bethlehem, aus. Der Amerikaner behauptet, sie ist die schönste Araberin der Welt. In den USA wäre sie Millionärin, »so geschickt, wie die mit Männern umgeht«. Der Freund von Auni meint, Doris ist eine Schande für die Stadt, außerdem ist sie erst achtzehn, viel zu jung für so einen dreckigen Beruf. Der Amerikaner diskutiert weiter. Fuad liegt schweigend auf den Kissen und beobachtet ihn, während Auni versucht, mir arabische Tänze beizubringen. Gegen drei Uhr wollen alle nach Hause. Der Amerikaner wohnt auch in Westjerusalem und bietet mir an, mich mitzunehmen.

Bevor wir die Grenze überqueren, zeigt er mir ein »Schmuckstück«, das neue Hotel Intercontinental von Bethlehem, damit ich sehe, was man aus diesem Ort mit Geld machen kann. Sein größter Traum ist es, hier die schöne Araberin Doris zu heiraten. Als ich endlich im Bett bin, ist mein Körper todmüde, aber mein Kopf hört nicht auf, durch die Gassen Bethlehems zu kurven.

**Am nächsten Tag,
morgens, 10 Uhr 45**

Am nächsten Morgen bin ich um elf Uhr mit Auni am Checkpoint in Bethlehem verabredet. Heute sind hier viele Menschen, Taxis und Busse. Mehr als hundert Taxis warten hinter der Grenze wie ein langes gelbes Tier, dem immer wieder ein Kopf nachwächst. Die Fahrer stehen draußen im Schatten dürrer Bäume. Überall huschen kleine Jungs zwischen den Autos oder den Beinen der Männer hindurch. Sie spielen Fangen. An Klapptischen werden Baklava, Mais in Plastiktüten und Topfpflanzen verkauft. Ich habe Durst, sehe aber keinen Getränkestand. Viel Müll liegt herum, viele zerbrochene Flaschen. Es wird gehupt. Dicke Touristenbusse drängeln sich durch das schmale Grenztor und quetschen sich an dem gelben Taxitier vorbei. Ein Junge kommt auf mich zu und reicht mir eine kalte Cola. Er ist vielleicht vierzehn. Ich suche nach meinem Geldbeutel, aber er winkt ab. »A gift for you«, sagt er und will wissen, wie ich heiße und ob ich verheiratet bin. Ich will ihn auch nach seinem Namen fragen, aber da bremst schon der dunkelgrüne VW. Elf Uhr. Auni. Auf die Minute pünktlich.

Wir fahren wieder durch die Stadt, erledigen tausend Dinge, und gegen Nachmittag lädt mich Auni zu einer traditionellen arabischen Feier ein. Nachdem ein Ehepaar von seiner Hochzeitsreise wiederkehrt, geben sie ein großes Essen für beide Familien und die engsten Freunde in ihrem neuen Zuhause. Die Braut ist Aunis Cousine.

Das Haus liegt am Stadtrand, an einem Hang, oberhalb eines Aprikosenhains. »Komm«, sagt Auni zu mir, »wir gehen hinten durch.« Wir klettern über den Zaun und gelangen durch den Garten des Nachbarn zu Aunis Cousine, wo die Männer auf der Veranda Zigaretten rauchen. Auni schüttelt jedem die Hand und stellt mich vor.

Die Fliegengittertür steht weit offen. Auni führt mich in die Küche. Dort rennen die Frauen aufgeregt rein und raus und bereiten das Essen vor. Sie stürzen sich auf Auni, umarmen ihn, küssen ihn auf die Stirn und schieben ihn liebevoll wieder zurück auf die Veranda.

Männer und Frauen essen getrennt. Der Frauenraum befindet sich zwischen der vorderen Haustür und der Küche. Türen und Fenster sind für den leichten Wind geöffnet, der ist der Ehrengast und der Einzige, der unter die Schleier und Gewänder gucken darf. Als ich den Raum betrete, wird es sofort ganz still. Ich werde von oben bis unten gemustert. Ich nicke zu allen Seiten und setze mich auf einen Stuhl. Die Frauen sind alle ziemlich dick, die alten sitzen wie Herrscherinnen auf gepolsterten Bänken, höher als die jungen, die auf Stühlen davor hocken. Alle sind verschleiert. Wie gerne wäre ich der Wind, um unter ihre Schleier zu gucken.

Es werden weiße Plastikhocker verteilt. Um jeden bilden sich lauter kleine Kreise. Das Essen kommt. Aunis Cousine stellt auf jeden Hocker eine große Platte mit gelbem Reis und Lamm, eine Schüssel Salat, geschnittene Gurken, Tomaten mit Koriander und einen Becher Joghurt. Sie nennen dieses Mahl »Kidra«.

Neben mir sitzt eine junge Frau. Sie spricht Englisch und will gerne in einer Firma in Jerusalem als Sekretärin arbeiten. Sie fragt mich, was ich von den arabischen Männern halte und ob ich Auni heiraten will. Ich schüttle den Kopf. Sie lächelt und sagt: »maybe later«. Nach dem Essen gibt es Bonbons und türkischen Kaffee. Aunis Mutter, die Dickste von allen, ruft mich zu sich. Ich nehme auf ihrem hohen Sitzkissen Platz, sie legt den Arm um mich und drückt mich fest an ihre großen Brüste. Dann fängt sie an, mir auf Arabisch etwas zu erzählen. Alle anderen Frauen hören gespannt zu. Auch die Kinder kauen an ihren Bonbons und lauschen. Es scheint die Mutter nicht zu stören, dass ich sie nicht verstehe. Irgendwann kommt Auni aus dem Männerzimmer und sagt seiner Mutter, dass wir gehen müssen. Sie zieht ihn ebenfalls auf ihr Sitzpolster und alle lachen. Auni übersetzt, dass sie die Geschichte ihrer Hochzeitsnacht erzählt hat und den Frauen das Resultat, Auni, präsentiert. Aunis Handy klingelt. Er küsst seiner Mutter die Hände, verabschiedet sich höflich von den Frauen und geht zur Tür.

Inzwischen ist es Abend geworden. Der Mond steht hoch über den Hügeln. Die letzten Lichtflecke verschwinden immer schneller am Horizont. »Worüber habt ihr Männer euch unterhalten?«, frage ich Auni im Auto, »eure lauten Stimmen klangen bis zu uns herüber.« Er winkt ab: »Ach, nichts weiter, politisches Zeug, und auf mich redeten sie alle ein, dass ich endlich heiraten muss. Der eine hat mir seine Tochter angeboten, der Nächste seine Cousine, der Dritte seine Schwester. Ich will aber nicht heiraten. Ich bin dafür nicht geschaffen, ich liebe die Frauen, aber ich liebe auch meine Freiheit.« Er setzt die Sonnenbrille auf: »Die Richtige, wenn es sie gibt, habe ich noch nicht gefunden.«

Wieder klingelt Aunis Telefon. Ich kann die Melodie schon mitsingen. »Wie geht es dem Mädchen, das sich gestern die Hand verbrannt hat?«, frage ich ihn, als er zu Ende gesprochen hat. »Besser, aber jetzt haben wir ein anderes Problem.« Auni muss unbedingt zur Frau seines Chefs. Die wartet auf ihren Mann, der ihre beiden Schwestern aus Jordanien abholt, aber er steckt noch im Stau.

Deswegen ruft er alle fünf Minuten Auni an. »Die beiden sind vor kurzem in ein neues Hochhaus eingezogen und haben noch kein Telefon«, erklärt mir Auni, und mit Vollgas fahren wir los.

Wir finden die Frau in einem dunklen Zimmer, neben einer Kerze und einem Stapel nasser Wäsche. Im Haus ist gerade Stromausfall. Wir können aber leider nicht lange bleiben, denn der Amerikaner wartet bei Fuad auf uns. Im Auto erzählt mir Auni von den Geschäften des Vaters des Amerikaners, der ein reicher Mann ist und in Israel viel Land kauft. Er arbeitet mit Aunis Bruder zusammen. Auni ist eine Art ständiger Begleiter und Entertainer des Sohnes. Ich schaue aus dem Fenster und denke, dass ich gerade den zweiten Tag in Bethlehem bin und schon alle Straßen kenne. Die Menschen leben wie in einem Ghetto, weit weg von den bunten Läden und den vielen Bars Westjerusalems, dabei liegt Bethlehem nur zehn Kilometer entfernt.

Fuad und der Amerikaner sind allein. Wir setzen uns auf den Balkon. Der Amerikaner prahlt mit den großen Landkäufen seines Vaters. Ich frage ihn, ob er auch Geschäftsmann werden will. »Ich muss«, antwortet er. »Aber wenn es nach mir ginge, würde ich Film studieren. Vielleicht werde ich irgendwann eine Produktionsfirma gründen.«

Fuad würde auch gerne eine Firma gründen, er träumt von einem eigenen Software-Unternehmen. Aber für die jungen Leute in Bethlehem ist es nicht so leicht, sich solche Träume zu erfüllen. Sie müssen dazu nach Jerusalem oder am besten nach Tel Aviv. Denn noch leben sie in einem »Autonomiegebiet«, noch ist Palästina kein Staat.

So unterhalten wir uns die ganze Nacht über die Politiker, die mit ihren Launen und Machtbedürfnissen den Menschen das Leben schwer machen, über die Tatsache, dass es immer irgendwo auf der Welt Krieg gibt und geben wird, und über die ewige Frage, was man dagegen tun kann. Auni versucht gerade, ein Projekt aufzubauen, wo jüdische und arabische Schulkinder zusammen die Sommerferien verbringen. Er glaubt, die Menschen müssen sich einfach kennen lernen. Fuad sagt, man müsste versuchen, alle jungen Leute in Israel dazu zu bringen, den Wehrdienst und den Krieg einfach zu verweigern.

Ilan, Etan und Gozal

Zarte Morgenröte über Jerusalem. Die Stadt wie ein Hauch, die Kuppel des Felsendoms wie ein schlafender Blumenkelch. In der Ferne zwitschern die Vögel. Ein Esel schreit. Gozal sitzt auf einem Stein mit dem Rücken zur Stadt, den Kopf zwischen den Knien. Etan raucht eine Zigarette, und Ilan liegt im Auto und hört Musik.

Ilan ist Barmann in dem Café, das zum Kino Lev Smadar gehört. Es ist mein Lieblingscafé in Jerusalem. Es liegt in einer kleinen Nebenstraße in dem Bezirk, der hier die deutsche Kolonie genannt wird, weil er im Jahre 1873 von deutschen Christen errichtet wurde. Ich habe dieses Café, das hinter einer Mauer von Zypressen versteckt liegt und in den Duft vieler Jasminsträucher gehüllt ist, entdeckt, als ich im Lev Smadar einen Kinofilm sah. Die Vorführung endete sehr spät, und ich hatte Angst, alleine nach Hause zu laufen. Also setzte ich mich an die Bar, las die englische *Jerusalem Post* und beobachtete den Barmann. Er hatte die schwarzen Haare lose zu einem Zopf zusammengebunden, wirkte verschlafen, beugte den Kopf leicht nach unten, guckte dir aber, wenn er mit dir sprach, direkt in die Augen. Ich wollte gerne mal wieder einen Joint rauchen, und er sah aus wie einer, der mir weiterhelfen konnte. So lernte ich erst ihn und dann seine Freunde kennen.

Gozal und Etan kommen immer gegen Mitternacht, sitzen an der Theke, spielen Backgammon oder Schach, bleiben, bis Ilan das

Café schließt, und gehen dann alle zusammen in eine Bar. Später fahren sie aus der Stadt raus, in die Berge, und suchen jeden Morgen eine andere Stelle, um sich den Sonnenaufgang über Jerusalem anzusehen und dabei eine Tüte zu rauchen. Sie sind die Einzigen, die ich hier kennen lerne, die nie über Politik reden. Immer, wenn ich sie etwas dazu frage, winken sie ab und sagen: »Please don't talk politics.« Sie versuchen, ein »normales« Leben zu führen, Spaß zu haben, zu chillen.

Irgendwo in den Bergen,
4 Uhr nachts

Ich stehe etwas abseits, schüre mit einem Ast das kleine Feuer und schaue in die Flammen. Die Jungs sitzen um einen Holztisch auf der daran befestigten Holzbank, rauchen einen Joint und unterhalten sich erregt. Wir sind zu einem ihrer Geheimplätze in den Bergen um Jerusalem gefahren, einen schmalen Pfad hinauf in einen dunklen Wald hinein. Das brutale Licht der Autoscheinwerfer hatte die schwarzen Baumstämme und den sich immer tiefer in den Berg schlängelnden Weg magisch hervorgehoben.

Jetzt bin ich in Israel, denke ich, mit drei fremden Jungs in einem Wald, und kurz davor war ich in Georgien, lauschte in einem Landhaus fernem Männergesang, davor in Vietnam, raste mit einem Rennfahrer durch die Gassen Hanois, davor in San Francisco, aß mit Gramps Bananenomeletts in Oakland, und jetzt sehe ich in den Flammen das Licht der Milongas von Buenos Aires aufleuchten und vermisse Pablo. Ich reise seit sechs Monaten durch diese »Welt hinter der Tür«. Das ist mein Alltag geworden, diese seltsamen Momente mit fremden Menschen an fremden Plätzen. »Man kann die Welt in der Pfütze vor seiner Haustür finden, wer was sehen will, sieht überall was«, hat mal ein Zeitungsverkäufer in Berlin zu mir gesagt. Meine Haustür ist der Koffer. Wird sich das jemals ändern? Diese Frage wollte ich mir auf dieser Reise beantworten. Aber je mehr ich reise, desto mehr stelle ich fest, dass ich sie nicht beantworten kann, noch nicht beantworten will.

»Was stehst du da? Setz dich doch her!«, ruft Ilan. Und ich gehe zu ihm, setze mich auf seinen Schoß und spüre, wie er meine Hand sucht. Seitdem ich ihn im Café angesprochen habe, erwartet er etwas anderes von mir, als ich ihm geben will, wie die meisten Männer in diesem Land, wie auch Auni und Fuad. Nur Kobby ist da anders.

»Worüber redet ihr?«, frage ich.

»Sie reden über die Tatsache, dass sie 23 Jahre alt sind und nichts haben!«, sagt Gozal. Er heißt eigentlich Sharon, aber er wird zu seinem Ärger nur Gozal (Küken) genannt, weil er der jüngste und Naivste von ihnen ist und wegen seines kranken Rückens nicht bei der Armee war.

»Drei Jahre in der Armee«, erklärt Ilan, »werfen dich zurück. Du bist mit der Schule fertig, dann geben sie dir ein Gewehr in die Hand und sagen, so, jetzt verteidige dein Land, jetzt schieß. Und du verstehst gar nicht, was da passiert. Du fängst dein Leben mit der Armee an, gehst auf ein Begräbnis nach dem anderen, weil alle paar Monate einer von deinen Kameraden erschossen wird, und dann bist du fertig und fährst, wenn du es dir leisten kannst, ein halbes Jahr nach Asien oder Südamerika, um all das zu vergessen. Und dann kommst du zurück, bist 23 und hast nichts. Und in anderen Ländern sind sie schon viel weiter als du, haben studiert oder studieren gerade, beschäftigen sich schon seit drei Jahren mit der Frage, was sie werden wollen und wie sie es anstellen werden.«

Gozal sieht ihn mit großen Augen an. Etan winkt ab. Ilan und Etan waren bei den Fallschirmspringern, ihre Einheit zählte zu den besten und wurde lange Zeit im Libanon eingesetzt. Etan spricht nicht gerne über die Armee. Er versucht sie gerade zu verklagen. Als er in einer mondlosen, dunklen Nacht den Wachgang um seinen Stützpunkt machte, fiel er in eine Grube und rammte sich dabei das Gewehr in den Kiefer. Der Kiefer war zersplittert, das Blut sprudelte wie bei einem Wasserrohrbruch. Der Hauptmann befahl Etan, bis zum nächsten Lager zu laufen, da gab es eine Pflegestation. Allein, zu Fuß, zwanzig Kilometer! Die Ärzte dort waren schlecht und nähten alles falsch zusammen. Ilan und Gozal sagen, Etan sah früher ganz anders aus.

Etan schlägt vor, dass wir zum Toten Meer fahren und dort auf den Sonnenaufgang warten. Wenn wir schnell fahren, schaffen wir es in anderthalb Stunden. Ilan muss morgen nicht arbeiten, Gozal hat momentan keine Arbeit, und Etans Schicht, er ist Pförtner im Hilton Hotel, fängt erst abends an.

Als der Morgen dämmert, erreichen wir eine schöne, versteckte Bucht. Wir parken das Auto und legen uns in T-Shirts auf das salzige Wasser, das uns von selbst trägt. Hinter uns liegt die Wüste, endlos wellige Dünen, wie ein Tuch, das eine Frau in den Wind hält, und vor uns das silbrige Wasser und dahinter Jordanien, wie eine dunkelgraue Wand, eine nicht heller werdende Stelle am Himmel. Langsam steigt der rote Sonnenball aus dem Wasser empor, und ich denke, wie schön, wie heilig, da berührt mein Mund plötzlich das Wasser und das Salz brennt auf meinen Lippen wie Feuer. Gozal hat mir gesagt, ich soll aufpassen. Ich würde gerne untertauchen, mich erfrischen, mit dem Wasser spritzen, aber das geht nicht. Es ist Feuerwasser. Man darf sich nicht bewegen, sonst verbrennt man.

Im Lev Smadar,
3 Uhr morgens

Wir sitzen an der Theke. Ilan bindet sich die Schürze ab. Er und Etan sind müde. Sie wollen heute nicht mehr ausgehen. Gozal und ich wollen noch was essen. Wir gehen, wie oft um diese Zeit, zu dem arabischen Bäcker am Damaskustor in Ostjerusalem, der mich an die Sindbad-Bäckerei am Schlesischen Tor in Berlin erinnert. Wir holen uns große Sesamringe und verschiedene Sorten von cream cheese, setzen uns auf den Platz und essen.

Durch das Damaskustor kommt man in den arabischen Teil der Altstadt. Tagsüber findet auf dem davor liegenden Platz ein großer arabischer Markt statt, nachts ist er normalerweise ganz verlassen. Heute aber sehe ich überall Polizeiwagen und Absperrungen. »Was ist los?« Gozal zuckt gleichgültig die Schultern: »Heute ist der neunte August. Tisha B'Av. Ein tragischer Feiertag. Die Zerstörung des zweiten Tempels. An der Klagemauer werden unzählige Menschen sein.«

»So spät noch?«, frage ich weiter. Gozal nickt. »Bis zum Sonnenaufgang.« Ich will hingehen. Ich bin jetzt schon anderthalb Monate in Jerusalem und war noch immer nicht an der Klagemauer. Gozal zögert. Er will schlafen. Ich diskutiere mit ihm. Vor zehn Minuten hat er zu Ilan und Etan gesagt, er will noch ausgehen. Er ziert sich und sagt dann beschämt, dass er den Weg nicht kennt, weil er selber noch nie an der Klagemauer war, obwohl er in Jerusalem geboren und aufgewachsen ist.

Wir laufen los und verlaufen uns. Aber das macht mir nichts aus. Im Gegenteil. Nachts könnte ich stundenlang durch die Altstadt laufen. Keine Läden, keine Händler, nur die gelb beleuchteten, gewundenen Stiegengassen, das Labyrinth der Labyrinthe! Wir begegnen einem schweißgebadeten, zerzausten, barfüßigen Mann, der sonderbare Laute von sich gibt und schon seit Ewigkeiten durch diese Gassen zu wandeln scheint. Er bleibt vor uns stehen, sieht uns mit tollwütigen Augen an, legt seine Hand auf Gozals Stirn, nickt, kniet sich nieder, streckt sich vor Gozal auf dem Boden aus, springt auf, ruft etwas und rennt davon. »Was hat er gesagt? Was hat er gesagt?«, frage ich Gozal neugierig. »Ich bin der Messias! Ich bin der Messias!« Gozal kann sich das Lachen nicht mehr verkneifen. Er erklärt mir, dass es eine berühmte, medizinisch nachgewiesene Krankheit in Jerusalem gibt: das Jerusalem-Syndrom oder das Jerusalem-Fieber. Von den vielen Heiligtümern ergriffen, werden manche Leute einfach wahnsinnig, sie glauben, eine Vision zu haben, oder denken, sie seien jemand aus der Bibel. Meistens sind Pilger davon betroffen, aber es kann auch gewöhnliche Touristen und sogar normale Bürger befallen. Gozal erinnert sich, dass vor ein paar Jahren ein Kanadier dachte, er ist Samson, und so lange das Krankenhaus demolierte, in dem man ihn untergebracht hatte, bis ihm eine Schwester die Haare abschnitt. »Etan glaubt«, fügt Gozal grinsend hinzu, »dass alte Steine Vibrationen von sich geben, die die Gedanken der Menschen beeinflussen.«

Endlich erreichen wir den Tempelberg. Wir kommen zu einem Gebäude mit einer Fiberglaskuppel: die Sicherheitskontrolle. Ich habe das Gefühl, in Israel jeden Tag neu anzukommen, von einer Passkontrolle zur nächsten zu gehen, als habe hier jedes Viertel, jede Welt ihr eigenes Eingangstor mit Kontrollhäuschen.

Meine Tasche wird durchsucht, ich muss meinen Pass vorzeigen und werde mit einem Magnetstab abgetastet. Dann darf ich den breiten Platz betreten. Der blanke Steinboden leuchtet im Licht der Laternen bernsteingelb. Es wimmelt von Menschen, manche sitzen im Kreis auf dem Boden, andere auf Klappstühlen, wieder andere lehnen an den Stufen und lesen, manche liegen einfach da und schlafen, unter ihnen viele orthodoxe Juden, aber auch viele in ganz normaler Kleidung. Es herrscht eine gelassene, sommerliche Atmosphäre, die mich an die große Wiese im Central Park erinnert, an die ersten warmen Tage des Jahres in New York. Am Ende des Platzes steht die Klagemauer und vor ihr Hunderte von Menschen, Frauen und Männer getrennt, die den Oberkörper wiegend beten. Dahinter erhebt sich die Kuppel des Felsendoms, nah und golden.

Ich finde einen freien Platz, stelle mich direkt vor die Mauer und presse den Kopf an die heiligen Steine. Sie sind unterschiedlich lang und breit und so sorgfältig behauen, dass man sie ohne Mörtel vermauerte. Mit der Zeit haben sich Risse und Nischen gebildet, in denen Tauben nisten und Gewächse blühen, Kapernsträuche, Löwenmaul, ich sehe eine kleine Eidechse durch eine Ritze huschen. Ich berühre den Stein, fahre mit dem Finger über seine glatte, weiche Fläche, vorbei an den unzähligen Zettelchen – Wünsche und Bitten Tausender Menschen –, die in den Ritzen stecken. Die Mauer als Heiligtum. Man schaut nicht nach oben, man kniet sich nicht nieder, man hat nur diesen sandfarbenen, stummen Stein vor seinem Gesicht. Er regt sich nicht, er ist wie ein weißes Blatt Papier, ich kann alles aus ihm machen oder nichts aus ihm machen, es hängt von mir ab. Der Stein ist nur ein Symbol. Der Glaube liegt nicht in ihm, sondern in mir.

Ich spüre ganz deutlich, dass ich glaube. Aber an was? An die Gedankenkraft? An die, wie Olli in Berlin so schön sagte, »wahnsinnig große Vorstellungskraft, mit der man sein Leben komplett lenken kann«? Wenn du nur Schlechtes denkst, kommt das Schlechte auch zu dir? Und wenn du nur Gutes denkst, kommt das Gute zu dir? Aber das ist vielleicht zu einfach gedacht. Oder? Jetzt wird es schwierig. Denn ich bin einerseits Marie, die Hauptfigur dieses Buches, die eine Reise macht, auf der sie Menschen, Antworten, Geschichten und auch sich selbst sucht. Und andererseits Marie, die dieses Buch schreibt, die ihre suchende Hauptfigur führt. Die Marie auf Reisen, oder kurz Reisemarie, denkt hier vielleicht ein bisschen anders als die Schreibmarie. Die Schreibmarie erzählt gerne Geschichten, sicherlich lieber als wirre Gedankengänge. Aber die Reisemarie besteht auf ihren Fragen: Was denke ich? Woran glaube ich? Wer bin ich? Reisemarie denkt, sie ist das, was sie sich vorstellt zu sein. Mehr noch, sie lenkt ihr Leben mit ihren Gedanken, kann also alles sein, erreichen, tun, finden, was sie will, wenn sie nur ganz fest daran glaubt. Aber Schreibmarie befürchtet, dass diese Haltung gefährlich ist. Denn sie weiß, dass Reisemarie oft unsicher ist, oft nicht genau weiß, was sie eigentlich will, sie sucht ja noch. Schreibmarie will nicht, dass Reisemarie sich mit diesen Fragen in einem Gedanken-Labyrinth verirrt.

Ich glaube an das Glück. Es ist schwer, unglücklich zu sein, aber noch schwerer, glücklich zu sein. Unglück kann man überall und immer finden, im Unglück kann man verweilen, tatenlos, entscheidungslos, sich wie in einem Bett darin wälzen und sich einreden, man ist stark, weil man es erträgt. Ja, das Unglück ist schwer zu ertragen, aber leicht zu halten. Das Glück ist schwer zu halten und leicht zu ertragen. Und es ist leichter zu sagen, was man nicht will, als sich das Gegenteil zu fragen. Was will ich also? Wo finde ich mein Glück? Ich drehe mich weg von diesen Steinen, ich finde keine Antworten hier, nur noch mehr Fragen.

Als ich Gozal auf dem Rückweg von Reisemarie und Schreibmarie erzähle, lacht er und sagt, ich bin mit dem Jerusalem-Fieber infiziert. Er hat vor der Mauer gestanden und sich immer wieder gefragt, warum die Männer bei dieser Hitze diese dicken Mäntel tragen.

Im Norden,
11 Uhr morgens

Ilan muss heute ein Bett mit verstellbarer Lehne aufbauen. Sein Vater besitzt eine Firma, die Möbel für alte und kranke Menschen herstellt. Etan und Gozal helfen ihm dabei. Ich will mitkommen, weil sie in den Norden fahren und die Strecke sehr schön sein soll. Man kann entweder die Autobahn nehmen, die sich die Mittelmeerküste entlangzieht, oder aber an der Grenze Jordaniens entlang am Toten Meer vorbeifahren, um zu sehen, wie die Dünen der Wüste zu Steppe werden, dann zu Bergen, die aussehen, als hätten sie ein goldenes Fell, dann zu dichtem, dunkelgrünem Wald, dann zu Bananenfeldern, und dann habe ich das Gefühl, dass ich im Dschungel bin. Und immer ziehen sich endlose Telefonkabel neben uns her, die mich an die cable cars in San Francisco erinnern.

Etan reicht mir den Joint nach hinten. Ich habe es trotz ihres »don't talk politics« geschafft zu erfahren, dass die drei »The Green Leaf« oder auch »The Shas of Gras« gewählt haben, eine Partei, die von zwei Fernsehmoderatoren gegründet wurde und sich für die Legalisierung von Marihuana einsetzt. Es fehlte ihnen nur ein Prozent, dann hätten sie es ins Parlament geschafft.

In der Kleinstadt angekommen, gehen die drei gleich rauf in die Wohnung, um das Bett aufzubauen. Auf der einzigen Hauptstraße des Ortes befinden sich genau zwei Läden, ein Kiosk, der auch Obst und Gemüse verkauft, und weiter hinten ein Café. Durch das Fenster des Cafés sehe ich vier Männer mit Glatze und buschigen Schnurrbärten an einem Tisch sitzen und Khinkali, eine georgische Suppe, essen. Ich trete ein und frage, ob sie Tbilissi kennen. »Oh«, ruft der eine, »selbstverständlich!« Sie sind Georgier! Ich soll mich zu ihnen setzen. Hier ist ein Glas Wein! Hier ein Glas gutes Bordjomi-Wasser! Hier ein Teller Suppe! Hier, nimm auch Brot und Butter! Sie sprechen kein Englisch, wir unterhalten uns mit Händen und Füßen erregt über Tbilissi und trinken auf das Treffen in Israel.

Als Ilan, Etan und Gozal ins Café kommen, singen die Georgier gerade, und ich bin schon leicht betrunken. Sie sind etwas verwundert, dass ich innerhalb einer Stunde so nette Freunde gefunden habe. Wir bleiben bis zum Abend und fahren dann die Küste entlang zurück nach Jerusalem. Als wir Etan beim Hilton Hotel absetzen, sehe ich vor dem Eingang den dicken Landrover des Amerikaners, den ich in Bethlehem kennen gelernt habe. Etan kennt ihn auch, mag ihn aber nicht. Ob man will oder nicht, durch Kumbina sind alle irgendwie miteinander verbunden! Umso absurder, dass man sich dann bekriegt.

Meital

40 Grad Hitze. Die Luft zwischen Himmel und Erde steht still. Das Licht messerscharf. Der Jerusalem-Stein wie braune Eierschale. Ich warte auf den 170er Bus, um nach Beit El zu fahren, eine dieser umstrittenen jüdischen Siedlungen, die nach dem Sechstagekrieg in das besetzte Land gebaut wurden und jetzt an die Palästinenser zurückgegeben werden sollen. Beit El liegt eine halbe Stunde von Jerusalem entfernt, in der Nähe von Ramallah. Ich bin dort mit dem Mädchen Meital verabredet. Ich weiß über Meital nur, dass sie streng orthodox, zwanzig Jahre alt und eine so genannte Siedlerin mit einer extrem rechten politischen Meinung ist. Am Telefon sprach sie schnell, ihre Stimme klang tief und fröhlich.

Die Busstation in Jerusalem wimmelt von Soldaten und Soldatinnen, wimmelt von religiösen Männern, in schwarzen, langen Mänteln, in kurzen Mänteln, in Jacketts, mit Hüten und ohne, mit Pejes und ohne, nur mit Kippah und ganz ohne Kippah (es gibt viele verschiedene Varianten, orthodox zu sein), wimmelt von Mädchen in engen Jeans, kurzen Röcken und tief ausgeschnittenen Tank-Tops, von Jungen in weiten Hosen und leichten Hemden, von Geschäftsmännern, von Geschäftsfrauen, von Kindern, von Touristen, von Taschen, von Tüten, von Rucksäcken. Israel ist ein kleines Land, wo man viel Bus fährt. Im Kiosk an der Ecke läuft laut das Radio. Keine Musik, sondern Nachrichten, überall hörst du Nachrichten. Irgendwo gab es Zusammenstöße mit Palästinensern, irgendein Politiker ist in einen Skandal verwickelt, irgendein Rabbiner hat etwas Provozierendes gesagt. Über Politik wird mehr gesprochen als übers Wetter. Dabei zerteilen sich die Interessen der Einzelnen in so viele verschiedene Gruppen, dass im Parlament auf 120 Sitzen siebzehn verschiedene Parteien sitzen und das Einigwerden ein langwieriger Prozess ist.

Heute ist ein relativ friedlicher Tag, was die Probleme mit Palästina betrifft, aber es gibt heftige Auseinandersetzungen in der Knesset. Es wird die Frage der Hochzeit debattiert. In Israel wird nur die Trauung durch den Rabbiner anerkannt, demnach müssen beide, Braut und Bräutigam, jüdisch sein. Die Zentrumspartei Chinui will dieses Gesetz abschaffen, denn viele Israelis sind nicht religiös und wollen staatlich getraut werden. Die Gegner argumentieren, Israel wurde für die Juden gegründet, ihre Flagge trägt den Davidstern, ihre Nationalhymne besingt das Judentum; nicht jeder muss in die Synagoge gehen, aber die fundamentalen Bräuche müssen eingehalten werden, sonst haben sie kein Recht, in Israel zu sein. Nun, es gibt diverse Haltungen dazu. Israel ist das Land der ewigen Diskussionen.

Der Bus ist bis auf die Trittbretter mit Soldaten gefüllt, denn direkt neben Beit El befindet sich ein Armeestützpunkt. Ich denke an meinen Besuch bei der Armee mit Kobby, an die rothaarige Shira, die so auf die Siedler schimpfte, an ihre Freundin Orit, die von einem ruhigen Leben in Tel Aviv träumt, an den faulen Geruch des

Schießpulvers. Ich bin ganz in diese Erinnerungen versunken, als ich sehe, dass alle Soldaten ausgestiegen sind und der Bus die Endstation in Beit El erreicht hat. Ich steige aus, aber das Mädchen Meital ist nicht da.

Beit El liegt auf dem Gipfel eines Berges, unten im Tal erkenne ich die Hütten arabischer Dörfer. Hinter dem parkenden Bus erstreckt sich ein weites Feld mit dürrem trockenem Gras. In der Ferne wellt sich die hügelige Landschaft dem Horizont entgegen. Ich weiß nicht, wo ich langlaufen soll. Es sieht alles so gleich aus: ein ruhiger Vorstadtbezirk mit schachtelförmigen, hellgelben Villen, mit Gärten und Sprinkleranlagen, deren Wasserstrahlen in Bögen durch die Luft schweifen und Ringe malen.

Eine Frau mit Kopftuch schiebt einen Kinderwagen über die Straße. Ich bitte sie um Hilfe. Die Frau ist Amerikanerin. Sie erklärt mir kurz und knapp, ich soll den nächsten Bus zurück zum Grenztor der Siedlung nehmen.

Dort sitzt Meital auf einem Geländer, baumelt mit den Beinen und schwingt eine Plastiktüte vor und zurück, sie hat Kekse und Pfirsichsaft gekauft. Als sie mich sieht, hüpft sie vergnügt von der Stange. Sie ist klein, vielleicht 1,50 m, kräftig gebaut, schlicht gekleidet, trägt ein graues T-Shirt, einen Wickelrock, feste, grobe Schuhe und läuft wie ein Junge. Um ihr Gesicht und ihre Schultern wirbeln wilde dunkle Locken.

Sie spricht fließend Englisch, aber mit dem unverkennbar harten israelischen Akzent. Wir laufen zu ihrem Haus. Sie überflutet mich mit Anekdoten, die sie leicht und durcheinander erzählt und sarkastisch pointiert. Sie erzählt, wie sie zwei Jahre lang in einem Bus schreiende Kinder zur Schule begleitete. Weil sie orthodox ist, hatten ihre Eltern ihr verboten, zur Armee zu gehen, aber Meital wollte unbedingt ihrem Land dienen und leistete Sozialarbeit. Sie passte auf Kinder auf, deren Eltern Alkoholiker, Drogenabhängige, Kriminelle oder Prostituierte waren. »Meine Tage fingen so an, dass ein Kind irgendein anderes als Hurensohn beschimpfte und dafür aus dem Fenster geschubst wurde. Und ich dachte, na ja, so Unrecht hat der erste ja gar nicht.« Sie lacht. »Die haben mir ins Gesicht gespuckt. Aber nach einer Weile merkte ich, das ist immer noch besser als in die Haare.« Sie erzählt von dem Schicksal eines Jungen, dessen Eltern drei Mal versuchten, ihn bei lebendigem Leib zu verbrennen, und sie fügt hinzu: »Sie hatten so ein Pech, der Kleine hat es immer wieder überlebt.« Im gleichen Atemzug erwähnt sie, dass die Palästinenser ihren älteren Bruder erschossen haben. Inzwischen sind wir bei ihr zu Hause angekommen, sie holt eine Schüssel mit Eiswürfeln und stellt den Saft und die Kekse auf den Tisch. Ich setze mich: »Was? Sie haben deinen Bruder erschossen?« »Zwei Wochen nach der Friedensvereinbarung von Oslo, 1993, mit Rabin und Arafat und eifrigem Händeschütteln. Ja, er war auf dem Weg nach Jerusalem und kam nie wieder zurück. Ich war bei vielen Psychiatern, und alle, auch meine Lehrer, sagten, es wäre nicht normal, dass ich so fröhlich bin. Erst dieses Jahr ist mir bewusst geworden, dass ich eigentlich eine tiefe Wut habe. Aber es ist etwas, das ich nicht zeigen will. Es ist nicht gesund. Ich sage immer, Cola und Zigaretten sind nicht gesund, und Wütendsein genauso wenig.« Sie gießt mir Pfirsichsaft ein und schiebt mir den Teller mit den Keksen zu.

»Ja, es gibt den Stützpunkt hier. Man denkt, dass die Soldaten uns beschützen würden, aber die machen gar nichts. Die kommen immer zu spät, nicht, weil sie so lange brauchen, sondern weil es ihnen egal ist. Früher waren wir das erste Haus hinterm Grenztor, und trotzdem kamen die Soldaten immer erst zwanzig Minuten nach dem Angriff. Wenn die Araber schießen, gucken wir als Erstes auf die Uhr und wetten, wie lange die Armee diesmal braucht. Mein großer Bruder hat früher immer sein Gewehr geholt, um uns zu verteidigen, und mein kleiner Bruder und ich rannten auf den Balkon und schauten zu. Es ist so komisch, du siehst all die, die normalerweise kein Gewehr in die Hand nehmen und den ganzen Tag in ihren Yeshivot sitzen und lernen, ja, die mit den Pejes und den Kippahs, und plötzlich hörst du, wie der eine seinem Freund zuruft: ›Hey, Alter, hast du noch Munition, mein Magazin ist leer!‹

Aber das passiert nicht jede Woche. Es gibt einen Unterschied zwischen Schießen und Auf-uns-Schießen. Jeden Freitag, am Shabbat, wird drüben geschossen. Das sind Freudenschüsse. Jedes Mal, wenn da einer heiratet oder sie Feste feiern, schießen sie. Das ist eine Tradition. Einmal haben sie dabei aus Versehen den Bräutigam erschossen.

Und auf uns schießen, na ja, es kommt immer auf den Friedensprozess an. Wenn die Palästinenser das Gefühl haben, sie können dieses Stück Land bekommen, dann machen sie viel Lärm, viel Terror. Sie machen das auch wegen der Presse. Denn wenn es hier Randale gibt, schreibt die israelische Presse, dass wir, die Siedler, für Unruhen sorgen und dass die Politiker doch endlich dieses Land zurückgeben sollen. Es gibt gute und es gibt schlechte Zeiten. Wenn es ganz schlimm wird, dann dürfen wir nur in den Panzerwagen der Armee nach Jerusalem fahren, jede Familie nur einmal pro Woche. Mein Freund in Holland ruft mich dann immer an und sagt: ›Hey, Meital, ich hab dein Haus in den Nachrichten gesehen.‹«

Während Meital erzählt, tanzen ihre Hände durch die Luft wie Schmetterlinge. Dabei sehen mich ihre großen, runden, dunkelbraunen Augen scharf und direkt an.

»Mit den Arabern, die direkt nebenan wohnen, verstehen wir uns eigentlich ganz gut. Sie sind die schnellsten Reifenwechsler im ganzen Land, wir reparieren da unsere Autos oder wir kaufen bei ihnen ein, weil ihre Läden am Shabbat länger geöffnet haben. Neulich ging ein Mann zu einem dieser Nachbarn, einem, mit dem wir befreundet waren, um bei ihm Eier zu kaufen. Er ging zu ihm nach Hause und kam nicht mehr zurück. Seine Frau, frisch verheiratet und hochschwanger, war besorgt. Die Jungs aus der Autogarage sagten, sie wüssten nichts. Wir haben seine Leiche nie gefunden. Sie haben ihn verbrannt, damit wir ihn nicht beerdigen können. Wir wissen nicht, ob bei lebendigem Leibe oder als er schon tot war. Sie haben seine Asche auf die Kreuzung gestreut, wir fanden nur sein verkohltes Auto und eine Hand. Das hasse ich am meisten, dass das bei denen zu Hause passiert ist, die waren unsere Freunde. Sie sagten zwar, sie hätten damit nichts zu tun, aber komm schon, die halten doch alle zusammen, das machen wir doch auch, das ist doch so im Krieg. Wir haben dann vor ihrem Haus demonstriert und nicht mal die Fensterscheiben eingeschlagen.« Meital schüttelt den Kopf, gießt Saft nach und erinnert mich wieder an die Kekse, die sie für mich gekauft hat.

»Ich werde nie vergessen, wie meine Mutter einmal vom arabischen Markt zurückkam und bitterlich weinte. Die Frau am Gemüsestand hatte zu ihr gesagt, sie solle nie wiederkommen, sonst würde ihr auch was passieren. Das war noch vor dem Tod meines Bruders, da waren die Drohungen noch ein Grund zum Weinen.

Und ganz nebenbei, wenn ich jemals einen fanatischen Studenten treffen sollte, der in der Nähe der Moschee von Ramallah gewohnt hat, später, wenn das alles vielleicht mal ein Ende hat, dann will ich ihn fragen, hey, von wo habt ihr damals die Steine geworfen? Denn jedes Mal, wenn wir in die Kurve in Ramallah einbogen, kamen Steine; wir waren Kinder, wir saßen hinten im Auto und versuchten herauszufinden, von wo sie die Steine warfen. Die haben sich echt gut versteckt.« Sie lächelt, dann fügt sie ernst hinzu:

»Die ausländischen Zeitungen berichten immer nur, mit wie vielen Waffen die israelische Armee auf die armen, unbewaffneten arabischen Kinder schießt. Was haben denn diese Kinder mitten im Gefecht zu suchen? Das fragt keiner. Sie sehen auch nicht, dass wir uns nur verteidigen, die greifen uns ja dauernd an. Was sollen denn unsere Soldaten machen, wenn die Araber Molotowcocktails auf unser Haus werfen? Sollen sie mit Molotowcocktails zurückwerfen?« Sie schaut zum Fenster. Ich höre das Knattern eines Hubschraubers. Sie scheint das Geräusch gar nicht wahrzunehmen.

»Ich bereue es nicht, hier aufgewachsen zu sein«, sagt sie plötzlich. »Als mein Vater eine Stelle als Bürgermeister in einer anderen Stadt annahm und wir umziehen sollten, da hab ich mich geweigert. Und als Rabin damals Ministerpräsident wurde, fingen meine Freundin und ich an zu weinen, weil wir dachten, er gibt Beit El bestimmt an die Palästinenser zurück. Wir sind losgelaufen und haben uns von jedem Stein, jeder Straßenecke, jedem Baum verabschiedet. Dieses kleine Dorf ist mein Zuhause, dieses unscheinbare Etwas mitten in den Bergen, umgeben von Arabern. Verstehst du das? Ich bin hier geboren, mich kriegen die hier nicht weg, ich gehe zum Grabstein meines Bruders und bleibe dort stehen, egal, was passiert.« Sie spielt mit dem Keks in der Hand, dreht ihn von einer Seite zur anderen.

»Wir schließen nie unsere Türen ab. Es ist so ruhig hier, hier passiert nichts, außer der Randale der Palästinenser. Aber wenn doch was passiert, wenn etwas gestohlen wird oder so, dann sind immer die Araber schuld. Das ist schrecklich. Aber was soll man sonst denken lernen? Stell dir das mal bildlich vor: Ein Dorf mit einem Grenzhaus am Eingang, drum herum Armeegelände, und dann die Araber, die haben ihre Gründe, das will ich gar nicht abstreiten, aber stell dir eine Familie vor, die hier lebt, abgeschlossen von der Welt, und keiner tut ihnen was, nur die Araber. Da denken die natürlich, alle Araber sind böse. Und das nimmt kein Ende, es dreht sich immer wieder um die eigene Achse, der Teufelskreis, bis sie einen von uns erschießen und wir einen von ihnen erschießen, und dann liegt der Hass vor deiner Haustür wie die Schatten vor den Bäumen, und du kannst machen, was du willst, jeden Morgen, wenn die Sonne aufgeht, ist er wieder da. Ja, wenn du für einen Tag nach Tel Aviv fährst, dann siehst du eine andere Welt.« Sie spricht ein Gebet, bevor sie sich den Keks in den Mund schiebt. Für jedes Essen und jedes Getränk muss sie – will sie – Gott danken.

»Aber langsam ändern sich die Dinge. Die neue Generation, die meines kleinen Bruders, die Sechzehn- und Siebzehnjährigen, die verbringen die meiste Zeit sowieso in den großen Städten, die sind nicht mehr orthodox, die sind nicht religiös, die sind viel frecher, die rebellieren, die kiffen, die fahren ohne Führerschein, die schwänzen die Schule, die lassen sich nichts mehr sagen. Und obwohl das vielleicht keine guten Dinge sind, die sie da machen, machen sie doch, was sie wollen, und das ist ein guter Anfang, weil niemand erwartet etwas von dir. Ich hingegen, ich sitze so zwischen allen Stühlen. Ich habe mich immer an die Erwartungen meiner Eltern gehalten; ich war die beste Schülerin, ich bin orthodox, ich trage Röcke, ich rauche nicht, ich gehe nicht aus, und ich frage mich oft, warum mache ich das alles?

Einmal rief man mich am Unabhängigkeitstag zur Knesset, ich sollte mit der Fackel das Feuer anzünden. Ich, ich sollte die orthodoxen, rechts denkenden Siedler repräsentieren! Und es war schrecklich. Ich muss eine Rolle spielen, in der ich mir gar nicht sicher bin. Immer musste ich etwas repräsentieren, etwas verteidigen. Ich habe einen Freund, der ist Christ, und vor ihm muss ich die Seite der Juden verteidigen, aber manchmal will ich das gar nicht. Vor meinen Eltern muss ich diese Liebe verteidigen, aber manchmal bin ich mir ihrer unsicher. Ich muss mich entschuldigen, wenn ich in einem Pool oder am Strand mit Jungs im gleichen Wasser bade, weil das jüdische Gesetz das verbietet, aber ich finde daran gar nichts Schlimmes, die sollen mich doch alle in Ruhe lassen. Ich bin durcheinander, unsicher, ich will den ganzen Tag am liebsten schlafen. Vielleicht ist es auch mein Alter, vielleicht muss ich da jetzt durch. Aber mein ganzes Leben war ich so verantwortlich, so nett, so höflich zu älteren Leuten, ich war so alt, ich will jung sein, ich will wieder ein freches, kleines Kind sein. Ach, ich weiß nicht, was ich will.« Sie hält inne, spricht wieder ein Gebet, trinkt Saft, nimmt ein Eisstück und zerkaut es. Ich sitze reglos auf meinem Stuhl und höre zu. Vom ersten Moment an hat Meital ohne Hemmungen, ganz offen zu mir gesprochen, als warte sie schon lange darauf, dass ihr jemand einfach nur zuhört.

»In der Knesset damals«, fährt sie fort, »rief die Organisatorin an und sagte, es würde kalt werden, ich solle mir von einer Freundin einen Mantel borgen, denn ich könne ja nicht in meinem Bären erscheinen. Bären, so nennen wir die dicken Mäntel, die die Siedler immer im Winter tragen, zum Schneefegen, da drin siehst du aus wie ein Bär. Und die denkt, dass ich nur solche hässlichen Mäntel im Schrank habe, weil ich ja aus einer Siedlung komme. Entschuldige, Madame, ich habe drei elegante, englische Mäntel! Und dann fügte sie noch hinzu, bitte lass auch deine drei Kinder und dein Gewehr zu Haus. Entschuldigen Sie, ich hab auch noch keine Kinder, und selbst wenn, für wie blöd hält die mich eigentlich? Aber so ist das.

Das Erste, was man dich in Israel fragt, ist: Woher kommst du? Beit El gibt dann alle Antworten: Du bist spießig und konzentrierst dich nur auf Gott. Das stimmt nicht. Ich habe Musik gelernt, Kunstgeschichte, Filme gesehen. Du schmeißt Steine auf die Araber. Mein kleiner Bruder hat das einmal gemacht, da kam sofort die Armee und hat ihn verhaftet. Du bist und bleibst ein orthodoxes, konservatives, etwas zurückgebliebenes Mädchen in geschmacklosen Kleidern, mit vielen Kindern und Gewehr im Schrank, die die Schuld trägt für alle Unruhen mit den Arabern, weil sie so verbissen an ihrem Stückchen Land festhält. Das macht mich wütend, dann will ich erst recht nicht weg. Ich frage mich sowieso die ganze Zeit, wo wir hinsollen, wo wir 4500 Beit-El-Bewohner einfach so hinsollen. Die in Tel Aviv hätten uns bestimmt nicht gern in ihrer Nähe, so uncool wie wir ja sind. Die nichtreligiösen Israelis kennen die religiösen nicht. Das ist ein großes Problem, sie haben nichts miteinander zu tun und sehen sich gegenseitig nur als Stereotypen. Manchmal hasse ich es, einen Rock zu tragen, weil ich nicht als orthodoxes Mädchen abgestempelt werden will.«

Im Haus ist es still. Wir sind allein. Ihr jüngerer Bruder ist noch in der Schule, und ihre Eltern sind nach Jerusalem gefahren. Ich frage Meital, ob ich eine Zigarette rauchen darf. Sie legt den Kopf zur Seite, überlegt einen Moment und sagt dann sehr entschieden: »Ja. Mein kleiner Bruder und seine Freunde rauchen auch immer, obwohl meine Eltern es ihm verbieten«, und flüsternd fügt sie hinzu: »Er baut Gras an, auf seinem Balkon, aber meine Mutter denkt, es ist ein exotisches Gewächs.«

Küche, Ess- und Wohnzimmer gehen ohne Türen ineinander über. Kacheln halten den Boden kühl und frisch. In der Mitte des Raumes steht ein langer Tisch, an dem wir sitzen, neben einem Holzschrank mit dem guten Geschirr. Auf einer Kommode funkelt der goldene Chanukka-Leuchter unter den Fotos des verstorbenen Bruders. Die Einrichtung ist schlicht, sauber. Meital entschuldigt sich für die Unordnung und meint damit drei Magazine, die aufgeschlagen auf dem Sofatisch liegen. Die Arbeit im Haus teilt sie sich mit ihrer Mutter. Und heute, heute hat sie weder Staub gewischt noch abgewaschen, noch den Müll rausgebracht.

Dann lacht sie wieder: »Ich verstehe nicht, warum man so oft Staub wischen soll, wenn er am nächsten Tag sowieso wiederkommt.«

Ich rauche meine Zigarette, und sie zeigt mir Familienfotos. Meitals Großeltern kommen aus dem Jemen. »Die meisten Kinder in meiner Klasse waren blond«, sagt sie lachend, »sie sind aschkenasisch, ihre Familien stammen aus Osteuropa. Als ich eingeschult wurde, hatten sie alle vor mir Angst, weil sie dachten, ich sei eine Araberin.«

Mir fällt auf, dass Meitals Mutter auf jedem Foto eine andere Frisur und eine andere Haarfarbe hat. Meital sagt, dass sie Perücken trägt, weil sie als verheiratete Frau in der Öffentlichkeit ihr Haar bedecken muss und keine Kopftücher mag. Ihre Eltern kamen 1979 nach Beit El.

»Es gibt drei Sorten von Siedlern«, erklärt Meital, »die einen kommen, weil sie sich von den Siedlungen eine sichere Umgebung für ihre Kinder erhoffen, also ohne Drogen und ohne Kriminalität. Die zweiten kommen, weil es billiger ist, hier zu leben. Die dritten kommen aus ideologischen Gründen. Sie wollen das Heilige Land besetzen, damit es sich die Araber nicht zurückholen können. Meine Eltern wollten alles. Damals waren wir noch nicht so reich. Meine Eltern haben dieses Haus mit ihren eigenen Händen gebaut, als meine Mutter mit mir schwanger war.«

Meital hat eine große Familie, vier Geschwister und zehn Neffen und Nichten. Die älteste Schwester, Rebecca, ist streng orthodox, verheiratet und hat fünf Kinder. Die Zweitälteste, Idit, ist auch religiös, aber offener, »sie macht am Shabbat auch mal das warme Wasser an, wenn sie ihre Zwillinge baden muss«. Dann kommt ihr Bruder Ruben, er hat drei Kinder und arbeitet in Hebron im Sicherheitsdienst. Meital sagt, er ist ein ernster Mann und trägt einen schweren Gürtel: »Ein Walkie-Talkie, einen Beeper, ein Handy, noch ein Handy, ein Messer, einen Knüppel, seine persönliche Pistole und seine Arbeitspistole, alles um die Hüften.« Er kommt nie zu Geburtstagen oder Shabbat, weil er immer arbeiten muss. Sie sagt stolz, dass die Araber ihn mögen und respektieren, dass er streng ist, aber ein gutes Herz hat. Nach Ruben kam der Bruder, der erschossen wurde, als er neunzehn war. Mit ihm hatte sich Meital immer am besten verstanden.

Die Geschwister leben mit ihren Familien in Beit El, nebenan, gegenüber und um die Ecke. In diesem Haus wohnt Meital mit ihren Eltern und dem Kleinsten, ihrem siebzehnjährigen Bruder Boas, der auf seinem Balkon Gras anbaut und gar nicht mehr religiös ist. Meital kichert: »Boas hasst den neuen Polizisten von Beit El, weil er ihn einmal beim Schuleschwänzen erwischt und ihn sofort beim Direktor verpetzt hat. Daraufhin pflanzten Boas und seine Freunde ein paar Marihuanapflanzen im Garten des Polizisten an. Bald wächst da eine ganze Hecke.«

Meital wünscht sich, auch einmal eine große Familie zu haben. »Meine Freunde sagen, sie wollen ihre erste Million machen, bevor sie 30 sind. Und ich, ich hab mir immer gedacht, wenn ich einen netten Mann finde, den ich heiraten und mit dem ich viele Kinder bekommen kann, dann wäre ich überglücklich.« Sie lächelt: »Zwillinge, am liebsten hätte ich drei Paar Zwillinge. Hey, mit meinem Freund aus Holland wäre das sogar möglich. Die Frau seines Bruders hat gerade Zwillinge geboren, seine Tante hat Zwillinge, und bei mir gibt es auch welche in der Familie. Wir haben Zwillingsgene«, sie fährt sich durch die Locken, »aber wenn ich von ihm Kinder bekomme, gibt es Krieg zwischen unseren Eltern. Er ist Christ. Ich bin Jüdin. Stell dir das arme Kind vor, wenn es ein Junge ist, die einen Großeltern wollen ihn beschneiden lassen, die anderen taufen, er wird gleichzeitig Bar-Mizwa und Konfirmation haben! Hey, doppelt so viele Geschenke!

Weißt du«, sagt sie ernst, »die Familie meines Freundes mag mich sehr gerne, und seine Großmutter hat es sich zum Lebensziel gemacht, mich zum Christentum zu bekehren. Aber ich frage sie immer, warum? Jesus war doch auch Jude!«

Die Geschichte von ihrem Freund erzählt Meital leiser und unsicherer, als schäme sie sich dafür. Ihre Hände, die davor so schön durch die Luft getanzt haben, liegen die ganze Zeit in ihrem Schoß. Die Nachmittagssonne fällt schräg durch die Jalousien und zeichnet Strichmuster auf ihr Gesicht.

Vor sieben Jahren, kurz nach dem Tod ihres Bruders, begann Meitals Vater mit einer evangelischen Gemeinde aus Holland zu arbeiten. Er organisierte für sie Reisen zu biblischen Orten in Israel. Mit der holländischen Gruppenleiterin verstand er sich besonders gut, und er beschloss, sie und ihre Söhne zu sich nach Beit El einzuladen.

Meital wachte einmal mitten in der Nacht auf. Um die Gäste nicht zu wecken, tastete sie sich leise durch den dunklen Flur ins Badezimmer. Als sie aber das Licht anschaltete, sah sie, dass sie nicht im Bad, sondern im Zimmer der schlafenden Söhne gelandet war. Sie schämte sich schrecklich. Der Jüngste war aufgewacht. Er setzte sich im Bett auf und sah sie an. Am liebsten wäre Meital im Erdboden versunken, aber sie konnte sich nicht bewegen, sie stand reglos in der Tür, seine Augen hielten sie fest. Bis heute weiß sie nicht, wie lange sie dort gestanden und ihn angesehen hat, erst als ein anderer Bruder zu murren anfing, löschte Meital das Licht und floh zurück in ihr Zimmer.

Am nächsten Morgen war sie wie verwandelt. Das freundliche, gut erzogene Mädchen meckerte, motzte und benahm sich außerordentlich unhöflich den Gästen gegenüber, besonders gegenüber dem jüngsten der Söhne. Er hingegen suchte verzweifelt einen Weg zu ihr. Vier Wochen lang ärgerte sie ihn nur. Dann bat er sie, ihn zum Flughafen zu begleiten, aber Meital blieb zu Hause.

Kurz nachdem die Holländer abgereist waren, erhielt Meital einen Brief von ihm, in dem er ihr ewige Liebe und Treue schwor. Meital antwortete nicht. Er schrieb wieder, diesmal bat er um ihre Freundschaft. Meital rührte sich nicht. Er schrieb ihr jede Woche: was er tat, wen er traf, was er aß, welchen Film er im Kino gesehen oder dass sein Fußballteam gewonnen hatte. Nach drei Monaten schrieb sie zurück. Was sie tat, was sie aß, welchen Film sie im Fernsehen gesehen hatte, sie erzählte von der jüdischen Mädchenschule, wo sie unter der Woche wohnte, dass sie ihren Mathelehrer nicht mochte, aber das Fach Geschichte liebte, und dass sie jeden Tag fünf Stunden länger im Klassenzimmer blieb, um alles über die Französische Revolution zu lernen.

Meitals Eltern sahen diesen Briefwechsel als eine gesunde Freundschaft an, eine Ablenkung für die Tochter vom Tod ihres Bruders. Auch der holländische Junge hatte etwa zur gleichen Zeit seinen Vater verloren, und auch er wuchs in einer streng religiösen (protestantischen) Umgebung auf.

Bald waren sie ein Paar, ein sonderbares Paar. Sie sahen einander einmal im Jahr, aber sie schrieben sich wöchentlich. Weder sie noch er interessierte sich für andere Jungen oder Mädchen, aber sie küssten sich nicht. Das jüdische Gesetz verbietet jede Berührung vor der Hochzeit, und Meital versteckte sich gerne hinter dieser Regel. Wenn er mit seiner Familie zu Besuch kam und sie ihn am Flughafen abholte, schubsten die Eltern Meital nach vorn, sie solle ihren »besten« Freund doch wenigstens umarmen, aber Meital blieb stehen, schüttelte stur ihre Locken und sah ihm nur lange in die Augen. So vergingen fünf Jahre.

Kurz vor Meitals achtzehntem Geburtstag passierte etwas mit ihr. Sie weiß nicht, was der Auslöser war, nicht wann, nicht wo es geschah, aber eines Tages wollte sie zu ihm, egal wie. Sie sagt, es war eine Art Durst, wie wenn man eine so trockene Kehle hat, dass man unbedingt und sofort etwas trinken muss. Sie bat ihre Eltern um einen Flug nach Holland. Die Eltern hatten Angst, sie wollten ihre Tochter nicht alleine reisen lassen, vielleicht spürten sie auch an der Intensität, mit der Meital fragte, dass diese Beziehung mehr als eine Freundschaft werden könnte. Die Reise nach Holland wurde ihr verboten. Nun begannen die täglichen Telefonate nach Holland, für die Meital monatelang im Supermarkt an der Kasse saß, um sie bezahlen zu können. Aber es reichte ihr nicht. Sie musste ihn sehen. Sie beschloss zu fahren. Auch ohne Erlaubnis der Eltern.

Eines Nachts stahl sie ihren Pass aus der Schreibtischschublade ihres Vaters. Sie stand lange damit auf dem Balkon und blätterte durch die leeren Seiten. Um sie war es totenstill. Die Lichter der Siedlung schimmerten weiß. Sie sah den Olivenbaum in ihrem Garten, sie sah das Grenzhäuschen am Tor der Siedlung, sie sah die Baracken der Soldaten, sie sah die Tankstelle der Araber, sie blickte über ihr geliebtes Beit El und wusste nicht mehr, wer sie war.

Sie dachte an den vergangenen Nachmittag, an die Fahrt mit ihrem kleinen Bruder. Sie waren mit dem Auto sehr schnell durch das so genannte Becken gefahren, die Straße, die auf der einen Seite steil nach unten und auf der anderen ebenso steil wieder nach oben führt, sie waren mit 200 Stundenkilometer durch das Becken geflogen, mit lauter Musik, und Meital hatte sich so frei gefühlt, so unendlich frei und leicht. Warum sollte sie nicht zu ihrem Freund fahren? Nur, weil er kein Jude war? Der Gott war doch der gleiche?

Aber sie hatte Angst vor dieser Liebe. Sie sagte sich immer wieder, es darf nicht sein. Er ist Christ, er ist Christ, er ist Christ. Sie stellte sich vor, wie ihre Eltern weinen würden, wenn sie ihn heiraten würde. Sie würden sieben Tage und sieben Nächte im Haus bleiben, auf dem Boden sitzen und um die verlorene Tochter trauern, als ob ein Familienmitglied gestorben wäre. Aber sie musste ihn ja noch nicht heiraten, sie musste ihn einfach nur sehen.

Am nächsten Tag wusste Meital, was zu tun war. Sie klopfte bei jedem ihrer Freunde an die Tür und bat sie, ihr 100 Schekel zu borgen. Und Meital hat viele Freunde in Beit El, »über 40«, sie ist mit allen Gleichaltrigen befreundet. Viele dachten, es handelt sich um eine Abtreibung oder um Drogen, und wollten ihr deshalb kein Geld leihen, aber am Ende des Tages hatte Meital doch 2000 Schekel in ihrem Geldbeutel. Ein Flug nach Holland kostete 1800.

Sie musste ihre Eltern anlügen, sie hatte noch nie gelogen, aber die Sätze kamen wie von selbst aus ihrem Mund. Sie erzählte ihrer Mutter, sie würde bald mit zwei Freunden, einem Mädchen und einem Jungen, in den Golan zum Camping fahren. Das Mädchen, das sie begleiten sollte, befand sich zu dieser Zeit in Polen. Den Jungen hatte sich Meital einfach ausgedacht, und als sie fürchtete, die Mutter könne die Lüge ahnen, schrieb sie einen dreiseitigen Aufsatz über die Existenz von Janki, über sein Alter, seine Ausbildung, die Herkunft seiner Familie, und eine ganze Seite über seine Tante, die im Golan lebt. Dann ging Meital zu einem alten Bekannten ihres verstorbenen Bruders und bat ihn, sie innerhalb einer Stunde anzurufen, sich als Janki vorzustellen und das über sich zu erzählen, was sie aufgeschrieben hatte. Sie gab ihm den Text und ging nach Hause.

Das Telefon klingelte pünktlich. Die Mutter antwortete. Es war Janki und dieser Janki war in Ordnung. Meital wollte sich nur noch schnell duschen und dann zum Reisebüro gehen und das Ticket kaufen. Aber Glück ist ein gefährliches Gefühl und unbedacht ließ sie in ihrer Euphorie den Geldbeutel auf dem Küchentisch liegen. Warum die Mutter durch den Geldbeutel ihrer Tochter stöberte, wurde nicht gefragt, nur warum Meital zweitausend Schekel und ihren Pass mit sich herumtrug, verlangte nach einer Erklärung. Aber Meital blieb überraschend ruhig. Ohne zu stottern, erzählte sie, Janki und sie würden sich an einer Hilfsorganisation für allein stehende jüdische Mütter und Witwen beteiligen. Man rief Janki an und er bestätigte alles.

Am Abend vor der großen Reise kam Idit zu Besuch, die »offenere« der beiden Schwestern. Meital hatte nur ihrem kleinen Bruder Boas von dem geheimen Plan erzählt. Er war an diesem Abend nicht zu Hause. Die Aufregung und die Freude waren so groß, dass sie Meital mit jemandem teilen wollte. Doch die Toleranz von Idit hatte ihre Grenzen, sie war außer sich. Ein jüdisches Mädchen darf niemals, unter keinen Umständen mit einem Christen zusammen sein. Sie warf Meital vor, ein weiteres Familienunglück herbeizuführen, wäre denn der Tod des Bruders nicht genug Leid für die Eltern, müsse sie denn solche Dummheiten machen? Meital blieb standhaft und brachte die Schwester dazu, ihr bei Gott zu schwören, sie bei den Eltern nicht zu verraten.

Meital verließ das Haus sehr früh am Morgen, rote Streifen zogen sich wie ein Zaun am Horizont entlang, die Sonne hing noch unterhalb der Hügel. Sie fuhr mit dem ersten Bus nach Jerusalem und von dort nach Tel Aviv zum Flughafen. Die Schwester hatte ihren Schwur nicht gebrochen, aber sie hatte ihrem Mann, einem Anwalt, von Meitals Reise erzählt. Die beiden hatten die ganze Nacht kein Auge zugetan und gegrübelt, wie man das Mädchen aufhalten könne.

Am Flughafen wimmelte es von Sicherheitsleuten, viele Koffer wurden durchsucht. Meital war aufgeregt, es war ihre erste Reise ins Ausland. Sie hörte jeder Ansage genau zu, sie verlief sich ein paar Mal, bis sie endlich vor dem richtigen Schalter stand und der netten Frau ihren Pass und das Ticket reichte.

»Meital A.?«, fragte die Frau.

»Ja, das bin ich«, antwortete Meital stolz.

»Bitte warten Sie einen Moment.« Meitals Herz begann zu pochen, was hatte sie vergessen, was hatte sie jetzt falsch gemacht? Ein Herr in Anzug erschien und stellte sich als Manager der Fluggesellschaft vor: »Sie müssen in einer Stunde vor dem Gericht in Jerusalem erscheinen, man hat Anklage gegen Sie erhoben. Als Minderjährige können Sie nicht ohne Erlaubnis Ihrer Eltern das Land verlassen. Bitte kommen Sie mit.«

Meital schossen die Tränen in die Augen: »Ich werde doch in einer Woche achtzehn.«

»Es tut mir Leid, aber dann müssen Sie noch eine Woche warten.«

Im Gericht empfing sie Idits Mann und fuhr mit ihr schweigend nach Beit El zurück. Im Wohnzimmer saßen die Eltern, beide Schwestern, alle Enkelkinder, sogar der Bruder aus Hebron war gekommen, sie alle waren ernster als die Richter im Gericht.

»Ich habe kein Wort gesagt, sie warten seit Stunden auf eine Erklärung von dir«, sagte Idit. Der kleine Bruder Boas kam verschlafen die Treppe runter, blickte böse in die Runde und umarmte Meital.

Meital weinte und weinte, sie weinte drei Tage lang, sperrte sich in ihrem Zimmer ein, hörte immer wieder *Bloody Sunday* von U2, aß nicht, schlief nicht und öffnete keinem die Tür. Als Boas merkte, dass das Klopfen keinen Sinn hatte, schob er einen Zettel unter der Tür durch: »Rufe dringend deinen Holländer an, er hat eine Überraschung für dich.« Daraufhin öffnete Meital. Boas reichte ihr das Telefon und sie rief an. Ihr Freund sagte kurz und entschlossen: »Pack deine Taschen wieder ein, ich komme morgen nach Israel und wir fahren in den Golan.«

Diesmal sagte Meital nichts, sie schlich sich am nächsten Morgen unter dem gleichen blutroten Himmel hinaus, ohne einen Pfennig Geld, mit einem Zelt unterm Arm, hinterließ ihren Eltern nur die Nachricht: »Bin in Israel, brauche Ruhe und die Berge und komme bald wieder.« Sie trampte zum Flughafen, holte den Freund ab, und sie fuhren in den Golan.

»Das war die schönste Zeit meines Lebens, diese eine Woche, ohne Geld, ohne alles, nur mit ihm. Seine Brüder waren zur gleichen Zeit auch in Israel, auch in den Golan-Höhen, aber sie wussten nicht, dass er ihnen heimlich nachgeflogen war, und so mussten wir uns versteckt halten. Und weißt du«, jetzt leuchten ihre Augen so feurig, als könnten sie die Welt verbrennen, »dann hab ich mir gedacht, es heißt, du darfst keinen jüdischen Jungen anrühren, bevor du ihn heiratest, aber er, er war ja kein Jude, also durfte ich ihn küssen.«

Meital hat mir angeboten, bei ihr zu schlafen. Sie hat in ihrem Zimmer noch ein zweites Bett stehen, »und es wird Zeit, dass es mal jemand benutzt«. Wir gehen noch ein bisschen durch die Siedlung spazieren. Die klare Nachtluft tut uns beiden gut. Meital wird wieder munter und sagt, ich soll nicht denken, dass sie immer nur ernste Geschichten erzählt. Sie kennt auch viele Witze, aber die kann sie nicht übersetzen.

Als wir wieder zum Haus kommen, hören wir schon von draußen die Musik: Tupac. Boas und seine Freunde sitzen in einer Rauchwolke in seinem Zimmer, kichern, essen Wassermelone mit Ziegenkäse und diskutieren, welche Farbe der 50-Gulden-Schein hat, Orangegelb mit Sonnenblumen oder Braun mit einem Vogel drauf. Sie planen eine Reise nach Amsterdam. Meital weiß die Antwort. Der Schein ist orangegelb mit Sonnenblumen.

Meital führt mich in ihr Zimmer und zeigt mir auf ihrem Nachttisch ein hölzernes Herz mit kleinen Löchern und einer blauen Schnur, ein Konzentrationsspiel. Idit hat es ihr geschenkt und dazu geschrieben: »Du sollst keine Probleme in die Welt setzen, sondern sie lösen.« Meital nickt und sagt, ihre Schwester hat Recht. Daneben liegt ein Herz aus Gips mit zwei Tauben, das Boas für sie gemacht hat. Meital setzt sich im Schneidersitz aufs Bett und kämmt sich die Haare. Wir unterhalten uns über Boas. Er sieht kein Problem in Meitals Liebesbeziehung: Sie trennen sich beide von ihrer Religion und können dann in Holland heiraten. Das ist doch ganz einfach!

»Aber das ist genau der Grund, warum ich ihn liebe: weil er Christ ist«, sagt Meital und zieht den Kamm mit aller Kraft durch eine sture Locke, »ein richtiger Christ, ein so süßer Christ, so voll von Zucker, man könnte davon sterben. Er ist in so vielen Dingen genau das Gegenteil von mir. Ich bin sehr emotional, er eher stabil, sehr organisiert, isst nie außerhalb der Mahlzeiten. Ich kann das nicht verstehen, ich wache um vier Uhr morgens auf, habe Hunger und hole mir was zu essen. Wir ärgern uns immer gegenseitig: Er sagt, ich bin ›gready‹, und ich sage, er ist ›cheapy‹. Wir kommen aus verschiedenen Welten, seine Eltern sind arm, meine sind reich. Ach, wir möchten beide so gerne unserer Religion dienen, aber dabei ist sie das Einzige, was uns voneinander trennt.« Sie legt den Kamm in den Schoß. »Es ist eine schwere Krone, religiös zu sein.«

Ich frage sie, warum sie denkt, Gott hätte etwas dagegen, wenn sie einen Christen heiratet, solange sie immer noch an ihn glaubt. Sie schüttelt ihre Locken. Solange ihr Freund kein Jude ist, wird sie kein Rabbiner trauen, und ohne die Zustimmung eines Rabbiners will sie auf keinen Fall heiraten. Außerdem würde ihr Freund nie in Israel leben wollen, und sie will nicht nach Holland ziehen.

Gegen zwei Uhr verstummt die Musik von nebenan. Meital löscht das Licht, und jede dreht sich auf ihre Seite.

Stau

Ich sitze im Bus nach Tel Aviv, Donnerstagnachmittag, und wir stecken im Stau. Es hat eine Weile gedauert, bis ich mich daran gewöhnt habe, dass in Israel Donnerstag der letzte und Sonntag der erste Wochentag ist. Inzwischen kann ich es mir gar nicht mehr anders vorstellen. Und morgen fliege ich ab!

Auni und Fuad sind ganz traurig. Sie organisieren ein Musikfestival in Ostjerusalem und wollen so gerne, dass ich auch dabei bin. Kobby hat durch Melanie ausrichten lassen, dass er mir gerne mal Tel Aviv zeigen möchte, denn dazu hatte er bisher keine Zeit. Etan, Ilan und Gozal fahren Anfang September in den Sinai ins Kifferparadies. Sie haben sich ein kleines Häuschen mitten in der Wüste gemietet und mich eingeladen mitzukommen. »Alle jungen Leute aus Israel fahren im September in den Sinai.« Ich weiß, dass auch Shira, das Mädchen von der Armee, dort sein wird. Und Meital hat mich zu einer jemenitischen Hochzeit eingeladen, für die sie und ihre Schwestern das Brautkleid nähen werden. Ich will versuchen, meinen Flug umzubuchen.

Der graue Tag

Genau vor acht Monaten begann meine Reise. Am 29. Januar flog ich von Berlin über London nach Havanna. Meine Großmutter hatte die ganze Nacht nicht geschlafen und brachte mich in ihrem Bademantel zum Taxi. Jetzt begleitet Melanie mich im Morgenrock zum Auto. Statt Himbeermarmelade bekomme ich selbst gemachte Aprikosenmarmelade als Proviant. Helsinki wird meine letzte Station sein.

Das Flugzeug steigt mit der aufgehenden Sonne in den Himmel hinauf. Im Unterschied zu allen anderen Städten war ich zwei Monate hier. Ich habe immer wieder meinen Flug verschoben, weil ich die richtige Geschichte noch nicht gefunden hatte. Jetzt habe ich sie, ich habe fast eine Woche mit Meital verbracht und jetzt muss ich weiter. Aber ich will nicht fort. Ich will nicht. Aber ich muss nach Helsinki. Helsinki wird grau sein und kalt und vielleicht wird es regnen.

Ich gehe immer dann, wenn ich mich richtig eingelebt habe. So war es auch früher in der Schule. Immer, wenn ich endlich die Klasse kannte, wenn ich endlich eine gute Freundin gefunden hatte, zogen wir um, und ich wechselte die Schule. Und alles wieder von vorne, das Fremdsein, das Vor-der-Klasse-Stehen: Das ist die Neue. Marie.

Die Frau neben mir im Flugzeug freut sich auf Finnland. Sie

sagt, dort ist Frieden. Ruhe. Sie wird eine Freundin besuchen, an einem See wohnen, im Wald. Ich nicke nur und versuche zu schlafen. Aber ich kann nicht. Unruhig drehe ich mich von einer Seite zur anderen. Es ist, als stecke ein Dorn in meinem Hals. Geh nicht, bleib noch!

Der Himmel in Helsinki ist schmutzig, weißgrau wie eine Wand, die lange nicht mehr gestrichen wurde. Als wir die Koffer holen, zeigt die Frau auf einen Laden am Flughafen, in dem Hirschfelle verkauft werden: »So was gibt es in Israel nicht.« Ja, aber was soll ich mit einem Hirschfell?

Im Hotel angekommen, packe ich meine Koffer nicht aus, sondern gehe gleich in die Stadt. Gehen. Laufen. Bewegung. Die Traurigkeit verdrängen. Es ist wie in Hamburg. Grau. Nieselregen ... Ich vermisse die sandfarbenen Häuser aus Jerusalem, den grellen, strahlenden Himmel, der keine Wolken kennt, den flimmernden Staub in der Luft, die Hitze, die Intensität ... Ich gehe in ein Reisebüro und erkundige mich nach einem Flug nach Tel Aviv. Es gibt ein Last-Minute-Angebot für nur 200 Mark, und es sind noch Plätze frei! Ich laufe etwa eine Stunde um das Reisebüro herum, knabbere an meinen Fingernägeln und versuche verzweifelt, mich zu entscheiden. Ich kann es nicht.

Ich sehe dem glatten, geregelten Verkehr zu, der wie ein ruhiger Bach leise dahinplätschert, schaue den Finnen nach, die trotz des kühlen Tages übergroße Mövenpick-Eiskugeln schlecken, und setze mich schließlich auf eine Bank an einem Platz, der das Zentrum von Helsinki markiert. Der Platz ist mit Kopfstein gepflastert, und Helsinki kommt mir vor wie ein Dorf.

Ich beschließe, nur zwei Wochen hier zu bleiben, früher zurück nach Berlin zu fahren. Ich will hier nicht sein. Da höre ich plötzlich hinter meinem Rücken: Kubanisch. Zwei Männer sprechen ganz in der Nähe miteinander Kubanisch. Ich erkenne das kubanische Spanisch sofort. Die vielen Schimpfwörter, die diesen Dialekt schmücken, das R, das am Ende eines Wortes mit L abgerundet wird, das Verschlingen der Buchstaben, als wären sie dicke Fruchtstücke.

Ich drehe mich zu ihnen um und frage: »Was zum Teufel macht ihr denn in Helsinki?« Sie sehen mich lachend an und fragen: »Und du, was machst du hier?«

Ich erzähle ihnen von meiner Weltreise. Und sie erzählen mir, wie sie eines Tages in Havanna zwei lustige finnische Mädchen trafen, die sie geheiratet und mit nach Finnland genommen hatten. Zu Anfang vermissten sie den Strand und die Palmen, konnten sich nicht vorstellen, länger als einen Monat zu bleiben, geschweige denn den Winter zu überstehen. Aber heute kehren sie immer wieder nach Helsinki zurück, von wo auch immer. Der eine sagt: »Diese Stadt wächst dir langsam ans Herz. Zuerst scheint sie unendlich kalt, und dann wird sie unendlich warm.«

Er arbeitet als DJ und lädt mich zu einer großen Havanna-Club-Party ein, die am 29. September in einer alten Markthalle stattfinden soll. Die finnische Regierung will diese abreißen lassen, und die Party wird das Abschiedsfest sein. So was kann ich mir nicht entgehen lassen! Und ich bleibe, wie geplant, einen Monat.

Helsinki

Ich bin so traurig wie die Lust allein.

Das schönste Klo der Welt! Ein jeder kann im höchsten Haus von Helsinki den Fahrstuhl ganz nach oben nehmen und dort aufs Klo gehen, umsonst!

Ich laufe eine graue Straße hinunter. Sie liegt wie vergessen am Rande der Stadt und führt einen leichten Hügel hinab. Um mich herum nur der Sonntagnachmittag. Geschlossene Geschäfte. Wenige Autos. Kaum eine Straßenbahn. Der Himmel so grau wie die Straße. Aber da – wie herbeigezaubert – ein arschwackelnder, rosaroter Plüschhase. Mit Pfoten, aufrecht stehenden Ohren und wippendem Schwänzlein. Er setzt sich auf den Boden und purzelbaumt den Hügel hinab.

Zwei Spaziergänger, in gräuliche matte Farben gekleidet, kommen mir entgegen, laufen erst an dem Hasen, dann an mir vorbei, drehen sich gar nicht um, gucken nicht verwundert, nichts. Auf einer grauen Straße schlägt ein rosa Hase Purzelbäume. So ist das eben.

Ich renne dem Hasen hinterher, halte ihn auf und frage, wohin er will. Er hat ein rundes Gesicht mit einer kleinen Stupsnase. »Sauna-Party«, sagt er ganz selbstverständlich. Es hört sich an wie Sauuuuuna Parttii, dabei ist das Sauuuuuna ganz tief und lang gedehnt und das Parttii wie ein Schwips, hoch und munter.

Hotel Fenno

Heute riecht der ganze Flur nach gebratenen Zwiebeln. Ich mag diesen Geruch nicht. Er erinnert mich an meine erste Klassenreise, auf der ich jeden Tag Zwiebelsuppe essen musste. Ich mag keine Zwiebeln und ich mag keine Klassenreisen.

Auf meiner Etage wohnt eine Gruppe Russen. Mit ihnen teile ich mir die Gemeinschaftsküche, das Gemeinschaftsbad und den Gemeinschaftsfernseher. Jetzt, kurz vor Mitternacht, sitzen sie bei geschlossener Tür in der Küche und spielen sehr laut Karten. Die Russen kochen jeden Abend in der Gemeinschaftsküche, sie haben sich dort schon mächtig ausgebreitet. Überall liegen ihre Lebensmittel. Toastbrot, eingeschweißte Würste, Dosengemüse, schrumpelige Kartoffeln, Schokolade, und im Schrank steht ihr großer Suppentopf.

Ich will mir eine Pizza aufbacken, aber ich traue mich nicht hinein. Ich will sie nicht stören, nicht mit ihnen zusammen essen, sie nicht kennen lernen und sie nicht jeden Tag grüßen müssen. Ich hole mir einen Joghurt aus meinem Zimmer, setze mich vor den Fernseher und gucke *Showgirls*. Mir ist es peinlich, wenn einer der Russen aus der Küche kommt und gerade eine Sexszene läuft, was natürlich immer der Fall ist. Ich will nicht, dass er denkt, ich gucke Pornos.

Das Hotel Fenno sieht aus wie ein Pappkarton. Es liegt in Kallio, einem Arbeiterbezirk, wo wegen der billigen Mieten auch Künstler und Studenten leben sollen. Man hat den Bezirk »Kallio« genannt, weil er auf einem Hügel liegt und Kallio »großer, grober grauer Stein« bedeutet.

Mein Zimmer ist ein schlauchartiger Raum mit Linoleumboden, weißen, kahlen Wänden und Blick auf einen anderen Pappkarton, ausgestattet mit einer niedrigen Liege, Tisch und Stuhl aus hellem Ikea-Holz und einem Waschbecken. Alles sehr, sehr sauber.

Ich habe solche »Schachteln« bis jetzt immer gemieden, billig wohnen heißt ja nicht unbedingt hässlich wohnen. In Vietnam bezahlte ich ein Fünftel des Preises für ein Zimmer, in dem der Airconditioner tropfte, der Kühlschrank unentwegt brummte, der

Fernseher kaputt und das Wasser gelblich war, unter meinem Bett eine riesengroße Kakerlake hauste und die Putzfrau meine Batterien stahl. Neben dem Hotel lag der Bahnhof, und immer, wenn ein Zug einfuhr, wackelte der ganze Raum, als bebte die Erde. Aber ich liebte dieses Zimmer, es war besonders und wild. Das Fenno strahlt Funktionalität, Sauberkeit und Enge aus. In meinem Zimmer fühle ich mich wie in einer psychiatrischen Anstalt, eingesperrt und verbannt. Und jetzt kann ich nicht mal mehr in die Küche, weil die von den Russen besetzt ist.

Am nächsten Tag versuche ich, ein anderes Hotel zu finden. Erfolglos. Alles, was irgendwie bezahlbar ist, ist ausgebucht. Ich werde den ganzen Monat im Fenno bleiben müssen. Aber vielleicht kann ich mit dem Argument, doch eine lange Zeit zu bleiben, den Tagespreis herunterhandeln.

Die Rezeption sieht aus wie eine Glasbox. Der lange, dünne Mann sitzt nicht auf seinem Drehstuhl. Ich läute die kleine Glocke auf dem Tresen, und er schießt wie ein Springteufel aus dem Boden, legt einen Lappen beiseite und fragt, was er für mich tun kann. Ich schlage ihm den Handel vor. Zuerst versteht er mich nicht. Dann schüttelt er beleidigt den Kopf und lässt sich nicht weiter auf das Thema ein. Ich gebe nicht nach. Er hüpft auf seinem Stuhl auf und ab und erklärt mir, dass ein Monat keine lange Zeit ist. Im Fenno wohnen viele Arbeiter, manchmal bleiben sie ein halbes Jahr oder länger, je nachdem, wie lange sie in Helsinki zu tun haben. Am Wochenende fahren sie in die Dörfer zu ihren Familien. Der Engländer aus Zimmer 328, der auch jedes Wochenende zu seiner Frau nach London fährt, wohnt schon seit fünf Jahren im Fenno. Er und alle anderen bezahlen den normalen Preis.

Geschlagen gehe ich wieder in meine teure Zelle zurück, schüttle den Sand, den ich noch aus Israel in meinen rotgelben Turnschuhen habe, auf den Boden, hänge die Schuhe ans Fenstergitter und akzeptiere die Situation.

Anton I

Ich bin mit Anton Escola verabredet und komme genau fünfzehn Minuten zu spät. Eine Viertelstunde zu spät kommen heißt in Helsinki, pünktlich zu sein. Man darf sich genau eine Viertelstunde verspäten, das ist eine Regel, an die sich alle halten. Offizielle Versammlungen, Schulstunden, alles beginnt hier immer pünktlich um Viertel nach.

»Ah, du kennst also schon unser akateeminen wartti (akademisches Viertel)«, kommentiert Anton und guckt auf die Uhr. Als er die Wohnungstür hinter mir schließt, bemerkt er, dass sich die Klinke gelockert hat. Er untersucht das Türschloss und sagt dann: »Baujahr 1832, und das Haus wurde seit Jahrzehnten nicht mehr renoviert!«

Anton Escola ist 22 Jahre alt und schreibt gerade seine Diplomarbeit im Fach Geschichte. Sein Thema: Die Geschichte der Geschichtsschreibung.

Von weitem wirkt Anton wie ein älterer Herr, der aussieht, als käme er aus einem längst vergangenen Jahrhundert. Er trägt immer einen Anzug, entweder dunkelblau, schwarz oder grau, mit weißem Hemd und mit Schlips. Anton humpelt, er zieht das linke Bein nach. Und er hat einen Schnurrbart. Aber wenn man sein Gesicht von nahem betrachtet, sieht der Schnurrbart wie angeklebt aus, denn es findet sich auf den zarten Wangen sonst kein einziges Haar. Seine Haut ist so rein und milchig wie die eines kleinen Jungen.

Er führt mich in einen Saal, wo wir auf Ledersesseln einander gegenüber Platz nehmen. In der einen Ecke steht eine hölzerne Standuhr, die gemächlich ihr Pendel schwingt, in der anderen steht ein Flügel. An den Wänden hängen Wappen und alte Bilder, Porträts von ernsten dicken Männern. Das sind die verstorbenen Inspektoren: Universitätsprofessoren, die vor Jahrzehnten die ESO-Nation betreuten. Der Saal ist das Wohnzimmer von ESO, und

ESO ist Antons Nation. Nationen sind Studentenvereine. Es gibt in Finnland verschiedene geographisch eingeteilte Regionen, wie Bottnien, Karelien, Lappland oder Südfinnland. Jede Region wird durch einen Verein, eine so genannte »Osakunta-Nation«, an der Universität von Helsinki vertreten. Anton ist in Helsinki geboren und aufgewachsen und deshalb Mitglied der Südfinnland-Nation, der »Eteläsuomalainen Osakunta« oder kurz: ESO.

Die Idee und der Name »Nation« stammen ursprünglich aus Frankreich, erklärt mir Anton, der alles immer mit Jahreszahl und Herkunft benennt. Als im siebzehnten Jahrhundert Studenten aus verschiedenen Ländern nach Paris an die Sorbonne kamen, gründeten sie Nationen, deren Mitglieder sich regelmäßig trafen, um mit ihren Landsleuten zusammen zu sein. Heute gibt es in Frankreich keine Nationen mehr, nur noch in Schweden, Estland und Finnland.

Jede Nation hat ihre eigene Regierung. Einen Präsidenten, einen Vizepräsidenten, einen Schatzmeister, einen Finanzminister, einen Kulturminister, einen Sportminister, einen Partyminister, eine Sekretärin und einen Flaggenträger. An der Spitze leuchten die heilige »Emäntä« und der heilige »Isäntä« – Köchin und Barmann. Denn jede Nation findet mindestens einmal im Monat einen Grund, ein großes Fest zu feiern, auf dem viel gegessen und getrunken wird. Außer den üblichen Festtagen wie dem finnischen Unabhängigkeitstag, Weihnachten, Neujahr, Fasching oder den Weißen Nächten sind das: der Anfang des Semesters, die Mitte des Semesters, das Ende des Semesters, Begrüßung der neuen Mitglieder, Abschied der alten Mitglieder, Gründungstag der Universität, Gründungstag der Nationen und die Gründungstage der einzelnen kleinen Vereine innerhalb der Nationen wie dem Männerverein, Frauenverein, Theaterverein, Kochverein oder Tanzverein. Hinzu kommen ein jährliches Nationsbankett und das Fest zum Wahltag der Regierung.

Anton ist in diesem Jahr Finanzminister und bekommt dafür ein monatliches Gehalt von etwa 500 Mark. Ein Isäntä (Barmann) erhält noch mehr, aber Anton würde nie Isäntä sein wollen, obwohl die Isäntäs viel beliebter als die Finanzminister sind. Denn dann müsste er auf den Partys immer hinter der Theke stehen und Bier ausschenken, anstatt an der Theke zu lehnen und selbst eines zu bestellen.

Normalerweise arbeiten sich die Studenten zu diesen Posten hoch. Man fängt als Küchengehilfe oder Putzmann an, steigt zum Sekretär auf und kandidiert dann für die Ministerposten, den Flaggenträger oder den Isäntä. Präsident kann man erst im vierten Jahr werden. Aber Anton ist eine Ausnahme. Als er zu ESO kam, erkannte der Präsident sofort Antons organisatorische Fähigkeiten und machte ihn zu seinem persönlichen Berater. Im folgenden Jahr wurde Anton schon Vizepräsident, und jetzt hätte er Präsident werden können, aber er ist bereits Präsident des Nationenrates, der alle Nationen überwacht.

Ich will wissen, wie viele Mitglieder ESO hat. Anton fährt mit seinen feinen Händen durch sein strähniges dunkelblondes Haar, das sich über seiner Stirn teilt und seine Augen bedeckt. Er grübelt: »Das ist eine schwierige Frage. Lebende oder Verstorbene? Aktive oder Passive?«

Er steht auf und führt mich in das Nebenzimmer, den Tanzsaal. Dort zeigt er mir einen purpurroten Samtvorhang, der eine ganze Wand verhüllt. Vorsichtig, als verberge sich dahinter ein großes Geheimnis, schiebt er ihn zur Seite. Hier stehen die Namen der verstorbenen Mitglieder (Anton nennt sie »the fallen members«) in eine Marmorplatte eingraviert. Es sind Hunderte. Jedes Mal, wenn ESO eine große Feier veranstaltet, wird dieser Vorhang gelüftet und ihrer gedacht. Das ist alte Tradition.

»Würdest du mich einen Moment entschuldigen?«, fragt Anton mit seiner höflichen, vornehmen Art und läuft, das schwache Bein hinterherziehend, in den Flur hinaus. Er bringt ein schweres, in schwarzes Leder gebundenes Buch zurück: das Namensregister. Bevor er es auf den Tisch legt, wischt er ihn verlegen mit einem Lappen ab. Jeder Student, der bei ESO Mitglied wird, muss sich in dieses schwarze Lederbuch mit Namen, Geburtsdatum, Studienfach und Nummer eintragen. Anton blättert. Er will mir seinen Namen zeigen. Die Seiten sind am Rande vergoldet. Er berührt sie sehr vorsichtig. »Hier«, sagt er stolz und zeigt mir seine Eintragung: *Anton Escola, 16.2.1978, Geschichte, Nummer 4224.*

Die Zahl der lebenden Mitglieder kann mir Anton noch nicht nennen, denn September ist der Monat der Anmeldezeit. Letztes Jahr zählte das Register 999 Mitglieder (Anton bedauert: leider nicht ganze tausend), aber davon waren nur einige 100 aktiv, die restlichen ließen sich kaum blicken oder nur, um auf den Partys billig zu trinken.

Die Nationen sind wie Familien. Sie besitzen eigene Wohnungen mit mehreren Zimmern, einem Tanzsaal, einer Küche und einer Bar. Oder manchmal auch ganze Häuser, je nach Größe und Reichtum der Nation. Anton hat Schlüssel zu allen Räumen, sogar den zum Flaggenschrank.

Er will mir die ESO-Flagge zeigen, aber leider war gestern der Maler da und hat aus Versehen den Schrank mit angestrichen, sodass Anton nun mit einem Messer die Farbe aufschneiden muss. Er entschuldigt sich dafür bei mir.

Einige Fakten

Anton hat mir einen Helsinki-Reiseführer empfohlen: das kostenlose »Orientation Handbook« für internationale Studenten. Tatsächlich finde ich dort alles, was ich brauche, auch was in Helsinki erlaubt und verboten ist. Ich zitiere meine Lieblingsbeispiele:

»Jeder hat das Recht

- Beeren, Pilze und Blumen zu pflücken
- zu laufen, zu schwimmen, in Gewässern zu waschen und Wasser zu trinken
- auf Eis zu laufen

Es ist verboten

- Vogeleier zu beschädigen
- Hirsche zu stören
- ein offenes Feuer auf einem privaten Grundstück anzuzünden, *es sei denn, es ist wirklich notwendig«*

Die Köchin Liisa

Ich esse jeden Tag im Fenno zu Mittag. Es gibt im ersten Stock ein Café, das bis drei Uhr nachmittags geöffnet hat. Der Raum ist, wie alle Räume im Fenno, sauber und kahl. Aber Liisa, die Köchin, begrüßt mich dort mit ihrem warmen Lächeln und dem einzigen englischen Wort, das sie kennt: »Potatoes?«

Zu dieser Zeit sitzen die Bauarbeiter im Café, die schräg gegenüber arbeiten und zum Teil auch hier wohnen. Sie tragen rote Latzhosen, haben weißblonde Schöpfe und warten auf Liisas deftiges, hausgemachtes Essen. Sie unterhalten sich kaum, und wenn, sehr leise. Geduldig stehen sie in der Schlange, stellen die Koff-Bierflaschen lautlos auf den Tisch, legen sich sorgfältig die Servietten um und genießen den Schweinebraten wie Crème brûlée.

Weil ich mir das Mittagessen nicht leisten kann, macht mir Liisa jeden Tag ein Spezial-Essen zu einem Spezial-Preis: Kartoffelbrei mit Spiegelei für 10 FM (etwa 3 Mark). Ich hatte ihr einmal einen Zehner gezeigt und sie gefragt, ob ich nur die Beilage, den Kartoffelbrei, bestellen kann, sie hatte daraufhin die Augenbrauen zusammengezogen, kurz überlegt und mir ein Spiegelei dazu gemacht. Jetzt werden die Teller von Tag zu Tag bunter, ein Stückchen Paprika am Rand, dann noch ein Stückchen Gurke, inzwischen ist ein kleiner Salat daraus geworden.

Liisa sieht aus wie eine richtige Wirtin. Sie hat kurze Haare, dicke Finger, einen dicken Bauch, dicke Brüste und sie trägt Blusen mit dicken Blumen. Sie ist die gute Seele des ganzen Hotels. Wir sagen immer nur »Kiitos (Danke)« und »potatoes (Kartoffeln)« zueinander und lächeln uns an.

Wenn ich um Viertel nach drei an der Glastür vorbeikomme, sehe ich Liisa vor dem Spielautomaten, in der Ecke des Cafés. Sie spielt jeden Tag, nachdem sie alles abgewaschen und das Café geschlossen hat, und hofft auf den großen Gewinn.

Am See

Heute unterhalte ich mich nach dem Essen zum ersten Mal mit den Russen. Die Männer sitzen in der Küche und programmieren die Klingeltöne ihrer neuen Handys. Als ich mir ein Glas Wasser hole, fragen sie mich, welche Melodie mir am besten gefällt. Währenddessen schlurfen die Frauen in Hausschuhen, gelben Radlerhosen und langen Helsinki-T-Shirts durch den Flur und borgen sich gegenseitig Bügeleisen, Handfeger und Bürsten. Ich erfahre, dass sie alle aus einem Vorort von Moskau kommen, Vorschullehrer sind und in Helsinki einen Fortbildungskurs machen.

Es dämmert bereits, als ich mich auf den Weg zum See mache. Ich nehme die 3 t. In der Straßenbahn ist es sehr leise. Ein komisches Gefühl für mich, weil ich gerade aus Israel komme, wo überall lautstark über alles diskutiert wird. Das Schöne an diesem finnischen Schweigen ist seine Gelöstheit. Niemand dreht sich um, wenn dir etwas runterfällt, und niemand guckt dich böse an, wenn du durch die Stille polterst. In Finnland hat das Schweigen die sanfte Ruhe einer zarten Wange. In Vietnam war die Ruhe ganz anders, sie war eine Verteidigung gegen das laute, harte, wilde Leben Hanois.

Ich steige am Bahnhof aus und laufe zum See. Er befindet sich mitten in der Stadt. Um ihn herum liegt ein Wald wie ein Adventskranz. Neben den Zugschienen, von hohen Eichen geschützt, führt ein kleiner Weg am See entlang, der Linnunlauluntie (Vogelgezwitscher) heißt. Am Weg stehen drei Häuser aus Holz. Ein weißes, das an Schriftsteller vermietet wird, ein hellrosafarbenes für Musiker und ein hellblaues für Künstler. In dem weißen Haus wohnte vor langer Zeit eine reiche, unverheiratete Dame, die jedes Wochenende Feste feierte, zu denen sie nur Männer einlud. Man sagt, der letzte Mann verließ das Haus immer erst im Morgengrauen beim ersten Vogelgezwitscher, deshalb heißt der Weg Linnunlauluntie.

Aus dem Schuppen des hellblauen Hauses haben die Künstler ein Café gemacht, dort arbeitet das Mädchen Päivikki. Ich weiß noch nicht genau, ob ich sie mag. Sie studiert Literaturwissenschaft und redet nur über Literatur. Oder sie erzählt mir Selbstmordgeschichten, die sie in der Zeitung gelesen hat. Aber ich besuche sie trotzdem jeden Tag.

Päivikki lehnt aus dem Fenster, aus dem sie Kaffee verkauft, und kaut auf ihren Zöpfen. Sie trägt das lange, dünne, blonde Haar meistens geflochten. »Na, sieh einer an«, sagt sie mit ihrer fiepsigen Stimme, »ich dachte, du kommst heute gar nicht mehr.« Ich antworte, dass ich mich verquatscht habe. Sie nickt und erzählt:

»Gestern hat sich ein dreizehnjähriges Mädchen mit einem Seidenschal erhängt.« Sie reicht mir den Kaffee. »Heute hat sich ihr Freund vergiftet.«

Ich nehme den Tonkrug vom Tresen, gieße mir Milch ein und setze mich an einen der kleinen Tische, die im Freien, am Ufer, aufgebaut sind. Über mir erhebt sich ein Strauch, dessen kussrote Beeren wie Weihnachtskugeln von den Ästen hängen. Es weht ein leichter Wind. Über den See legt sich das goldene Abendlicht. Während ich auf Päivikki warte – wir wollen später noch ins Kino gehen –, belausche ich ein junges Liebespaar.

Sie: »Die Sonne geht unter.«

Er: »Ja.«

Beide nehmen einen Schluck aus dem Pappbecher mit Henkel. Langes Schweigen.

Er: »Ist dir kalt?«

Sie: »Na ja.«

Er: »Nimm meinen Schal.«

Sie: »Danke.«

Schweigen. Sie legt ihre Beine auf seinen Schoß, und er streichelt ihre Fesseln. Sie rauchen. Friedlich. Dann stehen sie auf und gehen.

Ich schlürfe meinen Kaffee. Päivikki kommt raus und fängt an, die Stühle übereinander zu stapeln. »Was sitzt du da rum? Hilf mir mal!«

Die Krebsbrosche

Als ich Anton das erste Mal sah, trug er eine Krebsbrosche auf der Brust. Es war Samstagnacht, ich kannte noch niemanden und war um kurz nach eins auf dem Weg zurück ins Fenno. Im Stadtzentrum tummelten sich viele Menschen. Das Wochenende ist heilig in Helsinki. Jeder geht aus, egal wie arm, reich, jung oder alt er ist. Unter der Woche wird gearbeitet und am Wochenende gefeiert, das ist eine dieser finnischen Regeln, an die sich alle ausnahmslos halten.

Auf den Straßen war es nicht besonders laut, keine hupenden Autos, kein schrilles Gelächter, selbst die Betrunkenen torkelten leise. Aber ich spürte eine festliche Stimmung in der Luft. Die Menschen strahlten Fröhlichkeit und Zufriedenheit aus. Sie waren gut gekleidet, vielleicht nicht so chic wie in Buenos Aires, aber sauber, die Männer frisch rasiert und die Frauen leicht geschminkt. Ich hätte mich gerne einer dieser Gruppen angeschlossen, aber ich schaute ihnen nur nach.

Auf dem Weg zur Straßenbahn kam ich an der Statue der drei Schmiede vorbei. Sie steht in der Mitte des Platzes vor »Stockmann«, dem wichtigsten Kaufhaus von Helsinki, und markiert das Stadtzentrum. Hier hatte ich an meinem ersten Tag auch die Kubaner kennen gelernt. Links und rechts des Platzes stehen zwei prachtvolle Gebäude, ein olivgrünes und ein cremeweißes. Sie sehen aus wie kleine Schlösser. Vor dem einen, dem cremeweißen und edleren der beiden, bemerkte ich eine lange Schlange junger Leute. Die Stufen zum Eingang waren mit einem roten Teppich ausgelegt. Ein Türsteher prüfte Ausweise.

Ich fragte ein dickes Mädchen, wofür man hier ansteht. Sie trug eine Hornbrille und schien allein gekommen zu sein. Sie erklärte mir, dass dieses Gebäude, das sie das »Neue Studentenhaus« nannte, der Studentenunion gehörte und dass die Studenten heute dort 80s-Night feiern. Sie lud mich ein, sie zu begleiten.

Das Innere des Neuen Studentenhauses war noch beeindruckender: Säle, Kronleuchter, Galerien, Flügeltüren, goldene Verzierungen, perfekt erhalten wie im Museum. Das war Eigentum der Studenten? Überall durfte man sitzen und trinken und in bestimmten Ecken auch rauchen? Es war, als würde das Berliner Schloss Charlottenburg plötzlich den Studenten der FU gehören und sie könnten dort jedes Wochenende Partys veranstalten.

Ich lief staunend durch die breiten Flure und hohen Räume, achtete darauf, dass keine Asche auf den blanken Marmorboden fiel, und traute mich kaum, mich an die mit Rohseide bespannten Wände zu lehnen. Aber die Studenten bewegten sich, als wären sie hier zu Hause. Das Mädchen mit der Hornbrille konnte nicht verstehen, warum ich so verblüfft war. Die Studentenunion der Universität Helsinki ist einer der reichsten Studentenverbände der Welt. Sie besitzt viele solche Räumlichkeiten. Sie besitzt das halbe Stadtzentrum.

Wir blieben bis Viertel nach 3. Um 3 Uhr wird in Helsinki alles geschlossen. Das Mädchen mit der Hornbrille hatte die ganze Nacht ohne Pause durchgetanzt. Jetzt putzte sie ihre Brillengläser und fragte mich, ob ich schon müde sei. Sie kannte einen Ort, wo wir noch etwas trinken konnten: »Die Apotheke.«

Ich folgte ihr in das andere, das weniger prachtvolle, olivgrüne Gebäude, in das »Alte Studentenhaus«. Hier gab es keinen roten Teppich und keinen Türsteher, sondern eine knarrende massive Holztür und ein Treppenhaus, das rund war wie in einem Turm. Wir stiegen in den vierten Stock und betraten eine Altbauwohnung.

Ich wusste zu diesem Zeitpunkt noch nichts über Nationen und war deshalb sehr überrascht, als mir ein Junge mit einem roten Samtkrebs auf der Brust entgegenkam, der noch dazu einen Schnurrbart trug. Er spürte meinen neugierigen Blick sofort und musterte mich schüchtern. Alle trugen diese Krebsbroschen, denn bei ESO hatte an diesem Abend das jährliche Krebsdinner stattgefunden. Wir waren auf der Afterparty gelandet, die sich langsam dem Ende zuneigte. Anton huschte immer wieder durch die »Apotheke« und verschwand irgendwann spurlos.

Die »Apotheke« ist der größte Stolz von ESO, eine kleine gemütliche Bar, die Tag und Nacht geöffnet hat. Hinter der Theke hängen Karikaturen an der Wand. Die Köpfe der gleichen verstorbenen Inspektoren, die ehrwürdig im Wohnzimmer porträtiert sind, haben hier lange, spitze Nasen und riesengroße Ohren.

Es schien mir, als herrschte in dieser Altbauwohnung eine eigene Zeit. Ein einsames Mädchen spielte auf dem Flügel ein Chopin-Prélude, auf dem Balkon standen fünf junge Männer und rauchten Zigarillos, die Inspektoren warfen ernste Blicke in den Salon. Die Möbel waren aus schwerem, dunklem Holz, die Wände mit Wappen geschmückt und der Boden mit ausgeschnittenen Papierkrebsen übersät. Durch die Balkontür schimmerte eine Nokia-Leuchtschrift, und ab und zu war ein vorbeirauschendes Auto zu hören. Und wie ich so dastand und mich wunderte und mir alles sehr fremd vorkam, trat der Kulturminister auf mich zu, der noch sein rotes Krebslätzchen trug, und forderte mich zu einem Walzer auf.

Der Tanzsaal war leer. In der Ecke schlief einer zwischen Bierdeckeln und Papierkrebsen auf dem Parkettboden. Eine Discokugel drehte sich vergessen. Und ich tanzte den ersten Walzer meines Lebens mit einem dicken, fürchterlich hässlichen Jungen, der seinen übergewichtigen Körper mit einer faszinierenden Leichtigkeit bewegte. Ich versuchte, so wenig wie möglich zu stolpern und ihm nicht auf die Füße zu treten. Und tatsächlich schaffte es der Kulturminister, mich nach zwei Runden in die Macht des Tanzes zu ziehen, sodass ich nicht mehr um meine Schritte bangte. Dabei hielt er meine Hand sehr lose und schaute mich nicht an, er schaute über meine Schulter in den Saal, mit halb geschlossenen Augen. Ich hingegen blickte ständig zu ihm hoch und dachte, er sieht aus wie der Glöckner von Notre-Dame.

Er kannte jedes Wort des Liedes und sang mit seiner Chorknaben-Stimme leise mit. Es war ein deutsches Lied, das von einer weißen Lilie erzählt, die allein im Wald steht. Der Winter kommt, Schnee fällt, die Lilie wird müde, legt sich schlafen und stirbt.

»Ein wundervolles Lied«, sagte der Kulturminister und verbeugte sich vor mir.

Anton II

»Ich bin Mitglied von sechzehn Vereinen«, sagt Anton und streckt das kranke Bein aus. Unter der Hose kommen seine Socken zum Vorschein, sie sind mit kleinen bunten Hirschen bedruckt: »Lass mich nachzählen: Ich bin Mitglied von ESO, Mitglied im Helsinkiverein von ESO, Mitglied im Finanzverein, im Tanzverein, im Theaterverein, im Filmverein und Science-Fiction-Filmverein, ich bin nicht Mitglied im Kochverein, aber Mitglied im Chor, im Billardverein, warte, das sind neun, da fehlt noch einer, ja, der Männerverein. Dann kommen noch die Vereine außerhalb der Nation. Die Studentenunion, da bin ich auch Mitglied, und in den Hobbyvereinen, die diese Union betreibt, wir nennen sie akademische Clubs, ich gehöre dem akademischen Jagdclub an, dem akademischen Fischclub und dem akademischen Armee-Reservisten-Club, denn ich war bei der Armee«, er hält inne, »und dem Fachverein für Geschichte, denn jeder Studiengang hat selbstverständlich einen Fachverein.« Er reckt sich, »das sind fünfzehn, es gibt noch einen. Warum fällt er mir nicht ein?«

Plötzlich Schritte. Wer ist das? Außer Anton und mir ist niemand in der Wohnung. Anton horcht. Dann sagt er: »Ah, der Hausmeister. Wir haben eine verrottete Wand im Hinterzimmer. Neulich war der Elektriker da, und als er versuchte, ein Kabel an der Wand zu befestigen, ging das Kabel durch die Wand. Unsere Leitungen sind undicht. Deshalb sind die Wände alle morsch.« In dem Augenblick, in dem Anton das Wort »morsch« ausspricht, knickt der eine Fuß meines Ledersessels ein, und ich und der Sessel fallen um. Anton, dem das sehr peinlich ist, führt mich schnell zu dem Ledersofa in der anderen Ecke des Saales. Nachdem er sich eindringlich entschuldigt hat, setzt er sich auf einen Stuhl, zieht den Schlips gerade und faltet die Hände über dem Bauch. Mich wundert diese formelle, fast steife Haltung mir gegenüber, zumal Anton nur ein Jahr älter ist als ich.

»Der Nationsrat!«, platzt es aus ihm heraus, und er nimmt, erschrocken über diesen plötzlichen Emotionsausbruch, sofort wieder seine kerzengerade Haltung ein. »Ich bin Präsident vom allgemeinen Nationsrat, aber wir sind momentan nicht sehr aktiv.«

Anton weiß alles über alle Nationen und kennt alle Mitglieder. Deshalb hatte mir das Mädchen mit der Hornbrille auch empfohlen, mich in Nationsfragen an Anton Escola zu wenden. Auf meinen Wunsch hin nennt er mir für jede Nation einen Repräsentanten und gibt mir dessen Telefonnummer.

Von nun an verbringe ich meine Tage damit, die anderen Nationen zu besuchen. Die Mitglieder sind sehr überrascht, dass ich, eine Ausländerin, mich für ihre Nationen interessiere. Ich bin es auch. Sie empfangen mich herzlich, führen mich durch ihre Räumlichkeiten, zeigen mir, ebenso stolz wie Anton, ihre Namensregister, laden mich zu ihren Festen, Vereins- und Teestunden ein, stellen mir ihre Regierungsmitglieder vor, rollen zum Abschluss ihre großen Flaggen auf und behaupten, ihre ist die schönste.

HO, die die Region in Mittelfinnland vertritt und mit zweitausend Mitgliedern die größte ist, besitzt ein ganzes Hochhaus am Busbahnhof. KSO betreibt am anderen Ende der Stadt eine eigene Disco und einen Balalaika-Club, während SATO auf einem Dachboden residiert, der Präsident lila gefärbte Haare hat und den ganzen Tag an einem Arnold-Schwarzenegger-Flipper verbringt. KO, die Karelier von der Ostküste, veranstalten in einem Hinterhaus Schachturniere. Am Ende bin ich bei allen fünfzehn Nationen mindestens einmal zu Gast gewesen. Über Anton sagen sie alle, dass er ein Einzelgänger ist, dass er überall auftaucht, ihn aber niemand wirklich kennt.

Ich fühle mich in diesen Nationen so wohl wie in den Milongas von Buenos Aires. Es sind Orte, an denen ich Leute kennen lerne und meine Zeit verbringen kann, ohne einsam zu sein. Oder besser gesagt, wo alle irgendwie ein bisschen einsam sind.

Otto aus Ostrobotnia

Am meisten Zeit verbringe ich mit Otto, abgesehen von Anton und Päivikki, versteht sich.

Als ich ihn kennen lerne, ist Otto sehr blass, zittert und hat kleine Schweißperlen auf der Stirn. Er sieht aus wie ein Alkoholiker, der dringend einen Schnaps braucht. Er reicht mir hastig die Hand und läuft panisch in eine Art Hard-Rock-Café auf der anderen Straßenseite. Wir hatten eigentlich geplant, in das Restaurant zu gehen, das seine Nation betreibt, aber Otto stammelt, der Weg dorthin ist zu weit.

Nachdem er drei Cola getrunken hat und das Steak endlich gekommen ist, beruhigt er sich, und ich erfahre, dass Otto Diabetiker und gerade unterzuckert ist. Er hat gestern Nacht sehr viel Whiskey getrunken, was den Zuckerspiegel senkt, und heute noch nichts gegessen.

Otto sieht in seinen Cordhosen und seiner Felljacke wie ein Bauer aus. Er kommt aus »Ostrobotnia« (Bottnien), das sich die Westküste Finnlands bis nach Lappland hochzieht. Anton sagt, die Bottnier sind treu, ehrlich, ehrgeizig, stur und ein bisschen nationalistisch. Um ihren gefährlichen Geist zu entschärfen, so sagt Anton, wurde die bottnische Nation 1912 in drei Nationen gespalten. Aber sie teilen sich nach wie vor alle drei das gleiche Haus. Otto sagt zu diesem Thema nur: »Ich bin patriotisch, ich bin nationalistisch, ich bin konservativ, ich bin global, aber ich bin gutmütig.«

Im Gegensatz zu ESO hat EPO ein eigenes Haus. Das breite Backsteingebäude umfasst einen ganzen Straßenblock. Als ich mit

Otto in die Küche komme, stapeln die vier Jungs aus Ottos Clique gerade hundert Bierkästen vor der Tür auf. Otto sagt, dass am Abend die Party für die Füchse, die Neuankömmlinge, gefeiert wird und dass er morgen das traditionelle Katerfrühstück organisiert, ein Picknick, das um elf Uhr auf einer Insel stattfinden wird. Otto hat es in seinen vier Mitgliedsjahren noch nie zu diesem Frühstück geschafft, er war immer zu betrunken. Ich frage ihn, warum er das Picknick nicht später macht. »Das ist gegen die Regel.«

Die Bottnier sind berühmt für ihre wilden Saunaexzesse. Nach den großen Partys gehen diejenigen, die noch laufen können, in die Sauna, wo sie weitertrinken und sich gegenseitig mit Birkenruten schlagen. Beim Morgengrauen findet dann der Wettkampf statt, für den es drei Auszeichnungen gibt: Wer nackt aus der Sauna auf die Straße und einmal um das Gebäude läuft, erhält ein einfaches cum laude. Wer es nackt bis zum Parlament und zurück schafft (etwa zehn Minuten Fußweg), erhält ein magna cum laude. Und wer nackt von der Sauna bis zur Statue der drei Schmiede und zurück rennt (etwa 20 Minuten Fußweg), erhält ein summa cum laude. Otto hat bereits zehn summa cum laude erhalten.

Ich glaube, Anton würde so etwas niemals tun.

Das kleine Wochenende

Auf meinem Flur ist es ganz still. Ich frage mich, ob die Russen weggefahren sind, aber das Toastbrot liegt noch auf dem Küchentisch, neben der Spüle steht der abgewaschene Suppentopf, und es riecht nach Essen und Parfüm. Vielleicht sind sie ausgegangen. Heute ist schließlich Mittwoch, und in Helsinki geht man mittwochs aus. Die Finnen nennen es »Das kleine Wochenende«, weil sie mit dem Feiern nicht bis Freitag warten können. Der Mann an der Rezeption, der dünne Springteufel, meint, dass die Arbeiter dann immer völlig besoffen um halb vier im Hotel ankommen, so besoffen, dass sie den Fahrstuhl nicht finden. Und er versteht nicht, wie sie es schaffen, um sechs Uhr morgens wieder unten beim Frühstück zu sein. Aber sie schaffen es, sie schaffen es immer.

Ich gehe in meine Stammkneipe in Kallio, ins Roskapanki. Von außen sieht es etwas miefig aus, besonders wenn die langen Bierbänke draußen stehen, auf denen langhaarige Zottelgestalten schon am Vormittag Bier trinken. Aber drinnen ist es nicht mal verraucht und sehr gemütlich. Mein Stammplatz ist der dritte Hocker, gleich links neben der Tür. Auf das Fenster sind die Umrisse eines Clownsgesichts gemalt, vom dritten Hocker guckt man direkt durch seine runde Nase auf die Straße.

Heute sitzt neben mir ein Mädchen. In ihrem orangen T-Shirt und in diesem gelbroten Licht sieht sie aus, als wäre sie ein Teil der Kulisse. Sie hat einen Freund, der bei der Passkontrolle am Hafen arbeitet. Er ist heute nicht mit ins Roskapanki gekommen. Sie will Krankenschwester werden.

Was sie an Helsinki mag: alleine ausgehen zu können, ohne komisch angeguckt und angebaggert zu werden. Da ist man freier. Was sie an Helsinki nicht mag: dass man so allein gelassen wird mit sich und seinen Problemen.

In der Stadt

Ich habe Lust bekommen, ein Rocker zu werden. Woran das wohl liegen mag? Vielleicht an Kallio. Oder an der Kälte. Ich weiß nicht, ich finde schwarzes Leder, Nieten und schwere Stiefel passen irgendwie in diese Stadt.

Päivikki und ich wollen einkaufen gehen. Wir treffen uns vor der Statue der drei Schmiede und laufen zum Hafen. »Die Finnen sind vereinskrank«, sagt Päivikki plötzlich und deutet auf eine Gruppe Medizinstudenten, die sich am Kai versammelt haben. Alle tragen Krankenschwesterkittel und überdimensionale Pappspritzen um den Hals. Als ich näher komme, ziehen sie gerade eine Puppe aus dem Wasser und legen sie vorsichtig, als wäre sie ein menschlicher Körper, auf eine Trage.

»Die Atemwege sind versperrt!«, ruft der Anführer. Sofort nehmen die Studenten ihre Operationsgeräte aus Pappe, schneiden der Puppe die Brust auf und ziehen eine Bierflasche nach der anderen raus, die sie auf ex austrinken müssen.

Weil im September das Semester anfängt, stößt man in der ganzen Stadt auf verkleidete Studenten. Die vielen Studentenvereine begrüßen ihre neuen Mitglieder mit Schnitzeljagden, die mitten in Helsinki stattfinden. Man geht zu Alko, dem staatlichen Alkoholgeschäft, um eine Flasche Wein zu kaufen, und plötzlich wird man von einer Horde Studenten fast umgerannt, die irgendetwas in der Wodka-Abteilung suchen. Niemand beschwert sich, die Leute sind daran gewöhnt und drehen sich nicht mal um.

»Warum musst du dich eigentlich immer mit allen Leuten unterhalten?«, meckert Päivikki und zerrt mich von den Medizinstudenten weg. Sie mag keine Vereine und keine Schnitzeljagden. Am allermeisten verachtet sie die Nationen. »Die sind veraltet! Und konservativ!«, schimpft sie. Päivikki ist nur Mitglied beim Literatur-Fachverein, weil man sich dort »über wirklich wichtige Dinge unterhält«.

Der Nachmittag gleitet über das Kopfsteinpflaster. Die Straßenbahnen wiehern wie Pferde. Was für ein schöner Monat der September ist, denke ich, und atme die frische Luft ein. Sie ist so kühl, so frisch, sie zerrinnt in meinem Körper wie Wasser. Und das Licht! So weiß! So klar! Das Viertel am Hafen ist das Reich der

Schneekönigin, und ihr Schloss die große schneeweiße Uspenski-Kathedrale, die auf einem Podest aus unendlich vielen Stufen steht und über alle Dächer ragt. Im Nachmittagslicht glänzt und schimmert sie.

»Ein Mann aus Ostrobotnia hatte vier Selbstmordversuche hinter sich«, erzählt Päivikki, die nicht länger als eine Minute schweigen kann, »weil seine Söhne aus dem Haus waren, seine Frau viel arbeitete und er in seinem Leben keinen Inhalt mehr sah. Dann kaufte er sich einen Jagdhund und war geheilt. Eines Morgens klopfte ein Polizist an die Tür. Er hatte einen toten Hund auf der Straße gefunden. Als der Mann seinen Jagdhund weder im Garten noch im Haus finden konnte, ertränkte er sich. Eine Woche später tauchte der Jagdhund wieder auf. Er war einer läufigen Hündin bis ins Nachbardorf gefolgt.«

Päivikki führt mich zu einem Laden für Motorradbekleidung. Die billigste Lederjacke kostet 500 Mark, auch die Lederhosen und die Stiefel sind sehr teuer. Aber gleich nebenan, in einem kleinen Secondhandgeschäft, finde ich das perfekte T-Shirt: schwarz, eng, mit einem großen, goldenen, schreienden Mund auf dem Busen. Päivikki kauft sich eine rote Mütze. Ich nenne sie den Erdbeerhut, weil sie wie eine umgedrehte Erdbeere spitz auf dem Kopf sitzt. Der Erdbeerhut passt gut zu ihrer grünen Jeansjacke, den blonden Zöpfen und den Sommersprossen um die Nase. So habe ich mir früher immer Rotkäppchen vorgestellt.

Das Krebsdinner

Ich will unbedingt zu einem Krebsdinner gehen. Anton hat sich bei den anderen Nationen erkundigt und mir eine Einladung verschafft. Am Nachmittag ruft er mich an und sagt, ich soll vorher noch bei ESO vorbeikommen, er muss mir etwas Wichtiges geben. Das Krebsmesser! Denn jeder Gast ist verpflichtet, sein eigenes Krebsmesser mitzubringen. Außerdem rät er mir, vorher etwas zu essen. Bei dem Dinner wird es nur Toastbrot und Krebse geben, und man braucht für den unausweichlichen Alkohol einen vollen Magen. Also hole ich mir auf der Straße einen Teller Pyttipannu, Bratkartoffeln mit Wurststückchen und Ketchup. Ein Mann verkauft sie aus einer riesigen Bratpfanne, die er unter einem Schirm am Straßenrand aufgebaut hat.

Gewappnet gehe ich zum Hafen, wo ich die Studenten um Viertel nach sechs am Kai treffen soll. Das Krebsdinner findet auf der Insel Suomenlinna statt, in einer alten schwedischen Festung. Von Anton weiß ich, dass diese Festung 1748 von den schwedischen Herrschern gebaut wurde, um Helsinki vor den Russen zu schützen.

Wir fahren eine Stunde mit dem Linienboot. Als wir auf Suomenlinna anlegen, ist es bereits dunkel. Vorbei an kleinen Häusern, die für Kutscher und Wächter gebaut wurden, rechts durch ein Burgtor, an einer Steinmauer entlang, und über eine schwach beleuchtete Treppe kommen wir in eine Art Gewölbe. Am Eingang haben der Finanzminister und der Schatzmeister der Nation einen kleinen Tisch aufgebaut. Jeder Gast muss 70 FM (etwa 22 DM) für das Essen bezahlen. Wer kein Gesangbuch hat, kann hier noch schnell eines kaufen.

Die Tafel strahlt in sattem Rot und Grün. An jedem der 70 Plätze stehen drei Gläser: eines für den Wein, eines für den Punsch, eins für den Wodka und eine Flasche Koff-Bier. Auf den Tellern liegen rote, sorgfältig gefaltete Servietten und rote Namensschilder. Dicht nebeneinander stehen die riesigen Platten, auf denen die Krebse zu Pyramiden aufgeschichtet und mit Dill dekoriert sind. Zwischen den Platten, den Gläsern und den Tellern liegen Preiselbeeren auf dunkelgrünen Blättern.

Ich finde meinen Namen in der Mitte der Tafel, direkt gegenüber der Präsidentin. Als ihr erster ausländischer Gast habe ich einen Ehrenplatz bekommen. Rechts neben mir sitzt der Schatzmeister und links der Flaggenträger, zwei bierbäuchige Jungs mit Stupsnasen und hellblauen Augen. Die Mädchen tragen schicke Abendkleider und rote Jäckchen, die Jungen Anzüge und rote Schlipse. Krebsbroschen gibt es hier keine.

Die Präsidentin erhebt das Glas und stimmt das erste Trinklied an. Sie singt die Strophen allein. Beim Refrain fallen die anderen 70 Studenten ein. Im Gewölbe hallt das Echo nach. Dann werden Toastbrot und Butter herumgereicht, und die Krebsschlacht beginnt.

Ich bin froh, dass ich Antons Rat befolgt und gegessen habe. Ich kann mit diesem Krebsmesser überhaupt nicht umgehen und schaffe genau drei Krebse. Der Schatzmeister und der Flaggenträger haben in der gleichen Zeit zwanzig verschlungen. Der Isäntä, der Barmann, darf nicht eine Minute ruhen, er läuft von einem zum anderen und schenkt erst Wein, dann Punsch, dann Wodka nach. Währenddessen stimmen immer wieder andere Minister neue Lieder an, und bei jedem Liedende müssen alle Gläser auf ex geleert werden. Nach drei Gläsern Wein, zwei Gläsern Punsch und vier Wodka will ich nichts mehr trinken. Ich habe Angst, in dieser Burg, mitten in der Nacht und eine Bootsfahrt von Helsinki entfernt, mein Bewusstsein zu verlieren.

Plötzlich steht die Präsidentin auf und hält auf Englisch eine Rede, die sie an mich richtet. Dann fordert sie mich auf, ein Lied zu singen. Der Flaggenträger, der meinen ängstlichen Blick sofort bemerkt hat, schlägt mir im Gesangbuch die Seiten mit den deutschen Trinkliedern auf. Es gibt nur eines, dessen Melodie ich halbwegs kenne, und so singe ich mit unsicherer Stimme: »Trink, trink, Brüderlein, trink, lass doch die Sorgen zu Haus, meide den Kummer und meide den Schmerz, dann ist das Leben ein Scherz …«

An dieser Stelle setzen die anderen mit ein. »Kauf dir ein Auto, fahr gegen den Baum, dann wird das Leben ein Traum. Meide die Weiber und meide das Bier, dann wird ein Sportsmann aus dir.« Applaus!

Beim nächsten Lied müssen alle unter den Tisch kriechen. So schreibt es die Tradition vor. Sie nehmen die kleinen roten Kerzen mit, damit man einander sehen kann, sie knien sich unter den Tisch und klatschen im Takt. Nach jedem Refrain erklingt ein: »Hoo, hoo, hoo!«

Als wir wieder auf den Stühlen sitzen, fangen der Flaggenträger und ich an, die Essensreste zu verwerten. Wir bauen kleine Schiffchen aus Toastbrot, ein Meer aus Dill und einen Leuchtturm aus einer Bierflasche. Die Krebsschwänze sind unsere Kapitäne. Wir spielen Schiffeversenken. Ich habe längst den Zustand erreicht, an den man sich am nächsten Tag nicht mehr erinnert.

Aus diesem Grund, und um nicht alles zu vergessen, schreiben sich die Studenten am Ende des Abends kleine Widmungen in die Gesangbücher. Der Flaggenträger, der ein bisschen Deutsch kann, schreibt in mein Buch: »Hallo! Du bist keine Chinesin, aber du bist eine Deutsche. Ich möchte nur sagen, dass es freut mich, dir haben heute zu hier. Ich bin selbst sofort unterwegs nach Deutschland zu fahren. Hoffentlich wieder kommst du und werden wir viel Spaß haben, viele Schiffe kaputtmachen und Gläser leeren. Viele Grüße Mikka.«

Anton III

Auch am Sonntagmorgen sitzt Anton bei ESO im Wohnzimmer. Nebenan im Tanzsaal werden Stühle und Tische aufgebaut, in einer halben Stunde tagt der Männerverein. Anton hofft, dass es nicht lange dauern wird. Er hat letzte Nacht wenig geschlafen. »Siehst du nicht, ich hab ganz rote Augen«, sagt er und weicht meinem Blick aus. Er hebt drei leere umgekippte Bierflaschen auf, stellt sie neben das Tischbein und entschuldigt sich für die Unordnung.

Der Männerverein ist der älteste Verein von ESO, »es gibt ihn seit 1896«. Ich habe mir unter Männerverein alles andere vorgestellt als das, was Anton erklärt: »Wir üben das geschickte Formulieren und erfolgreiche Durchsetzen von Konzepten und Ideen für offizielle Versammlungen, und wir gehen jedes Jahr zusammen auf ein Weinfest.«

Woher kommt diese finnische Vereinsleidenschaft? Anton sagt, Finnland war jahrhundertelang entweder unter russischer oder unter schwedischer Herrschaft. Er glaubt, als der Zar von Russland den Finnen erlaubte, Feuerwehrbrigaden, Theatervereine und Chorgruppen zu gründen, war das für sie eine Art Befreiung. »Sie konnten ihre patriotischen Volkslieder singen und behaupten, sie hätten Chorprobe.«

Die Sonne fällt durch die Balkonfenster und spielt mit den Gesichtern der Inspektoren. Ich gebe Anton das Krebsmesser zurück. Wir reden über das Krebsdinner, und ich erzähle ihm, dass der Flaggenträger sehr empört war, weil es keine finnischen, sondern chinesische Krebse zu essen gab. Wenn er im nächsten Jahr Präsident werden sollte, will er am Tag vor dem Krebsdinner mit allen Mitgliedern Krebse fischen gehen.

Anton schüttelt den Kopf: »Er war betrunken. Erstens brauchst du dafür einen Fischschein und eine Fischerlaubnis und zweitens verraten dir die Fischvereine nicht, wo es die besten Krebse gibt, wenn du nicht in ihren Kreisen verkehrst. Mit dem Fischer ist es wie mit dem Jäger. Gestern hab ich einem Austauschstudenten versucht zu erklären, wie das hier mit dem Jagen funktioniert. Denn er wollte Hirsche jagen.« Anton zieht das Revers seines Jacketts zurecht, und mir fällt auf, dass er heute eine goldene Kette am

Schlips trägt. Er streckt den Rücken, als bereite er sich auf eine wichtige Rede vor: »Erst mal musst du einen Jagdschein machen, dafür musst du dich mit Jagdrecht, Forstrecht und Tierschutzrecht gründlich auskennen und über die verschiedenen Vogelsorten und Waldtiere gut informiert sein, damit du weißt, auf was du schießt. Nach dem theoretischen Jagdtest folgt ein praktischer Test, das Schießen. Aber schießen darfst du nur, wenn du einen Schießschein hast, und um den zu bekommen, musst du dich wiederum mit Waffenrecht auskennen und ein ärztliches Attest vorlegen (damit nicht jeder Irre schießen darf). Beim Schießtest werden dann deine Augen und deine Reflexe geprüft. Sagen wir, du hast Schieß- und Jagdschein ohne weitere Komplikationen bekommen, dann gehst du zum Jagdministerium, wo du noch diverse andere Dokumente vorlegen musst, dort wird alles überprüft, unterschrieben, und du wirst ins Register eingetragen. Theoretisch darfst du jetzt jagen, aber nur in bestimmten Regionen und nur zu bestimmten Jahreszeiten. Denn es gibt ja viele verschiedene Jagdsaisons, in denen verschiedene Tiere gejagt werden, und natürlich musst du dich mit allem auskennen. Jetzt, Mitte September, fängt die Hirschsaison an. Dafür brauchst du einen extra Hirschschein, für den du einen extra Hirschtest bestehen musst. Denn Hirsche sind gefährliche Tiere: Wenn du nicht triffst und der Hirsch dich nicht mag, kann er dich verletzen, du musst also geschult sein. Wenn du nun deinen Jagdschein, deinen Waffenschein und deinen Hirschschein vorlegen kannst, musst du als Nächstes einen Jagdverein finden, der dich als Mitglied aufnimmt, musst Bescheinigungen sammeln und zurück zum Jagdministerium, um dich als neues Vereinsmitglied anzumelden. Schließlich teilt dir das Jagdministerium eine bestimmte Anzahl von Hirschen zu, die du jagen darfst. Jede Jagdgruppe bekommt ungefähr drei Hirsche. Ich sage immer, dieses Land lebt auf Akten- und Bierdeckeln.« Er lehnt sich zurück und sieht mich erwartungsvoll an.

Anton wirkt immer sehr ernst, sein Anzug, seine Haltung, seine wichtigen Aufgaben vermitteln diesen Eindruck. Mit demselben Ernst bemüht er sich darum, seine Reden zu pointieren. Ich schäme mich, weil ich nie an diesen Stellen lache.

»Aber die Jäger schummeln! Letztes Jahr rief ein Mann, der im Wald meines Großvaters spazieren ging, meinen Großvater an, der viel Land besitzt und ein ehrlicher Jäger ist, und sagte zu ihm: ›Ich komme gerade aus dem Wald, und weißt du, was ich gefunden habe? Drei Hirschköpfe, die unter einer Eiche lagen!‹ Die Jäger schummeln, nehmen einfach die Köpfe nicht mit, denn ohne Kopf, nur über Fleisch und Fell kann ja keiner nachweisen, wie viele Tiere man geschossen hat.«

Ich huste.

Anton nickt: »Du hast sie also auch.«

»Was?«

»Die Grippe«, antwortet er trocken, »heute werden wahrscheinlich ein paar Straßenbahnen nicht kommen. Ja, sogar die Ersatzfahrer sind krank.«

Er wird zur Versammlung gerufen.

Anton weiß die merkwürdigsten Dinge, denke ich und gehe zu Päivikki.

Päivikki und ihre Männer

»Lass mich noch schnell gucken, ob ich Post habe«, sagt Päivikki zu Jukka.

»Du hast keine Post«, ruft Jukka, der die Treppe hochläuft.

»Vielleicht doch.« Päivikki sucht den Briefkastenschlüssel.

»Wer soll dir denn geschrieben haben?«, fragt Jukka, fast beunruhigt.

»Lass mich doch mal gucken«, antwortet Päivikki gereizt. Sie hat keine Post. Jukka wendet sich mir zu und sagt leise: »Sie glaubt mir nicht. Aus Prinzip.«

Jukka hat eine verstopfte Nase, er ist immer ein bisschen krank und trägt deshalb jeden Tag seinen dicken Hippie-Wollschal. Er ist Nachtwächter in einem Waisenhaus und Päivikkis »Exfreund«. Sie sehen sich täglich, sind »beste Freunde«. Er liebt sie nach wie vor, aber sie sagt, er ist nicht der Richtige für sie, und macht dauernd mit ihm Schluss. So geht das schon seit vier Jahren.

Wenn Päivikki nicht über Literatur oder Selbstmordgeschichten redet, dann über die Liebe und Männer, ein unlösbares Problem in ihrem Leben. Sie sucht nach der idealen Liebe, sie sucht einen intellektuellen Mann.

Im Moment liebt sie einen dicken Philosophiestudenten mit langen Haaren, der für die Studentenzeitung schreibt und kürzlich einen Verein für russische Hunde gegründet hat. Sie lernte ihn auf einer Literaturreise nach Moskau kennen. Aber er liebt eine andere.

»Gibt's Himbeerpunsch?«, fragt Jukka, als wir die Küche von Päivikkis Wohnung betreten. »Sie macht den besten Himbeerpunsch«, sagt er zu mir.

»Nein, aber Blaubeerkuchen und Eiersalat.« Päivikki setzt Teewasser auf.

In ihrer Küche stapelt sich der Abwasch, in ihrem Zimmer die Bücher und in ihrem Bad die Wäsche. Weil ich in der Wohnung nicht rauchen darf, gehe ich auf den Balkon. Der Blick fällt auf die Hauptstraße Mannerheimvägen. Es ist schon dunkel und die Straße ganz leer. Es regnet zum ersten Mal, seit ich hier bin. Der Pullover, den mir Päivikki geliehen hat, kratzt. Ich drücke die halbgerauchte Zigarette aus und will gerade wieder reingehen, als mir Päivikki entgegenkommt.

»Oh!«, flucht sie, »ich bin immer so gemein zu ihm, ohne dass ich es will. Und heute, heute will ich ihm eine Freude machen und reiche ihm eine Tasse Tee, und da ist aus Versehen eine Scheibe Zwiebel reingefallen, und er denkt natürlich, das hab ich extra gemacht, um ihn zu ärgern. Und jetzt ist er beleidigt!«

Das Glück des Malers

Als ich ins Café Fenno komme, hebt die Köchin Liisa das letzte Stück von einer Himbeercremetorte vorsichtig auf einen Teller. Sie hat sich rosa Lippenstift aufgetragen und ihre kurzen Haare frisiert. Außerdem trägt sie keine Schürze. Auf den Tischen liegen nicht die blauweiß karierten Tischdecken wie sonst, sondern welche mit Blümchenmuster. Es herrscht eine fröhliche Stimmung. Und alle Bauarbeiter essen Torte. Sie loben Liisa. Und Liisa errötet. Der Maler mit den besprenkelten Brillengläsern erklärt mir, sein Chef hat heute Geburtstag und Liisa hat Torte gebacken.

»Potatoes?«, fragt sie, als sie mich sieht. Dann bringt sie mir meinen Kartoffelbrei mit Spiegelei (der Salat ist heute mit Ananasscheiben dekoriert), eine Tasse Kaffee und reicht mir feierlich das letzte Stück Torte. Ich würde Liisa am liebsten ganz lange umarmen, aber ich traue mich nicht. Ich werde ihr morgen eine Kleepflanze schenken und das Glas Aprikosenmarmelade, das mir die Schwester meiner Großmutter mitgegeben hat.

Plötzlich bimmelt der Spielautomat. Es prasselt Münzen. Der Maler hat gewonnen. Die Bauarbeiter heben ihre Bierflaschen und trinken auf ihn. Liisa guckt neugierig aus der Küche. Dann senkt sie den Kopf, bindet sich die Schürze um und fängt an, die Teller abzuräumen.

Anton IV

Jeden Montag und Donnerstag gibt es bei ESO um sechs Uhr abends eine Teestunde. Anton hat mich eingeladen. Ich laufe vom Fenno in die Innenstadt. Das Zwielicht hat den Himmel in dichtes, tiefes Blau getaucht. Ich habe den Schal bis über die Ohren gezogen, es weht ein kalter Wind. Von irgendwoher erklingt Flötenmusik.

Als ich die Wohnung von ESO betrete, strömt mir der Geruch von frisch gebackenen Keksen entgegen, und ich stelle mir vor, wie gemütlich diese Teestunden im tiefen Winter sein müssen.

Die Emäntä (Köchin) und ihre Gehilfen tragen Tee- und Kaffeekannen, Milchkrüge und Zuckerschalen ins Wohnzimmer, wo sie mitten im Raum einen langen Tisch aufgestellt haben. Es gibt selbst gebackene Schokoladenkekse, kleine warme Brötchen, Butter und Käse. Nachdem auch Geschirr und Besteck gebracht worden sind, läutet die Emäntä mit einer Klingel und eröffnet das Büfett. Eine geduldige Schlange bildet sich vor dem Tisch. Es ist ja genug für alle da, wir sind vielleicht zwanzig Leute.

Beim Essen ist es sehr ruhig. Eine schöne, angenehme Ruhe. Man steht auf, holt sich noch eine zweite Tasse Kaffee, reicht dem Nachbarn den Zucker, lächelt, genießt das Essen und das Beisammensein. Da braucht man nicht zu reden.

Anton sitzt auf dem Sessel, der neulich zusammengekracht ist, er hat ihn inzwischen reparieren lassen und schaut kauend aus dem Balkonfenster. Ich hole mir einen Stuhl und setze mich neben ihn. Wir schweigen. Er isst ein Brötchen und trinkt Tee. Ich esse einen Keks und trinke Kaffee. Der Wind nimmt zu und drückt gegen die Glasscheiben.

»Woher habt ihr eigentlich diese alten Möbel?«, frage ich ihn, bereue die Frage aber sofort. Es geht mir oft so bei Anton, dass ich einfach frage, ohne nachzudenken, weil mich das Schweigen so verunsichert. Er nimmt jede Frage ernst.

»Eine reiche Dame, die in unseren Inspektor verliebt war, schenkte uns Mitte des letzten Jahrhunderts den Flügel, die Standuhr, die Ledersofas und die Sessel. Es sind wertvolle, antike Stücke. Die Studentenunion wurde immer reicher, handelte mit Aktien und Grundstücken, während die Nationen immer mehr verarmten. Heute werden wir von der Union subventioniert, aber damals war ESO so arm, dass wir sogar unseren Safe verkaufen mussten.« Ich lächle.

Auf einmal füllt sich der Raum. Es kommen mehr und mehr Studenten. Jemand öffnet die Flügeltüren zum Tanzsaal, und ein Geschiebe von Stühlen beginnt. Von sieben bis zehn ist Tanzstunde, in der alle Mitglieder die Tänze lernen (oder wieder auffrischen) können, die auf dem Nationsbankett getanzt werden. Anton stöhnt leise.

Unter den Studenten entdecke ich auch den dicken Kulturminister, der mich damals zu meinem ersten Walzer aufgefordert hatte. Der Kulturminister will keinen Unterricht nehmen, er will Bilder im Büro aufhängen. Ich unterhalte mich ein Weilchen mit ihm, während sich Anton und die anderen ESO-Mitglieder in den Tanzsaal begeben. Der Inspektor ist auch gekommen und raucht auf dem Balkon noch eine Pfeife.

Die Musik ertönt aus einem kleinen kratzigen Kassettenrecorder. Die Paare üben den Einzug in den Saal. Die Kassette leiert, bis die Musik plötzlich ganz abbricht. Man lacht darüber. Anton repariert eilig den Recorder. Die Tanzstunde beginnt.

Der Kulturminister, der ab und zu einen kritischen Blick in den Saal wirft, erklärt mir, welche Tänze geprobt werden: Pologne, Pas d'Espagne, Pas de Quatre und Valse Mignon. Er kennt sie alle.

Die Lehrerin ist ein kleines Mädchen mit einer kräftigen Stimme, einem straffen Oberkörper und Fußballerbeinen. Sie hat sich den zwei Köpfe größeren Anton als Partner ausgesucht und führt mit ihm die Schritte vor. Als er die Lehrerin mit beiden Armen um die Hüften fassen muss, erscheint mir seine Haltung irgendwie unbequem. Schüchtern sorgt er für einen großen Abstand zwischen ihren beiden Körpern. Es hat den Anschein, als würde er sich schämen, als fände er alles albern und peinlich, aber wenn ich genau aufpasse, entdecke ich nach einer perfekten Drehung den Hauch eines Lächelns auf Antons Gesicht.

Bei Stockmann

Ich treffe Päivikki zufällig bei Stockmann in der Lebensmittelabteilung. Wenn man Freunde beim Einkaufen trifft, kann man sagen, man ist in einer Stadt zu Hause. Ich freue mich über diesen Zufall.

»Was ist mit dem Italiener?«, frage ich Päivikki.

»Er hat sich nicht gemeldet«, sagt sie und sieht mich scharf an, »und du?«

Wir waren vorgestern auf einer Party für die neuen internationalen Studenten. Der einzige hübsche Junge war ein Italiener, der Kunstgeschichte studiert. Als er mich fragte, was ich am nächsten Abend vorhätte, fragte ihn Päivikki schnell, während sie mir einen herrlich boshaften Blick zuwarf, ob er sich am Nachmittag mit ihr verabreden wolle, sie könne ihm Helsinki zeigen.

Ich hab den Zettel mit seiner Nummer verloren. Sie scheint erleichtert darüber und erzählt mir von einem russischen Kriegsroman.

»Willst du später vorbeikommen?«, fragt sie, als wir auf den Platz treten, »meine Mutter hat mir selbst gemachten Apfelwein und Apfelmus geschickt!«

Sie läuft auf die Statue der drei Schmiede zu, wo sie ihr Fahrrad angeschlossen hat. Päivikkis Eltern leben auf dem Land, auf einem

Bauernhof, und schicken einmal im Monat ein Paket mit Leckereien an ihre drei Töchter, an Päivikki, Orvikki und Tuulikki, an ihre Drillinge, die alle gleich aussehen und in Helsinki studieren. Die Älteste, Tuulikki, will Geschäftsfrau werden. Die Mittlere, Orvikki, will Nonne werden. Und Päivikki wird Literaturwissenschaftlerin. Das ist ein Roman für sich.

»Gerne«, antworte ich. Päivikki lächelt. Sie packt die von Papieren überquellende Tasche und den Stoffbeutel mit den Lebensmitteln auf den Gepäckträger, steigt auf das Fahrrad und ruft noch: »Aber komm nicht wieder zu spät! Ich kenn dich doch!«

Anton V

Heute Abend trägt Anton keinen Herrenanzug, sondern einen Trainingsanzug. Obwohl er gerade vom Training kommt, ist kein einziger Fleck zu sehen. Die blaue Trainingshose und die passend blaue Trainingsjacke sitzen wie maßgeschneidert, das rote T-Shirt und die rotblauen Adidas passen perfekt dazu. Er lehnt in der Apotheke am Tresen und trinkt ein Bier. Als ich eintrete, glaube ich ein Leuchten in seinen Augen zu sehen. Ich habe zum ersten Mal das Gefühl, dass er sich über meinen Besuch freut.

Anton hat innerhalb von zwei Jahren sein Geschichtsstudium beendet. Anton sitzt im Vorstand von zehn Vereinen und ist Mitglied sechs anderer. Anton arbeitet in einem Archiv für finnische Geschichte und für die Studenten-Union im Liegenschaftsbüro. Anton spielt jeden Sonntag Fußball, Anton feiert gern, ausgiebig und lang. Aber Anton hat immer Zeit.

Ich frage mich, wie Antons Zimmer aussieht. In allen anderen Ländern habe ich die Menschen, die ich kennen lernte, bei ihnen zu Hause besucht. Bei Anton war ich nie. Ich weiß nur, dass er ein Einzelkind ist, noch bei seinen Eltern wohnt und sich jeden Morgen von Marschmusik wecken lässt. Ich frage mich auch, ob Anton eine Freundin hat. Aber ich traue mich nicht, ihm diese Frage zu stellen, weil ich Angst habe, dass er nein sagt und sich dann schämt. Wie wäre es wohl, diesen Mund unter diesem Schnurrbart zu küssen? Und wie, neben ihm aufzuwachen? Ich glaube, er hört meine Gedanken, denn er guckt auf einmal ganz komisch.

Ich nehme all meinen Mut zusammen und sage: »Anton, ich möchte dir zwei Fragen stellen. Erstens: Warum hast du diesen Schnurrbart? Und zweitens: Warum humpelst du?« Er lächelt. Er hat eine angeborene Ganganomalie, die Nerven im Rückenmark sind zu kurz und deshalb überdehnt. Man kann diese Krankheit nicht heilen, aber er kann trotzdem Fußball spielen und tanzen. Was den Schnurrbart anbelangt, haben sein Großvater und sein Vater denselben sonderbaren Bartwuchs nur oberhalb der Lippen. Er hat ihn geerbt.

Im Tanzsaal werden die Notenständer aufgestellt, gleich fängt die Chorprobe an. Es ist immer was los bei ESO. Anton guckt auf die Uhr, bleibt auf dem Barhocker sitzen und sagt, er habe noch eine Viertelstunde Zeit. Wir unterhalten uns über Fußball, und Anton weiß, dass bei der WM 1990 in Italien der Schiedsrichter des Endspiels ein mexikanischer Gynäkologe war.

Die Treppe von Finn Air

Von gestern auf heute ist es Herbst geworden. Ich laufe zum See, zu einem Platz, der von Schilf und hohen Gräsern umwachsen ist. Dort steht eine Flugzeugtreppe von Finn Air, eine dieser Treppen, die ans Flugzeug geschoben werden. Einfach so am See, jeder kann hochsteigen und von dort auf den See schauen. Ich mache das gerne und gucke den Enten zu.

Der Wind fährt durch die Blätter der Bäume, und sie rascheln wie ein Brautkleid. Es liegt eine Art Schleier über Helsinki, ein grauer Schleier, der eine schöne Braut verbirgt. Und wenn ein Mann den Schleier lüftet, zieht sie schüchtern den Kopf zurück, rümpft die kleine Stupsnase und fragt verwundert: »Warum gerade ich?«

Die letzte Nacht

Berlin, Winter 2000

Liebster Pablo,
bevor ich mich in meiner Sehnsucht verliere und dich nach Havanna frage, will ich lieber von mir erzählen. Nur eines, wie geht es deinem Zimmer? Du wolltest es doch streichen? Ich hoffe, das hast du nicht gemacht. Ich hoffe, du hast gar nichts gemacht, gar nichts verändert.

Ich bin wieder in Berlin. Die Reise ist vorbei. Ich war neun Monate unterwegs. Ich war sozusagen reiseschwanger. Was hat die Reise für mich bedeutet? Hat sie mich verändert? Sehe ich die Welt jetzt anders? Das und vieles mehr würdest du mich fragen, du, der mich immer ausgefragt hat. Ich würde dich angucken und mit den Schultern zucken. Wie soll ich verstehen, was es war, wenn ich gerade erst versuche zu verstehen, dass es vorbei ist?

Ich spüre noch diesen Rhythmus in mir, diesen Dreier-Takt, Ankommen, Einleben, Abreisen. Dazwischen ein langer Flug, dann wieder Ankommen, Einleben, Abreisen. So geht es seit neun Monaten. Es war mehr als Reisen, es war mein Leben.

Ich wache morgens auf und frage mich: Wo bin ich? Wie spät ist es? Wann geht der Flug? Und dann merke ich, dass ich in Berlin bin, dass der Koffer halb ausgepackt neben meinem Bett steht, dass die Reise zu Ende ist. Aus. Vorbei.

Du hast mich gebeten, dir von der letzten Nacht meiner Reise zu erzählen:

Ich habe in Helsinki zwei Kubaner kennen gelernt. Ja, an meinem ersten Tag, als ich ganz traurig und Israel vermissend auf einem Platz im Zentrum der Stadt saß, hörte ich auf einmal zwei Männer lauthals über Fidel und Kuba reden. Ich sprach sie an, und sie luden mich zu einer Havanna-Club-Party ein, die Ende September in einer alten Markthalle stattfinden würde.

Erinnerst du dich an das Gespräch, in dem ich Yusa und dir versprach, meine Reise mit Kuba und kubanischer Musik zu beenden? Weil Kuba das Land der Liebe und Musik die Lösung aller Probleme ist? Wir saßen mit Yusa unter dem Baum und aßen aus Pappschachteln die Hühnerschenkel, die wir uns »illegal« gekauft hatten. Und Yusa schlug vor, dass man am Ende des Buches eine CD einlegt, und jeder Leser soll nach der letzten Seite die CD hören und lostanzen. Du hast gelacht und gleich kalkuliert, wie teuer das wäre.

Während der ganzen Reise habe ich mir nichts sehnlicher gewünscht, als zum Schluss noch einmal nach Havanna zurückzukommen. Und dann dieser Zufall mit den Kubanern in Helsinki! Ich glaube, wenn man ganz fest an seine Wünsche glaubt, gehen sie manchmal in Erfüllung.

Am 29. September sollte also die Havanna-Club-Party sein und am 30. September ging mein Flug, Sonntagmorgen um 7:50 Uhr. Am Samstag kam der erste Herbstnebel. Der Himmel hing schwer über der Stadt und verschluckte die Dächer der Häuser. Es wurde sehr früh dunkel. Ich mochte dieses Wetter, es passte genau zu meiner Abschiedsstimmung.

Ich schlenderte in der Abenddämmerung an einem See entlang. Ein paar Kinder fütterten die Enten, die auf dem silbrigen Wasser dahinglitten. Ab und zu joggte mir jemand entgegen, oder es lief einer mit diesen komischen Laufstäben an mir vorbei. Helsinki ist die Stadt der »Frei-Zeit«. Ja, Pablo, es ist wie verhext, alles, ob Arbeit, Termine, Einkaufen, erledigt sich wie von selbst, schnell und unkompliziert, und so hast du immer Zeit übrig. Das Wort »Stress« scheint hier keiner zu kennen. Hier herrscht die Ruhe – zart wie eine Babywange, unumstößlich wie ein großer, grober, grauer Stein.

Trotzdem war meine letzte Nacht wieder eine typische Marie-Nacht: schlaflos und chaotisch! In manchen Dingen werde ich mich eben doch nie ändern.

Ich hatte mich um Mitternacht vor der Markthalle verabredet. Ich wollte bis 3 Uhr auf der Havanna-Club-Party bleiben, dann ins Hotel, packen und zum Flughafen fahren. Das Taxi war für 6:30 Uhr vorbestellt.

Meine finnischen Freundinnen, Päivikki und Larissa, empfingen mich mit Sekt, den sie in eine Apfelsaftflasche gefüllt hatten, denn in Finnland ist es verboten, auf der Straße Alkohol zu trinken. Päivikki ist ganz mager und hat lange blonde Zöpfe. Larissa ist sehr dick und trägt eine Hornbrille. Und ich reiche den beiden knapp bis zu den Schultern. Wir drei müssen ausgesehen haben wie aus einer Comedy-Show: Dünn, Dick und Klein. Wir schlichen uns hinter die Markthalle, leerten feierlich unsere Apfelsaftflasche und gingen dann zur Party.

Unter einer Havanna-Club-Party hatte ich mir bunte Cocktails, Plastikpalmen und ein Strohdach über der Bar vorgestellt. Aber das Makasiini (so wird die Markthalle genannt) sah aus wie immer: der lange, weitläufige Raum mit Steinboden und Wellblechwänden, in der einen Ecke die Bar, die Tische und die Bänke, in der anderen die Tanzfläche und die Bühne, auf der ein riesiger roter Leuchtstern strahlte. Nur der Türsteher trug einen Panamahut mit einem Loch in der Krempe.

Direkt neben der Tür stand selbstverständlich das Sauna-Zelt, aus dem ab und zu ein nackter Fuß oder ein nackter Arm ragte. Ich wollte mir gleich vom Türsteher ein Handtuch für eine Mark kaufen, aber Larissa musste zuerst was essen und Päivikki kam gerade aus der Sauna, außerdem waren wir, laut den beiden, »noch viel zu nüchtern«.

Aber nicht mehr lange. Der kubanische DJ schenkte uns einen Rum nach dem anderen aus. Sein Freund war auch da. Er ist Tänzer und führte später eine Salsa-Show auf, mit Frauen in glitzernden Kostümen. Es waren wenig Leute gekommen, vielleicht 30. Man denkt, dass eine Party gerammelt voll sein muss, um gut zu sein, aber den Finnen ist das völlig egal. Die Musik war wunderbar. Ich tanzte zwischen den wenigen Paaren meinen Salsa-Sola, frei und vollkommen glücklich. Die Zeit verflog, ohne dass ich ein einziges Mal auf die Uhr geguckt hatte, so wie sie auch damals in Havanna verflog, viel zu schnell.

Pünktlich um Viertel nach drei wurde das Makasiini geschlossen, sogar der Türsteher mit dem Loch im Panamahut musste gehen. Aber der kubanische DJ hatte irgendwie arrangiert, dass wir (das waren: sein Mädchen für die Nacht, der Tänzer, Larissa, Päivikki und ich) mit dem Putzmann und seinem Gehilfen noch bleiben durften. Einen kurzen Moment dachte ich an den ungepackten Koffer und an das Taxi, das in dreieinhalb Stunden vor der Tür des Hotels stehen würde. Dann folgte ich den anderen in das Versteck, das der DJ vorbereitet hatte. Hinter der Bühne, in der hintersten Ecke der Halle, hinter einem schwarzen Vorhang, hatte er eine kleine Oase eingerichtet: zwei Sofas, Kerzenlicht, hohe, buschige Zimmerpflanzen, holzgeschnitzte Aschenbecher in Form tanzender Frauenkörper und zwei Kisten Rum.

Irgendjemand, den ich nie zu Gesicht bekam, legte vorne immer noch Musik auf, Salsa, Merengue, Soul, Funk, HipHop und Rock 'n' Roll zu einem einzigen, ewig andauernden Lied. Plötzlich hörte ich den Twist-Song vom *Pulp-Fiction*-Soundtrack, den ich so liebe. Ich sprang auf und rannte zurück zur Tanzfläche:

Der Raum ist hoch und leer. Nur der Putzmann ist da, der den Steinboden fegt, und sein Gehilfe, der im Kreis Fahrrad fährt. Auf der verlassenen Bühne leuchtet der rote Stern. Ich rufe durch die Halle: »Ich hab's geschafft, ich bin neun Monate um die Welt gereist, um die Welt ...!« Völlig betrunken drehe ich mich um die eigene Achse, glücklich, traurig, glücklich, traurig, hole den Tänzer von der Couch, tanze mit ihm à la cubana, wild und ineinander verschlungen. Der DJ kommt mit seinem Mädchen. Larissa und Päivikki dazu. Alle rennen wir durch die Halle, tanzen und spielen Fangen.

Um 5:30 Uhr hält mich Larissa fest und erinnert mich an meinen Koffer. Aber ich kann nicht weg, ich bin zu betrunken, zu glücklich, zu frei. Um 5:45 Uhr kommt Päivikki und erinnert mich an das Taxi. Ich nehme ihre Hände, drehe sie und mich weiter durch den Raum, fliege dahin zur Musik. Um 5:55 Uhr bleibt Larissa vor uns stehen und erinnert mich wieder an meinen Flug. Ich atme tief ein – ... neun Monate ... meine Reise ... ist kurz davor ... zu Ende zu gehen ... zu Ende zu sein ... – ich führe den Tänzer, dessen Lippen ich schon die ganze Nacht bewundert habe, zur Tür, stelle mich ihm direkt gegenüber und sage: »Meine Reise muss mit Kuba, mit Musik und mit einem Kuss enden!«, und küsse mein ganzes Glück und meinen ganzen Schmerz in seine Lippen hinein. Ich schließe die Augen, weiß nicht mehr, wen ich vor mir habe, wo ich bin, denke gar nichts, küsse ihn so innig, als wäre er du. Wie das Mädchen Meital in Israel meinte: Nur wenn du küsst, kannst du vergessen.

Leider vergaß ich, meine Augen wieder zu öffnen, um zu sehen, was für ein überraschtes Gesicht der Tänzer wohl gemacht haben muss. Ich drehte mich einfach um – und in diesem Augenblick, in diesem gleichen Augenblick, ertönte von drinnen das Lied von Tracy Chapman *Give me one reason to stay here*. Weißt du, wo das immer lief? In den Discos von Hanoi! Plötzlich stellen sie dort den Techno ab und spielen das! Mittendrin! Und alle, die gerade noch ganz wild zu schnellen Beats getanzt haben, suchen sich einen Partner und tanzen Engtanz.

Give me one reason to stay here – oh, ich gebe dir tausend Gründe! Aber ich drehte mich weg, nahm Päivikki und Larissa am Arm und wir rannten durch den dunklen Wald zu meinem Hotel, wo ich in totaler Panik meine Sachen in den Koffer stopfte, in Unterhose durch das Zimmer jagte und den Schlüssel nicht finden konnte, Päivikki den Reißverschluss vom Koffer und Larissa die Schnalle der Computertasche kaputtmachte, ich alles überall reinschmiss und mit Haargummis befestigte, Päivikki und Larissa im Zwielicht umarmte, ins Taxi torkelte, den Pass in der linken, das Ticket in der rechten Hand, halb angezogen, von überquellenden Tüten und kaputten Taschen umringt, und in der aufgehenden Sonne still zum Flughafen fuhr.

Als ich in London aufwachte, spürte ich meinen schweren Schädel. Ich hatte zwei Stunden Aufenthalt und ging zum Ausgang, um frische Luft zu atmen. Es war ein sonniger, warmer Tag. Wie verlockend! Eine neue Stadt! Ich spürte das Verlangen, nach London zu fahren, wie das Verlangen nach einer Zigarette. Einfach ins Taxi zu steigen, neu zu sein: Ankommen, Erleben, Abreisen. Es zog mich hinaus. Aber ich ging nicht. Ich kaufte mir Wasser, weil ich Durst hatte, und marschierte tapfer zu den Departure Flights. Dort wimmelte es von Läden. Als ich vor neun Monaten meine Reise begonnen hatte und an diesen Läden vorbeigelaufen war, hatte ich mir alles, jede Kleinigkeit, ganz genau angeschaut, hatte Kosmetik, Parfüm, Magazine kaufen wollen, hatte Geld ausgegeben, war dem absoluten Duty-Free-Rausch verfallen. Jetzt hatte ich kein Geld mehr, und es interessierte mich auch nicht mehr. Ich wartete, dass mein Flug aufgerufen wurde.

Dann war ich in Berlin. Auch hier schien die Sonne, und es war warm. Der Taxifahrer hörte Flamenco und ließ mich im Auto rauchen. Hertha BSC hatte 4:2 gegen den 1. FC Köln gewonnen, und er war bester Laune.

Meine Großmutter war verreist und hatte den Schlüssel bei ihrer Nachbarin hinterlegt, die aber nicht zu Hause war. Ich stellte meinen kaputten Koffer und die vielen voll gestopften Tüten in den Flur und ging zu dem nahe gelegenen Lietzensee. Fast automatisch, als wäre es das Normalste in der Welt, am Sonntag zum See zu gehen. Das hätte ich vor dieser Reise und vor Helsinki nie getan.

Als ich später in die Wohnung meiner Großmutter kam, fand ich mein altes Zimmer von oben bis unten mit Umzugskisten voll gestellt. Meine Eltern hatten damals, als wir nach New York gegangen waren, unsere ganzen Sachen einlagern lassen. Wir hatten jeder nur einen Koffer mitgenommen, weil es hieß, wir bleiben nur ein halbes Jahr. Inzwischen sind neun Jahre daraus geworden. Meine Mutter hat diesen Sommer endlich die Kisten aus Hamburg geholt und zu meiner Großmutter gebracht, um sie Stück für Stück mit nach New York zu nehmen oder sie mir und meiner Schwester zu geben.

Stell dir vor, Pablo, ich komme von einer Weltreise zurück und finde meine Vergangenheit! Meine ganzen alten Spielsachen, Tagebücher, unser altes Geschirr, unsere Bücher, unseren gesamten Haushalt, sogar meine alten Wunschzettel.

Es wird hell, Pablo, die Vögel zwitschern. Ich glaube, ich werde immer ein Nachtmensch sein, egal, wo ich lebe. Morgen werde ich mir eine Wohnung suchen, ich besitze ja jetzt eine komplette Ausstattung. Aber am liebsten würde ich meinen Koffer gar nicht auspacken und zu dir zurückfahren. Mal sehen ...

Ich weiß noch gar nicht, wie lange ich in Berlin bleiben werde.

Marie

End Los

Die Reise ist schon lange zu Ende. Inzwischen ist wieder viel passiert. Ich wohne in Kreuzberg, in einer kleinen Wohnung mit Kohleofen und Dusche in der Küche. Meine Nachbarin, eine allein stehende Englischlehrerin, stellt jedes Mal eine Porzellangans vor ihre Tür, wenn sie weggeht. Das ist das Zeichen, dass ich meine Musik laut aufdrehen darf. Hier schreibe ich das Buch und es nimmt kein Ende. Fast ertrinke ich in einem Meer von Fassungen und Material. Aber ich schwimme kräftig weiter und bin bald am Ufer angelangt. Ich sehe es schon, und auch die anderen alle:

Lascha, der Schriftsteller aus Tbilissi, ist gerade nach Mailand geflogen, um sich bei Sukho zu verstecken, der dort am Theater inszeniert. Laschas jüngste Kurzgeschichte hat in Georgien viel Aufsehen erregt, besonders bei der Kirche. Lascha erzählt von der berühmten georgischen Königin Tamarah, die den Prinzen von Russland geheiratet hat. Die Historie besagt, dass der Prinz Tiere den Frauen vorzog. Lascha beschreibt die Hochzeitsnacht: Die schöne Königin wartet traurig in ihrem Gemach, während der Prinz im Stall versucht, ein Huhn zu fangen …

Sabrina, die Tangotänzerin aus Buenos Aires, kommt nach Berlin! Auf Tournee! Mit ihrem jetzigen Freund und Tanzpartner Ezequiel, den sie zurückerobert hat. Geraldine und Javier kommen auch. Paolo, der Pizzabäcker aus Hanoi, hat inzwischen einen

Sohn. Binh hat wieder einen neuen Freund und Vy arbeitet im Transportunternehmen seines Vaters, der erkrankt ist. Kobby aus Israel wird im August heiraten. Meital kann momentan nur im Panzerwagen der Armee ihre Siedlung verlassen und hat wegen des Krieges ihren Freund lange nicht mehr gesehen. Aber sie telefonieren täglich. Yunior aus Havanna lebt in Schweden. Von Yassel keine Spur. Vielleicht macht er endlich seine lang ersehnte Kubareise. Auch von Gramps, dem HipHopper aus San Francisco, weiß man nichts. Er wohnt nicht mehr zu Hause, niemand weiß, wo er ist. Anna aus Berlin arbeitet als Krankenschwester und sucht eine neue Wohnung. Oyun und Olli haben in Paris geheiratet. Ach so, und Päivikki aus Helsinki hat wieder mal mit ihrem Freund Jukka Schluss gemacht.

Und ich? Sobald ich Erde unter meinen Füßen spüre, sobald ich am Ufer bin, sobald dieses Buch zu Ende ist, werde ich wieder verreisen, als Erstes nach Havanna.

Ich danke meiner Mutter für ihre Poesie und für ihre Zeit. Und meinem Vater: für alles. Und meiner Schwester: für Rotzkanickel4. Und meiner Großmutter: Bist du schon wach? Und meinem Ehemann Bela: Conny und Wendy, und kannst du das bitte bis morgen lesen? Und meiner ältesten Freundin Johanna: Duckerstraße 79. Lhasa. Die Geburt, oder besser die Zeugung der Idee! Und Antje und Heiko: Es kann losgehen.

Und all den vielen Freunden, die mir auf der Reise und nach der Reise geholfen haben: Vera, Mary (die Muse!), Marie-Luise, Anna_S30, Ketuta, Tatia, Florian, Maragrita, Nara, Pablo, dem Professor, Pupe Mandel, Hernan und Rafael, Gabriel, Ronald, Rita, Michael, Ariel, Gino, Alex, Paolo, Sukho, Lika, Melanie, Colette, Kobby, Meital und Päivikki. Und Enver und Bert: für eure schönen Fotos. Und Max: for the crazy drawings. Yusa el punto medio!

Abbildungsnachweis

S. 24: © honza@pfadfinderei. com
S. 38: © Maximilian Bode
S. 58, S. 128, S. 242, S. 298: © Marie Pohl
S. 96, S. 107, S. 158: © Enver Hirsch
S. 164, S. 201, S. 213, S. 227, S. 246, S. 309: © Bert Heinzlmeier
S. 208: © Lascha Bugadse

Klaus Böldl

Südlich von Abisko

Erzählung

Band 14979

Harald Behringer ist ein verschrobener Eigenbrötler, der sich in der Anonymität der Großstadt häuslich eingerichtet hat. Doch eine kurze Reise in die Weiten Lapplands, nach Abisko, genügt, um die allzu vertraute Welt plötzlich ins Wanken zu bringen. Mit Genauigkeit, aber auch mit hellsichtigem Humor notiert der Held, wie alles um ihn herum in Auflösung gerät und auch seine Verlobte sich schließlich von ihm abwendet. Doch was sich über den Trümmern von Behringers kläglichem Alltag erhebt, ist vielleicht nichts Geringeres als das wahre Leben.

Collection S. Fischer

fi 14979 / 1

W. G. Sebald

Die Ringe des Saturn

Eine englische Wallfahrt

Band 13655

Ein Reisebericht besonderer Art. Zu Fuß ist Sebald in der englischen Grafschaft Suffolk unterwegs, einem nur dünn besiedelten Landstrich an der englischen Ostküste. Im August, ein Monat, der seit altersher unter dem Einfluß des Saturn stehen soll, wandert Sebald durch die violette Heidelandschaft, besichtigt verfallene Landschlösser, spricht mit alten Gutsbesitzern und stößt auf seinem Weg immer wieder auf die Spuren oft wundersamer Geschichten. So erzählt er von den Glanzzeiten viktorianischer Schlösser, berichtet aus dem Leben Joseph Conrads, erinnert an die unglaubliche Liebe des Vicomte de Chateaubriand oder spürt dem europäischen Seidenhandel bis China nach. Mit klarer und präziser Sprache protokolliert er jedoch auch die stillen Katastrophen, die sich mit dem gewaltsamen Eingriff der Menschen in diesen abgelegenen Landstrich vollzogen. So verwandelt sich der Fußmarsch letztlich in einen Gang durch eine Verfallsgeschichte von Kultur und Natur, die Sebald mit einer faszinierenden Wahrnehmungsfähigkeit nachzeichnet. Und ganz nebenbei entsteht eine liebevolle Hommage an den Typus des englischen Exzentrikers.

Fischer Taschenbuch Verlag

fi 2138 / 2

Bruce Chatwin

Was mache ich hier

Aus dem Englischen von Anna Kamp

Band 10362

Was mache ich hier ist wohl das persönlichste Buch von Bruce Chatwin. Weitgehend noch von ihm selbst zusammengestellt in den letzten Monaten vor seinem Tod im Januar 1989, offenbart diese aufregend vielseitige Auswahl an Geschichten, Porträts, Reiseberichten und »seltsamen Begegnungen« seinen besonderen Blick auf die Welt, seine geschärfte Sensibilität und seine außerordentliche Empfänglichkeit für das Fremdartige. Chatwin sieht sich um ein Haar in einen Militärputsch in Westafrika verwickelt, geht mit Indira Gandhi auf Wahlkampfreise, sucht im Himalaya nach den Spuren des Yeti, recherchiert die Geschichte eines Wolfskindes, besucht Nadeshda Mandelstam, Ernst Jünger und André Malraux. Vorliebe für das Entlegene und Skurrile zeigen besonders die Schilderungen seiner Begegnung mit einem chinesischen Geomanten, seines Besuchs bei Madame Vionnet, »die um die Jahrhundertwende die Frauen von der Tyrannei des Korsetts befreite«. Worüber er in diesen journalistischen Arbeiten auch schreibt, immer hat ein »Prozeß der freien Erfindung stattgefunden«, erweist er sich auch hier als großer Geschichtenerzähler.

Fischer Taschenbuch Verlag

fi 488 / 5